阅读成就思想……

Read to Achieve

社会心理服务体系建设实践指导

《社会心理服务体系建设实践指导》编委会 ◎ 编著

中国人民大学出版社
· 北京 ·

图书在版编目（CIP）数据

社会心理服务体系建设实践指导 /《社会心理服务体系建设实践指导》编委会编著. -- 北京：中国人民大学出版社，2021.11
　ISBN 978-7-300-29996-9

　Ⅰ. ①社… Ⅱ. ①社… Ⅲ. ①社会心理学－心理咨询－咨询服务－体系建设－研究－中国 Ⅳ. ①C912.6-0

中国版本图书馆CIP数据核字(2021)第220154号

社会心理服务体系建设实践指导
《社会心理服务体系建设实践指导》编委会　编著
Shehui Xinli Fuwu Tixi Jianshe Shijian Zhidao

出版发行	中国人民大学出版社		
社　址	北京中关村大街31号	邮政编码	100080
电　话	010-62511242（总编室）	010-62511770（质管部）	
	010-82501766（邮购部）	010-62514148（门市部）	
	010-62515195（发行公司）	010-62515275（盗版举报）	
网　址	http://www.crup.com.cn		
经　销	新华书店		
印　刷	天津中印联印务有限公司		
规　格	170mm×240mm　16开本	版　次	2021年11月第1版
印　张	18.75　插页1	印　次	2021年11月第1次印刷
字　数	260 000	定　价	69.00元

版权所有　　　侵权必究　　　印装差错　　　负责调换

《社会心理服务体系建设实践指导》编委会

顾　　问：谢海洋　曹忠良
主　　编：翟中锋　吴利群
副 主 编：张开飞　郑来运　荆怀福
执行主编：荆怀福　柴美静　王艳华
编委会：

孙晓英	殷海滢	吴青枝	刘　芳	郑晓玲	梁　钢
张汉军	李安清	刘恒磊	程　竞	景文博	张海芹
袁振雪	韩　雪	樊瑞华	张　伟	赵丽萍	隋双戈
司秀玲	李　丹	杨　燕	王金娥	曹　宁	何　丽
种　帅	杨光辉	孙立新	奚　涛	陈俊波	樊红柳

推荐序一

社会心理服务体系建设是推进新时代社会治理创新的重要命题，对持续提升人民群众的心理健康素养、健全多层次社会保障体系、加强和创新社会治理，具有十分重要的意义。党的十九大报告明确提出，要"加强社会心理服务体系建设，培育自尊自信、理性和平、积极向上的社会心态"。党的十九届四中全会再次强调了"健全社会心理服务体系和危机干预机制，完善社会矛盾纠纷多元预防调处化解综合机制"，为社会心理服务体系建设指明了发展方向，提供了根本准则。河南省高度重视社会心理服务体系建设工作，完善组织架构，统筹整合各方资源力量，积极推进全国社会心理服务体系试点建设，从搭建服务平台、健全服务网络、培育专业人才、加强重点人群心理疏导和干预等方面着手，探索了一些好做法，总结了一些好经验，形成了一些好制度。

《社会心理服务体系建设实践指导》一书在深入学习领会党中央有关决策部署的基础上，充分吸收了我省安阳市、驻马店市、新乡市等地的典型做法，并学习借鉴了外省的先进经验，结合最前沿的专业心理健康知识，针对当前存在的突出心理问题，以深入浅出的语言和大量实际案例，阐述了社会心理服务体系的基本内涵，提出了社会心理服务体系规范化建设的意见建议，总结了社会心理服务工作者的实践提升途径，归纳了16类常见服务对象的心理服务指南，对新形势下如何推进社会心理服务体系建设具有实践指导意义。

在本书撰写过程中，编委会全体同人研阅了大量文献，开展了多批次的实地调研，对部分实际案例深入细致剖析研究，与相关部门同志和基层干部群众座谈交流，取得了大量第一手资料。河南省各地政法、卫生健康等部门为本书顺利成稿提供了大量调研报告、数据和修改意见。在此，对编委会全体同人和本书撰写过程中提供帮助的部门、个人表示衷心的感谢。

社会心理服务体系建设是一个宏大的课题，本书虽试图尽量深入、全面地进行剖析，但受困于自身能力有限，难免有一些不到位、不完善的地方，谨希望本书能够抛砖引玉，引起读者对于社会心理服务体系建设的兴趣和思考。对书中可能存在的问题，敬请各位读者批评斧正。

谢海洋

河南省委政法委副书记

推荐序二

随着中国特色社会主义进入新时代，人民群众对美好生活的向往日益增长，如何培育自尊自信、理性平和、亲善友爱的社会心态，提升群众的获得感、幸福感、安全感，是市域社会治理和平安建设面临的重大课题。近年来，安阳市认真贯彻落实习近平总书记关于社会心理服务体系建设讲话精神，重点在"平台建设规范化、工作队伍专业化、心理服务多元化、工作机制常态化"等方面进行了积极探索，充分发挥社会心理服务在社会治理中良好心态的培育、负面情绪的疏导、危机事件的干预等作用，受到了各级领导的好评。2018年，河南省委政法委在安阳市召开了全省社会心理服务体系建设现场推进会，总结推广了安阳市的做法。为了提升全省社会心理服务水平，受省委政法委委托，我们组织人员，对河南省各地市近年来的实践探索经验进行了总结提炼，编著了《社会心理服务体系建设实践指导》一书。

本书主要有三个目标：一是让读者更好地理解社会心理服务体系建设的原则、意义和服务管理，以及社会心理服务工作者胜任力的提升途径；二是让读者清楚如何做好重点对象的心理服务工作，有效预防或缓解社会问题；三是让读者了解如何为各类重点对象提供有效的心理服务。通过本书，我们希望能加大社会心理服务工作者对心理服务的影响，也能给社会心理服务工作者带来巨大的价值感。

全书主要分为三个部分。第一部分介绍了社会心理服务体系建设概述，包括：聚焦五个"完善"，规范社会心理服务体系建设；社会心理服务工作者胜任力的提升；社会大众心理健康意识与心理健康素养的提升等。目的是让读者从总体上了解社会心理服务体系的组织建设、建设内容、建设意义等基础背景。

第二部分为重点关注对象的心理服务指导，包括：儿童、青少年、家庭等心理服务指导；严重精神障碍患者及家属、医疗纠纷、信访群体、房屋征迁对象、社区矫正对象、社区戒毒人员等心理服务指导。分别介绍了各类重点关注对象的心理特征、表现形式、心理问题、形成原因、案例解析等知识理论和干预方法。同时针对近年来的重大灾害问题，提出了灾后心理援助的必要性、工作流程和技术方法、心理援助者行为守则、创伤后应激障碍等内容。

第三部分将社会心理服务常用量表等工具作为辅助的材料和资源，为开展社会心理服务提供了参考依据。

本书解决了四个关键问题。第一，解决阵地建设的问题。阵地的规范化建设是重要基础，心理设备选择必配和选配的自由组合方式。第二，解决谁来服务的问题。社会心理服务人才是关键，要通过分层分级培养方式，建立心理专业队伍、心理骨干队伍、心理志愿者队伍。第三，解决为谁服务的问题。围绕为大众服务，关注重点服务对象，建立红、黄、蓝预警管理机制，实现"预防在先、治疗在早"的目标。第四，解决如何服务的问题。针对本书中各类服务对象，探索预防及干预策略，同时强化社会心理服务工作者的伦理意识。

总体来说，编撰本书是一项爱心工程，也是集体智慧的结晶。这为我们提供了与优秀从业者合作的机会，我们非常感谢他们为本书撰稿。感谢省委政法委的精心指导，感谢驻马店等地市的大力支持，感谢安阳市法学会社会心理服务体系建设研究会的奉献付出，感谢文峰区（高新区）等县（市、区）多年来的实践探索。

实践中，我们切身感到，社会心理服务工作是一项长远性工作，涉及面广，专业性强，需要持之以恒地抓。我们只是做了阶段性的探索，由于我们学术水平有限且编撰时间紧迫，书中观点难免有不当之处，敬请同行和广大读者提出宝贵意见和建议，以便我们进一步修正完善。我们将以本书出版为契机，学习外地先进经验，拓宽工作领域，把社会心理服务体系建设引向深入，不断提升社会治理整体水平。

王朴

安阳市委常委、政法委书记

推荐序三

中国共产党十九届四中全会强调,"健全社会心理服务体系和危机干预机制,完善社会矛盾纠纷多元预防调处化解综合机制"。习近平总书记强调,要全面加强疫情管控,要把"心理干预等工作做到位,维护社会大局稳定"。疫情应对再次凸显了社会心理服务体系建设的重要性和紧迫性。我们需要深刻分析并着力解决社会心理服务体系建设中的基础性、系统性问题,努力推进平安中国、健康中国建设。

在我国经济社会快速发展的形势下,社会大众对于心理健康的意识日益增强,个体和社会群体的心理安全与身体安全、环境安全、财产安全等交织在一起,不仅影响个体的幸福和社会的和谐,还会影响社会的稳定发展。人民对美好生活的向往,不仅体现在物质条件的丰富上,更体现在心理层面的幸福感、获得感、安全感上。在市域社会治理中,综合治理是基本策略,而综合治理的根本是"以人为本",人则以心为要,心为人的行为指针,心之所想,行之所现。

社会心理服务的形式是用生命感动生命,以生命引导生命,在自然的过程中使服务对象朝着心理健康的方向发展。心理服务工作的主旨是帮助心理状态偏离正常轨道的服务对象恢复正常的人际关系、社会功能等。社会心理服务工作的性质决定了它是一份爱心工作,工作者需要心怀对人类的热爱、对真理的坚持、对他人的信任,并以开放的态度和悲悯之心进行深层次的心理对话。

我国社会心理服务体系建设在专业服务、规范管理、本土研究等方面还处于探索时期,心理服务行业还处于方兴未艾的阶段。他山之石,可以攻玉。我们要不断借鉴、吸收有益或成功的经验,将中国传统元素与西方现代心理学理论相结合,将村俗民约与伦理规范相结合,将民族文化融合创新发扬光大,探索研究出具有中国特色的社会心理服务体系建设模式,并培养适应中国文化环境的社会心理服务工作者,将我国的社会心理服务体系建设推向一个新的高度,为建设富强民主文明和谐美丽的社会主义现代化强国做出应有的贡献。

  社会心理服务体系的建设，个体和群体的心理建设当属首要。重视心理建设则必须有科学的指引。《社会心理服务体系建设实践指导》一书以心理科学原理为根基，结合个体和群体表现出的心理现象，从剖析问题出发，落脚于解决问题，具有较强的针对性、操作性。本书还从社会心理服务工作者的专业视角，根据从临床实践中整理出来的真实案例，运用心理学的理论和方法进行分析和解读，旨在帮助社会心理服务工作者制订合理的工作方案，进行有效的个体或团体心理服务。目的是使服务对象提高对自身心理状况的了解和认识，增强主动了解和评估心理状况的能力，掌握心理平衡的生活技巧。本书强调对社会心理服务的效果评估、反馈、追踪、持续服务是做好社会心理服务工作的有效过程，通过这一过程的进行，以期耐心陪伴并协助服务对象及其家庭清除阻碍、拓展资源，建设和呵护温馨的心灵家园。本书通过一个个鲜活的案例深入浅出、内涵丰富，既具有专业性，又不晦涩难懂，可读性强。相信本书可以成为专业人士认识心理问题、解决心理问题的手册，能给社会心理服务工作者有益的指导，也会是一本深受普通读者喜欢的通俗读物。

赵国祥

中国心理学会候任理事长

河南师范大学党委书记

推荐序四

社会心理服务体系建设是中国社会治理、关注社会心理层面的创新性举措。党的十九大报告中指出,"中国特色社会主义进入新时代,我国社会主要矛盾已经转化为人民日益增长的美好生活需要和不平衡不充分的发展之间的矛盾",强调"加强社会心理服务体系建设,培育自尊自信、理性平和、积极向上的社会心态"。国家卫生健康委、中央政法委、中宣部等10部门联合印发了《全国社会心理服务体系建设试点工作方案》,作为推进平安中国、健康中国建设的重要抓手,各地也积极探索,进行社会心理服务体系建设的富有成效的各种实践,《社会心理服务体系建设实践指导》这本书就是一个重要的成果。

社会心理服务体系建设是个新事物,也是个复杂的系统工程,需要从上到下、从宏观到微观、从理论到实务的整体性建设。本书总结了河南省安阳市、驻马店市、新乡市等地的典型做法,体现了如下特点。

一是对体系的构建。社会心理服务体系建设的重点是体系建设,首先需要有个整体框架,书中提出的"五个完善"为不同层面的体系架构给出了样板,包括机构设置、设施配置、人员配备、职责机制、数字化平台五个方面,既有特色又务实,符合实际需要,具备一定的社会心理服务体系建设参考标准,其他地区也可以借鉴。

二是对不同群体的心理服务指导,有针对性,也较全面。社会心理服务体系建设涉及各个领域,相关的人群也具有多样性,本书非常细致地就一些特定人群和重点人群的常见心理问题提出了心理服务指导的原则和方法,并通过案例来讲解,相关心理服务工作可以参考。

社会心理服务体系建设是个不断尝试、探索的过程。非常钦佩本书作者和实践者的勇于创新、勇于实践的精神。社会心理服务体系建设的每一个举措、每一项行动,都关乎老百姓的幸福安康,都有助于建设平安中国、和谐中国。各地不仅可以将本书作为社会心理服务体系建设的参考，还可以根据各地区、地域的特点，在总的建设原则和精神上，形成各自的建设特色。

最后，特别想表达中国文化博大精深，我们有先进的制度文化、组织文化，有优秀的传统文化，这些都是社会心理服务体系建设的重要资源。社会心理服务体系建设不是照搬西方国家的一些心理服务的名词、技术方法，仪器设备等，在建设的目标、理念、途径与方法、人员建设中要利用好中国文化资源，真正形成新时代有中国特色的社会心理服务体系。

贾晓明

北京理工大学人文与社会科学学院教授

中国心理学会临床心理学注册工作委员会主任委员

推荐序五

习近平总书记关于社会心理服务体系建设的讲话精神为社会心理服务体系建设指明了方向，提供了根本遵循依据。社会心理服务是满足美好生活需要的重要手段，是改善个体、群体和社会的不恰当认知和行为的重要方法，有利于提高大众的心理素养，凝聚社会正能量，构建良好社会氛围。

《社会心理服务体系建设实践指导》一书是临床实践经验的总结提炼，在当下的时代需求中应运而生，聚焦社会心理服务工作者将实践与理论相结合的可操作性的服务指导。本书阐述了开展社会心理服务不能局限于个体的心理疏导，还要着眼社会治理，拓展服务功能的重要意义。强调了加强社会心理服务体系建设，队伍是根本，人才是关键；培养社会心理服务队伍、围绕社会心理服务内容，才能确保社会心理服务质量。本书还通过实例解析的方式，帮助读者融会贯通，无论是新入职还是长期从事社会心理服务的工作者都能达到学以致用的效果。本书整理了社会心理服务工具箱，包括社会心理服务工作站功能室建设方案、社会心理服务工作伦理规范、心理服务的危机评估与干预流程相关资料、全国各地危机干预心理热线与转介机构、社会心理服务常用心理测评量表、一般群体和重点关注对象心理服务等相关内容，以便读者参考借鉴。本书的出版对社会心理服务体系建设起到了很大的推动作用。

本书理论技术明确、案例拆解清晰，可以作为社会心理服务体系建设工作的行政管理人员，学校、卫生、司法、信访、维稳等部门相关人员，应用社会心理学本科及研究生，社会工作者、心理咨询师、心理治疗师等人员的辅导材料。社会心理服务工作者是一个终身学习的职业，其专业素质和专业技能需要持续地学习和提高，通过不断积累经验、完善技能，提高社会心理服务水平。

作为一门新兴的社会服务行业，社会心理服务需要在规范中不断发展，特别是作为政府购买的公共服务，需要借助科学的评价考核办法才能取得良好的社会效益。

希望本书能够对读者的专业发展起到抛砖引玉的作用，使社会心理服务工作者更高效地开展科普宣传，提升群众心理素养；培训心理服务骨干，促进多元服务；加强专业督导，提升专业技能。将社会心理服务融入大局，把维护社会和谐稳定作为己任，培育亲善友爱、积极向上的社会心态。

王建平

北京师范大学二级教授

心理学部临床与咨询心理学院副院长

目 录

第一部分　社会心理服务体系建设概述　/　001

第 1 章　社会心理服务概述　/　003

第 2 章　聚焦"五个完善",规范社会心理服务体系建设　/　015

第 3 章　社会心理服务工作者胜任力的提升　/　036

第 4 章　社会大众心理健康意识与心理健康素养的提升　/　049

第二部分　重点关注对象的心理服务指导　/　057

第 5 章　留守儿童的心理服务指导　/　059

第 6 章　随迁儿童的心理服务指导　/　069

第 7 章　未成年性侵遭遇者的心理服务指导　/　078

第 8 章　青少年抑郁与自伤自杀的心理服务指导　/　090

第 9 章　青少年学习问题的心理服务指导　/　100

第 10 章　青少年拒学的心理服务指导　/　106

第 11 章　家庭冲突的心理服务指导　/　113

第 12 章　困难家庭的心理服务指导　/　123

第 13 章　失独家庭的心理服务指导　/　133

第 14 章　严重精神障碍患者及家属的心理服务指导　/　141

第 15 章　医疗纠纷的心理服务指导　/　147

第 16 章　信访群体的心理服务指导　/　156

第 17 章　房屋征迁对象的心理服务指导　/　163

第 18 章　社区矫正对象的心理服务指导　/　173

第 19 章　社区戒毒人员的心理服务指导　/　181

第 20 章　灾后心理援助的服务指导　/　188

第三部分　社会心理服务工具箱　/　197

工具 1　社会心理服务工作站功能室建设方案　/　199

工具 2　社会心理服务工作伦理规范　/　206

工具 3　心理服务的危机评估与干预流程相关资料　/　209

工具 4　全国危机干预心理热线与转介机构　/　213

工具 5　心理热线服务相关资料　/　215

工具 6　心理服务常用测评量表　/　225

工具 7　一般群体心理服务相关资料　/　239

工具 8　重点关注对象心理服务相关资料　/　256

参考文献　/　276

后　记　/　283

第一部分

社会心理服务体系建设概述

第 1 章

社会心理服务概述

自 2019 年年底以来，新型冠状病毒肺炎（以下简称"新冠肺炎"）肆虐全球。2021 年夏天，极端天气也影响了全国各地，尤其是 7 月中下旬的大暴雨、特大暴雨，使得河南省郑州、新乡、鹤壁、安阳等市深受其害。

面对突发的极端灾害，一些社会成员的无助、焦虑等心理问题日益突出，成为影响社会安全稳定的危险因素。

社会心理关乎人民群众的生命健康，影响整个社会的安定和谐，也决定了人民的幸福感和获得感。良好的社会心态是社会稳定、有序发展的重要前提，是加强新时代社会治理创新以及平安中国建设的压舱石。党中央高度重视社会心态的培育、社会心理服务和心理危机的干预，并做出了加强社会心理服务体系建设、培育积极向上的社会心态的重大战略部署，为共建共治共享社会治理新格局提供"由心而治"的新探索。

《中华人民共和国精神卫生法》（以下简称"《精神卫生法》"）明确了各方主体的权责，强调突发事件应急预案中应加入心理援助内容，设定了心理咨询工作的基本规范，建立监测网络与工作信息共享机制，是一部实行预防为主，治疗和康复相结合的法律，对于促进心理健康发展、精神障碍预防起到了积极作用。

《"健康中国 2030"规划纲要》《关于加强心理健康服务的指导意见》《关于印发全国社会心理服务体系建设试点工作方案的通知》等有关文件的颁布和实施，强化了党委政府领导和部门协作，加强了社会心理疏导、心理危机干预，切实提高了人民群众的心理健康水平。

党的十九大报告提出了"加强社会心理服务体系建设，培育自尊自信、理性平和、积极向上的社会心态"，党的十九届四中全会再次强调了"健全社会心理服务体系和危机干预机制，完善社会矛盾纠纷多元预防调处化解综合机制"。

习近平总书记在庆祝中国共产党成立 100 周年大会上的讲话中指出："江山就是人民、人民就是江山，打江山、守江山，守的是人民的心。中国共产党根基在人民、血脉在人民、力量在人民……，着力解决发展不平衡不充分问题和人民群众急难愁盼问题，推动人的全面发展、全体人民共同富裕取得更为明显的实质性进展！"

这些都为社会心理服务体系的建设指明了方向。

社会心理服务体系的基本内涵

心理

根据《心理学大辞典》，"心理"一词有两种含义。（1）心理是个体一切精神活动的总称，与物质相对，包括感觉、知觉、记忆、思维、情感、意志、能力、气质、性格等心理现象，以及从潜意识到意识的具有不同程度觉知的各种心理现象。人类心理是物质世界长期发展的产物。（2）中国古代心理学思想用词，大多将两者分开使用。"心"即精神、意识，"理"寓道理、规律之意。如陆九渊、王守仁所提"心即理"命题。

在本书中，显然使用的是第一种含义。

社会心理

社会心理是指在一段特定的时期内弥漫在社会及其群体中的整个社会心理状态，是整个社会的情绪基调、共识和价值取向的总和，其本质是人们对各种社会现实问题形成的共识，以及对社会结构和社会运行现状的直接反映。

社会心理包括群体心理和个体心理。个体心理通过群体的影响而形成并不断发展；群体心理通过个体心理的整合而成。个体心理是群体心理之源，与群体心理是辩证统一的。

社会心理既是社会发展的风向标，也是社会现实的晴雨表，更是勾勒时代精神气质的素描，反映了社会变迁与文化变迁的历史轨迹。

社会心理服务

社会心理服务是指应用各种心理学理论及方法，为个人、家庭、团体或组织提供服务，促进个体心理健康和自我发展，促进家庭幸福，提升整个社会心理满意度与幸福感的一种服务，主要包括社会心态培育、社会心理疏导、社会预期管理、社会治理的心理学运用等内容，其核心目的是解决社会宏观层面的心理建设问题，尤其是要培育自尊自信、理性平和、积极向上的社会心态，为中华民族伟大复兴而凝心聚力。

社会心理服务体系

根据《中国社会治理通论》的定义，社会心理服务体系是指依托于心理学及医学的理论和方法，综合采用心理疏导、心理干预等手段，预防和减少心理问题，平和社会心态，引导价值导向，构筑社会心理防线的一整套组织结构和制度安排。

社会心理服务体系发展历程

2006年，中共十六届六中全会提出"心理和谐"的理念。

2007年，中共十七大继续沿用"注重人文关怀和心理疏导"战略理念的表述用语，保持了党和国家大政方针的连续性。心理和谐成为和谐社会的重要建设目标之一，其基本出发点是立足于关注个体的心理健康，通过心理知识的宣教和心理技术的应用，努力提升心理咨询和保健的水平，进而营造充满活力又平和有序的社会心态，关键核心是落实"以人为本"的治国理念。

2013年，中共十八届三中全会之后，中国共产党领导社会的执政理念从"社会管理"过渡到"社会治理"。虽然是一字之差，却蕴含着对领导社会方式的巨大变化：从"强力"管控到"合力"调节；从"结果"追求到"效果"取向；从"义务"中心到"权益"保障；从"机械"统合到"差异"尊重。

2015年11月，中央在"第十三个五年规划的建议"中首提"社会心理服务体系"。

2017年，中共十九大第一次正式提出"社会心理服务体系建设"。这更进一步说明，一方面中国心理学家的创造性劳动和知识智慧得到了国家最高层政治精英的关注和采纳，另一方面新时代中国社会阔步前进需要心理学。全局性、系统性地探索心理学综合式吸纳进社会治理之中，将心理学凝聚指向社会治理的政治目标是具有中国特色的创举，特别是在中国社会剧烈转型、社会发生巨变、国情特别复杂的时期，堪称古今中外、前所未有的事业。

2019年，十九届四中全会再次强调了"健全社会心理服务体系和危机干预机制，完善社会矛盾纠纷多元预防调处化解综合机制"。

准确理解"社会心理服务体系"的含义

人们对"社会心理服务体系"含义的理解有分歧。目前,大致有三种不同的看法:

- 社会的心理健康服务体系;
- 社会心理的服务体系;
- 社会的心理服务体系。

"社会心理服务体系"在严格意义上,或者从狭义上讲,应该理解为"社会心理的服务体系",主要针对社会心态培育、社会心理疏导、社会预期管理、社会治理的心理学策略的运用等,其核心目的是解决社会宏观层面的心理建设问题,尤其是要培育自尊自信、理性平和、积极向上的社会心态,为中华民族伟大复兴而凝心聚力。

由此看来,第二种看法是准确的,"社会心理服务体系"为"社会心理的服务体系"。第一种看法是不合适的,心理健康服务是指向个体的,无须在"心理健康服务体系"前冠以"社会的"字样,否则反而容易引起误解。

第三种看法是一种广义的、"中庸"的理解。这时"社会心理服务体系"中的"社会"这一修饰词,修饰的不是"心理",而是"心理服务体系"。它强调要在社会层面建立一种心理服务体系,其核心是"社会心理的服务体系",它不排斥反而兼顾心理健康服务体系的内容。由此,"社会(的)心理服务体系"建设可泛指一切有助于国民心理提升的体制、机制、手段和能力建设。

正确定位社会心理服务体系

要正确定位社会心理服务体系建设,就要充分理解以下三点。

- 首先,要站在国家治理体系现代化的高度看问题。社会心理服务体系是社会治理体系的一部分,是国家治理体系现代化的重要内容之一。
- 其次,要突出"社会"和"社会心理"视角,着重解决宏观社会心理问题。
- 最后,通过"由心而治"的路径实现国家和社会的"善治"。社会心理服务体系建设将引导人们关注公共管理和社会治理的心理规律问题,它提供了"由心而治"——依循心理行为规律和心理学方法实现"善治"的重要路径。

社会心理服务体系建设评估指标体系

为更好地指导各地社会心理服务体系建设,池丽萍、辛自强选择 2016 年被中央综治办指定为"社会心理服务体系建设"联系点的 12 个地区作为评估样本地区。通过资料的收集、整理，提出了 6 个一级指标、23 个二级指标的社会心理服务体系（见表 1-1）。

表 1-1　　　　　　　社会心理服务体系建设评估指标体系

一级指标	二级指标
组织架构 指那些形成常态的工作机制和模式，以及各地创新的各类工作内容和流程	（1）主管部门、参与部门；（2）是否出台实施方案；（3）是否建立区、街道、社区三级社会心理服务平台；（4）是否明确将服务体系纳入部门考核范围；（5）是否出台当地平台建设的标准；（6）是否有专项经费保障；（7）是否有针对平台工作人员的培训方案
工作模式 指那些形成常态的工作机制和模式，以及各地创新的各类工作内容和流程	（1）是否建立社会心态预警机制；（2）是否建立心理疏导机制；（3）是否建立危机干预机制；（4）是否依托网格管理；（5）为实现预警、疏导、危机干预而进行的制度设计和常规化工作安排（如制定突发公共事件心理危机的专业分级、出台残疾人员保障制度、民情走访调查、矛盾纠纷排查、心理陪伴计划等）
平台建设 指社会心理服务体系建设的实体服务平台的建设情况	（1）软件建设；（2）硬件建设，包括硬件设备、空间配置；（3）依托单位
服务对象与服务内容 后续章节详细展开	（1）重点服务人群；（2）重点人群服务内容；（3）面向公众的服务内容
队伍建设 指参与到社会心理服务工作中的人员组成、队伍的专业培训情况	（1）队伍人员组成；（2）人员专业资质；（3）队伍培训内容
效果评估 包括各试点对建设效果的自评及上级主管部门的评价	（1）建设示范点；（2）建设效果的评估指标

注：

重点人群包括精神障碍患者、社区矫正或服刑人员、吸毒和戒毒人员、信访重点人群、邪教人员、辍学青少年。

特殊人群包括性格孤僻人员、就业困难人员、流浪乞讨人员、农民工、留守人员、空巢老人、流动儿童和失亲家庭等弱势群体。

社会心理服务体系建设的重要意义

社会心理服务体系用于解决宏观社会心理问题，建设强大的国民心理，运用心理学规律和方法实现社会的"善治",改善公众心理健康水平、促进社会心态稳定、提升公众幸福感,关系到广大百姓的幸福安康,并影响着社会的和谐发展,具有十分重要的时代意义。《中国社会治理通论》一书将其分为以下三个方面。

社会心理服务体系建设是满足人们美好生活需要的必然要求

党的十九大报告指出,中国特色社会主义进入新时代,我国社会主要矛盾已经转化为人民日益增长的美好生活需要和不平衡不充分的发展之间的矛盾。美好生活不仅包括物质文化需要,还包括社会心理需要。社会心理服务体系建设有助于形成健康的心态,有助于人民获得感、幸福感、安全感,更加充实、更有保障、更可持续。

社会心理服务体系建设是构建社会心态健康发展的迫切需要

我国正处于转型期,社会心态总体上保持向上的趋势,但是由于社会环境的快速变化、世界文化多样性的交汇和冲撞等,一些不良社会心理问题依然存在。因此,须积极引导社会心态健康发展,为社会发展提供良好的心态支撑。

社会心理服务体系建设是创新和加强社会治理的重大举措

客观准确地认识和把握一个时期的社会心理是社会建设的需要,良好的社会心理是维护社会稳定的前提。当社会问题或矛盾长期得不到解决时,有可能会产生一种消极的社会心态,并蔓延至整个社会。加强社会心理服务体系建设,有助于培养良好道德风尚、促进经济社会协调发展、培育和践行社会主义核心价值观,是实现国家长治久安的一项源头性、基础性工作。

综上所述,社会心理服务体系建设是推进国家治理体系和治理能力现代化的关键举措。

社会心理服务体系建设的目标和任务

目标

根据《全国社会心理服务体系建设试点工作方案》,社会心理服务的目标为:贯彻落实党的十九大提出的"加强社会心理服务体系建设,培育自尊自信、理性平和、积极向上的社会心态"的要求,坚持预防为主、突出重点、问题导向、注重实效的原则，强化党委政府领导和部门协作，建立健全服务网络，努力建设更高水平的平安中国，推进国家治理体系和治理能力现代化，加快实施健康中国战略，促进公民身心健康，维护社会和谐稳定，探索社会心理服务模式和工作机制。

任务

根据《关于印发全国社会心理服务体系建设试点2021年重点工作任务的通知》和《全国社会心理服务体系建设试点工作方案》精神，试点地区关于全国社会心理服务体系建设重点工作任务主要有以下内容。

强化组织管理和保障措施

召开领导小组会议

每半年至少召开一次党委政府领导参加的会议，明确重点难点问题、具体解决措施和时限。2021年年底前要提炼可供全省（区、市）范围推广的典型经验和做法。

保障试点工作经费

各级财政部门要落实试点工作的经费保障。

多部门联合调研评估

省级多部门要开展一次联合调研评估，帮助地方梳理典型经验做法，为2021年年底验收评估做好准备。要对各区县至少开展一次联合调研评估。

加强各级各类人员培训并建立人才信息库

整合资源，根据《国家卫生健康委办公厅关于印发社会心理服务体系建设试点地区基层人员培训方案的通知》，对各级各类心理服务人员进行全员培训，为培训考核合格人员建立人才信息库，组织其为当地提供心理服务。

完善社会心理服务网络

搭建基层社会心理服务平台

依托基层综治中心或城乡社区综合服务设施等，在村（社区）建立心理咨询室或社会工作室；2021年年底前，以村（社区）为单位，其建成率要达80%以上。

完善学生心理健康服务网络

所有高等院校按照师生比不少于1∶4000的比例，配备心理健康教育专职教师。建立心理辅导室的中小学校比例达100%，并配备专兼职教师，每学期至少开展一次面向家长和学生的心理健康教育。

完善员工心理健康服务网络

100%的党政机关、事业单位和规模以上企业单位为员工提供心理健康讲座、心理测评等心理健康服务，对发生家庭变故或其他重点问题的员工开展一对一心理干预。

提升医疗机构心理健康服务能力

辖区100%的精神专科医院设立心理门诊，40%的二级以上综合医院开设精神（心理）科门诊。

规范开展社会心理服务

开展多种形式科普宣教

通过电视、广播、网络、报纸等多种媒体，以宣传折页、科普宣传栏、视频等形式开展心理健康科普宣教。各区县每月至少开展一次科普宣教。开展辖区内居民心理健康素养、抑郁症、焦虑障碍、失眠、老年痴呆等健康中国行动心理健康促进行动相关指标的调查。

为与疫情相关的重点人员提供心理援助服务

组织各方力量，对与疫情相关的患者及其家属、隔离人员、抗疫工作人员等重点群体，及时给予心理疏导和干预。

加强心理危机干预队伍建设，规范心理援助热线服务

加强心理危机干预队伍建设，明确队伍职责任务，每年至少开展两次系统培训和演练。加强心理援助热线的规范建设和管理，提供 7×24 小时服务，每年至少对接线员开展两次系统培训，加大指导和考核力度。有条件的地区设置专用短号码热线并广泛宣传，提高公众知晓率。

加强各部门各行业心理服务

公安、民政、司法行政、信访、残联等部门结合行业特点，每年至少为系统内人员及工作对象举办一次心理健康知识讲座，并根据需求提供心理健康或社会工作服务。

完善严重精神障碍患者服务机制

所有乡镇（街道）建立健全由综治、卫生健康、公安、民政、残联等单位组成

的精神卫生综合管理小组，联合开展严重精神障碍患者管理治疗服务，依法对肇事肇祸者予以处置。2021年底前，严重精神障碍患者报告患病率达到4.5‰，规范管理率达到80%，规律服药率达到60%，精神分裂症服药率达到80%，居家患者社区康复参与率达到60%。

开展特色项目

按照《国家卫生健康委办公厅关于探索开展抑郁症、老年痴呆防治特色服务工作的通知》要求，将抑郁症、老年痴呆作为试点特色项目，做好组织实施。同时，针对当地亟待解决的问题或结合当地需要，组织开展实施其他特色项目。

社会心理服务体系建设的原则

党政领导、社会参与原则

社会心理服务体系建设，既离不开社会组织的支持，也离不开公民个人的支持，更离不开各级党委、政府的支持。政府只有发挥党委总揽全局、协调各方的领导作用，并通过购买服务等形式在政策、制度、经费等方面的支持，才能使社会心理服务体系建设得以起步、发展、壮大，也才更为符合政府、社会组织及公民个人发展的需要。

以人为本、预防为主原则

社会矛盾纠纷已经扩展到社会经济生活的诸多领域，如果得不到有效预防和化解，就会影响社会稳定和经济建设，亟须着力构建预防和化解社会矛盾机制。以人为本，健全重大决策社会稳定风险评估机制，发现风险并找到化解风险的有效对策，进而推进重大项目或决策实施，建立健全利益表达机制、协商沟通机制、救济救助机制，保障群众利益协调、权益保障法律通道畅通，从根本上预防和减少社会矛盾，提高人民的幸福感、获得感和安全感。

专业化、科学化原则

社会心理服务工作是一项专业性和科学性都较强的工作，需要具有一定资质的心理学、社会学方面的专业人员。包括服务人员（含志愿者）的专业化背景，服务人员培训的专业化、科学化，政策、制度的专业化科学化，针对不同人群服务内容的专业化、科学化，督导、评价的专业化、科学化等。只有做到专业化、科学化，社会心理服务才能实现这一目标。

问题导向、分类指导原则

在社会心理服务体系建设过程中，要坚持问题导向分类指导，依据国家治理体系建设的需要、社会组织发展的需要、社会心态培育的需要，以及公民个人健康发展、幸福感、获得感、安全感的提升的需要，在培育自尊自信、理性平和、积极向上的社会心态的同时，要加强社会心理疏导、心理危机干预，切实提高人民群众的心理健康水平；要健全危机干预机制，完善社会矛盾纠纷多元预防调处化解的综合机制，以促进国家治理、社会组织发展以及公民个人健康发展。

法治保障、科技支撑原则

党委领导、政府负责、社会协同、公众参与、法治保障的社会治理体制，是中国特色社会主义国家治理体系的重要组成部分，也是我国社会治理的基本体制。加强社会治理制度建设，最根本的就是要在实践中不断加强和完善这一基本治理体制。充分运用大数据技术、信息化等科技手段，提高对各类社会矛盾的发现预警能力，及时排除、化解、处置各类社会矛盾。

社会心理服务体系建设是社会治理的重要组成部分

社会心理服务体系建设："由心而治"

社会心理服务体系建设是市域社会治理现代化的重要组成部分，它致力于遵循人类心理行为规律改善社会治理的方式，通过"软治理"和"技术治理"实现"由心而治"。

社会心理服务体系建设，要把握好两个方面：一方面，心理健康服务是社会心理服务体系的基础，是直接服务个体、影响个体心理健康的重要手段；另一方面，认清宏观层面的社会心理问题才是主要着眼点，尤其是要培育自尊自信、理性平和、积极向上的社会心态，促进社会心态稳定、提升公众幸福感，为中华民族伟大复兴而凝心聚力。

社会心理服务体系建设是加强和创新社会治理的重要任务，是建设社会主义和谐社会的重要方面。因此，在建设过程中要避免以下两种错位。

- **第一种错位是存在着"心理健康"倾向。** 对公众及各类群体开展大量心理健康知识讲座，并将其看作服务体系建设的重要内容。
- **第二种错位表现在对重点人群的服务内容上。** 将心理咨询、情绪疏导、转诊治疗、应急处置等心理干预手段作为针对重点人群的主要服务内容，却没有去挖掘和解决导致他们出现心态失衡、生活失意、行为失常的客观原因。只有将心理支持与实际援助相结合，为重点人群提供经济支持、法律政策支持、就业信息支持，以及多种资源的连接，将服务对象短期的心理困扰和长期的社会融入问题结合起来，才能真正帮助他们回归正常生活，从根本上消除危害社会稳定的隐患。

社会治理：共建共治共享

社会治理是指在共同价值基础上，在限定的法律框架、规章制度内，政府、社会和公众规范社会行为、协调社会关系、解决社会问题、防范社会风险的活动。

社会治理主要包括社会治理主体、社会治理领域、社会治理体制、社会治理机制、社会治理方式，以及社会组织治理、基层治理、空间环境治理、公共安全治理、网络社会治理等。社会治理的各种实践活动有这样一个共同点，即以维护社会秩序、协调社会关系和改善生活方式为目标。

打造共建共治共享的社会治理格局。十九届四中全会强调，社会治理是国家治理的重要方面。必须加强和创新社会治理，完善党委领导、政府负责、民主协商、社会协同、公众参与、法治保障、科技支撑的社会治理体制，建设人人有责、人人尽责、人人享有的社会治理共同体，确保人民安居乐业、社会安定有序，建设更高水平的平安中国。

"共建"就是要坚持人民主体地位，依靠全体人民共建发展成果。加强和创新社会治理，必须充分尊重人民的意志，反映人民的意愿，充分发挥人民群众创造历史的巨大智慧和决策力量。"共治"就是要坚持依靠人民群众治理国家和社会，优化社会治理多元主体格局，支持人民群众通过多种方式有效参与社会治理，把人民当家做主落到实处。"共享"就是要坚持让全体人民共享发展和治理成果，着力解决好人民群众最关心、最直接、最现实的利益问题，朝着共同富裕目标不断迈进。共建共治共享，三者相互交融、相互促进。共建要以制度建设为基础，共治要以体制创新为关键，共享要以公平正义为保障。

社会心理服务体系建设服务于社会治理:"六治"融合,"四防"并举

带领人民创造美好生活,是我党始终不渝的奋斗目标。报告还强调,要"加强社会心理服务体系建设,培育自尊自信、理性平和、积极向上的社会心态。加强社区治理体系建设,推动社会治理重心向基层下移,发挥社会组织作用,实现政府治理和社会调节、居民自治良性互动""不断满足人民日益增长的美好生活需要,不断促进社会公平正义,形成有效的社会治理、良好的社会秩序,使人民获得感、幸福感、安全感更加充实、更有保障、更可持续"。

为使人民获得感、幸福感和安全感更加充实、更有保障、更可持续,推进国家治理体系和治理能力现代化就显得尤为必要。

河南省坚持以习近平新时代中国特色社会主义思想为指导,按照党的十九届五中全会决策部署,加强和创新社会治理,积极探索中国特色社会主义社会治理之路,建立健全政治、法治、德治、自治、智治、心治、人防、物防、技防、心防,"六治"融合、"四防"并举的社会综合治理模式,积极探索基层社会治理新路径,打造共建共治共享的社会治理新格局,为推进全面依法治市工作夯实根基。

这里,"心治""心防"都是指社会心理服务体系建设。

正如魏礼群在《中国社会治理通论》一书提出的,健全社会心理服务体系,符合当今社会和时代发展的迫切需要,是加强和创新社会治理的重要途径,有助于形成有效的社会治理、良好的社会秩序,使人民获得感、幸福感和安全感更加充实、更有保障、更可持续。

第 2 章

聚焦"五个完善",规范社会心理服务体系建设

为贯彻落实国家卫健委、中央政法委等 10 部门联合下发的《全国社会心理服务体系建设试点工作方案》精神,推进社会心理服务体系建设,建设更高水平的平安中国、健康中国。本章主要从完善机构设置、设施配置、人员配备、职责机制、数字化平台五个方面探索制定社会心理服务体系建设参考标准。

完善机构设置,规范心理服务平台

市综治中心下设社会心理服务指导中心

社会心理服务指导中心设指导室、研究室、体验室。指导室负责指导、管理、推进、督导,社会心理服务及网格化管理云平台的运行、整合、分析;研究室负责工作谋划、调查研究、制度制定、教育培训;体验室负责展示示范、应用推广、科普宣传等工作。

县(市、区)综治中心下设社会心理服务工作中心

社会心理服务工作中心设办公室、信息室、社会组织室。办公室负责社会心理服务体系建设组织、协调、考核、奖惩等相关工作;信息室负责社会心理服务信息化运行工作;社会组织室负责协调社会组织参与社会心理服务工作。

乡镇(街道)综治中心下设社会心理服务工作站

可依托社会心理服务工作站设咨询室(咨询、测评、谈心)、放松室(音乐、宣泄)、团体活动室等,开展具体的各项心理服务活动。

村（社区）委员会设心理咨询室或社会工作室

可依托心理咨询室或社会工作室开展社会心理服务活动。赋予基础网格长社会心理服务工作职责。

机关、企事业单位设心理健康辅导室

可依托心理咨询室或社会工作室开展社会心理服务活动。

完善设施配置，规范心理服务渠道

统一各级标牌标准

如图 2-1 及图 2-2 所示，市社会心理服务指导中心、县（市、区）社会心理服务工作中心应为竖牌；市社会心理服务指导中心指导室、研究室、体验室和县（市、区）社会心理服务工作中心办公室、信息室、社会组织室应为横牌；字体为方正魏碑，带综治徽标。字号、标牌大小根据实际情况确定。

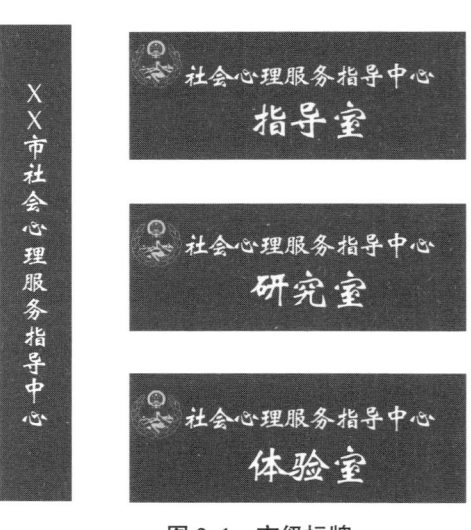

图 2-1　市级标牌

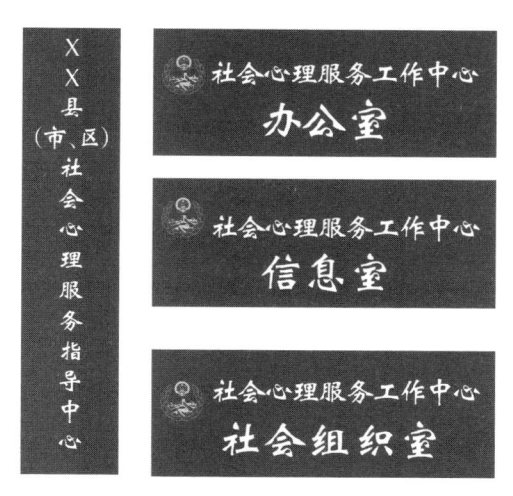

图 2-2 县（市、区）级标牌

乡镇（街道）社会心理服务工作站及咨询室、放松室、团体活动室等（见图2-3），村（社区）心理咨询室或社会工作室（见图2-4），机关、企事业单位心理健康辅导室（见图2-5）应为横牌（长方形，带综治徽标，可贴门上、墙上或悬挂），蓝底白字，为方正大标宋、120号。

图 2-3 乡镇（街道）级标牌

图 2-4 村（社区）级标牌

图 2-5 机关、企事业单位标牌

统一场地设施标准

场地要求

乡镇（街道）社会心理服务工作站

分为标准型和精品型：标准型需有三个房间，分别是咨询室、放松室和团体活动室；精品型需有四个及四个以上房间，分别是接待室、咨询室、音乐放松室、宣泄室和团体活动室等。

村（社区）心理咨询室或社会工作室及机关、企事业单位心理健康辅导室

分为标准型和精品型：标准型需有一个房间；精品型需两个及两个以上房间，分别是心理咨询室或社会工作室、宣泄室等。

设施要求

见本书第三部分的"工具1"。

完善人员配备，规范心理服务队伍建设

管理人员

市社会心理服务指导中心

市社会心理服务体系建设领导小组

组　　长：×××市委常委、政法委书记

副组长：×××市人民政府副市长（分管卫健、公安）

　　　　×××市人民法院院长

　　　　×××市人民检察院检察长

成　　员：×××市相关部门负责同志

领导小组下设办公室，办公室主任由市委政法委分管副书记兼任。

市社会心理服务指导中心工作人员

主　　任：×××市综治中心主任

副主任：×××市妇联分管副职

　　　　×××市公安局分管副职

　　　　×××市卫健委分管副职

　　　　×××市残联分管副职

工作人员：专职工作人员若干

县（市、区）社会心理服务工作中心

县（市、区）社会心理服务体系建设领导小组

组　　长：×××县（市、区）委常委、政法委书记

副组长：×××县（市、区）人民政府副县长

　　　　×××县（市、区）人民法院院长

　　　　×××县（市、区）人民检察院检察长

成　员：×××县（市、区）相关部门主要负责同志

领导小组下设办公室，办公室主任由县（市、区）政法委分管副书记兼任。

县（市、区）社会心理服务工作中心工作人员

主　　任：×××县（市、区）综治中心主任

副主任：×××县（市、区）妇联分管副职

　　　　×××县（市、区）公安局分管副职

　　　　×××县（市、区）卫健委分管副职

　　　　×××县（市、区）残联分管副职

工作人员：专职工作人员若干

乡镇（街道）社会心理服务工作站

乡镇（街道）社会心理服务体系建设领导小组

组　　长：×××乡镇（街道）党工委书记

第一副组长：×××乡镇（街道）乡（镇）长

常务副组长：×××乡镇（街道）政法委员

副组长：×××乡镇（街道）负责工青妇、教育、卫健、民政、企业等分管副职、综治中心主任等

成　员：×××派出所所长

　　　　×××法庭庭长

　　　　×××司法所所长

　　　　×××卫生院院长

　　　　×××残联主席

领导小组下设办公室，政法委员兼任办公室主任。

社会心理服务工作站工作人员

站　　长：×××乡镇（街道）政法委员

副站长：×××派出所所长

　　　　×××妇联主席

　　　　×××卫生院院长

　　　　×××残联理事长

工作人员：专职工作人员若干

村（社区）心理咨询室或社会工作室

主　　任：×××村（社区）治保或民调主任

副主任：×××妇联主任

　　　　×××驻村民警（辅警）

工作人员：×××村（社区）心理骨干或志愿者

机关、企事业单位心理健康辅导室

主　　任：×××单位分管副职

副主任：×××科室负责人

工作人员：单位心理骨干或志愿者

专业人员

心理专业队伍

由心理学专家、注册督导师、注册心理师、精神科医生、心理治疗师和心理咨询师等组成。

心理骨干队伍

由机关、企事业单位平安建设骨干，乡镇（街道）政法委员、基层网格长等组成。

志愿者队伍

由高校心理学、社会学、社会工作专业师生,以及社会上从事心理服务工作者等广大志愿者组成。

完善职责机制,规范心理服务实施

市社会心理服务指导中心职责及机制

工作职责

调研决策

负责社会心理服务体系建设理论研究,围绕本市社会心理建设服务体系的发展大局,制定工作规划和实施方案,对工作中出现的群体性心理问题进行调查、分析、研判,并提出工作建议。

规范建制

负责制定社会心理服务的职业伦理规范、心理疏导、危机干预等工作制度;完善社会心理服务考评机制,明确各级、各部门岗位职责,保障社会心理服务工作健康有序开展。

监督管理

负责督促社会心理服务体系建设措施落实,加强社会心理服务组织的规范化管理,提升专业服务质量,考核实施效果,及时总结推广经验,保障社会心理服务体系工作扎实推进。

综合协调

负责统筹社会心理服务体系建设工作的整体推进,协调相关部门关系,确保各司其职,各尽其责,形成工作合力。

工作机制

分析研判预警机制

定期召开研判会议,对重要群体和重大项目所涉群众心理状态,根据紧急程度和影响大小等指标，按照"红、黄、蓝"三级预警，对掌握的苗头性、倾向性等影响社会稳定的心理问题及时进行心理干预，把问题化解在萌芽状态。

专业培训提升机制

对心理骨干队伍和志愿者队伍采取线上线下等培训形式，提升社会心理服务能力和水平，做到"三能三会三当"，即能倾听共情沟通、能区分问题性质、能提供基本服务；会普及心理知识、会发现心理问题、会开展心理援助；当好心理健康宣传员、当好心理排查信息员、当好心理冲突疏导员。

信息报送处置机制

信息报送要及时、准确、全面，突出时效性、真实性、精炼性，确保社会心理服务信息渠道畅通。针对群众关心的共性心理问题，组织开展信息调研汇总，形成有问题、有分析、有建议的专题综合信息；针对重大突发性事件，第一时间收集并报送成因、发展、处置等情况。

考核奖惩激励机制

将社会心理服务工作开展情况纳入综治平安建设考核体系，定期讲评通报。对工作积极主动、成绩突出的给予表彰奖励；对工作不力、进展缓慢的取消年度评先资格，通过考核奖励推动工作深入开展。

县（市、区）社会心理服务中心职责及机制

工作职责

- 制定社会心理服务工作目标及计划，指导检查各级社会心理服务体系建设；
- 做好社会心理健康知识的普及宣传工作；
- 定期组织心理健康普查活动，逐步建立县（市、区）居民心理健康档案；
- 接收上报人员信息并进行汇总和评估，建立关注人员心理档案；
- 每月组织召开一次联席会议，会商研究解决疑难问题，分析研判并制订分级干预计划，对重点关注人员及时委派专业人员开展心理疏导工作；
- 做好关注人员的心理稳控工作，及时反馈关注人员信息，督促下级联络员做好心理追踪回访服务；
- 加强社会心理服务人员队伍建设，定期组织培训，不断提高专业人员的业务素质；

- 加强心理测评软件管理员的管理，遵守保密纪律，不发生泄露个人隐私案事件；
- 开展个体危机干预、团体危机干预工作，为重大突发事件及高危人群提供心理服务。

工作机制

排查筛查机制

利用矛盾纠纷排查、干部包村入户走访等时机，采取集中排查、重点排查、调查走访等形式，县（市、区）每月、乡镇（街道）每半月、村（社区）每周排查筛查一次，及时了解、掌握重点关注人员，确保重点人员不漏管、不失控。

分析研判机制

中心每月召开一次联席会议，遇到特殊情况可以随时召开。根据情况邀请相关单位负责人员参加，听取联席会议成员单位工作情况汇报，分析研判疑难问题，提出建议和措施，进行总结和通报工作，安排下一步工作。

疏导干预机制

对有心理问题的重点关注人员开展相应的心理疏导工作，打开心结，适应社会。对重点人员失控后可能造成的后果，分类制订完善应急心理干预预案。对突发事件，第一时间启动应急干预预案，有效预防重大案事件的发生。

危机干预机制

对全体政法干部、心理专业队伍、心理骨干队伍实行定期培训危机干预专业知识；对于有强烈的自杀意念、自杀未遂或他杀意念、他杀未遂的人员给予特别的关心；在开展危机干预及危机事故处理过程中，应做好资料的收集及证据保留工作，将详细材料提供给心理危机干预专业人员备案，填写《危机事故情况表》（见本书第四部分"社会心理服务工具箱"）；参及危机干预专业人员应对服务对象的私人信息严格保密。

工作联动机制

坚持信息资源共享、任务共领、责任共担原则，各部门协调配合，重大疑难问题及时组织召开联席会议，形成齐抓共管工作合力。

考核奖惩机制

把社会心理服务体系建设纳入综治平安建设年度考核重要内容，乡镇（街道）

实行月通报、季考评、半年总结、年终奖惩，奖惩分明。对工作措施不到位、发生重大案件的，实行社会治安综合治理责任查究。

乡镇（街道）社会心理服务工作站职责及机制

工作职责

- 指导、督导、检查基层心理咨询室或社会工作室开展工作，制订本站社会心理服务工作计划，配合协助上级部门完成有关任务；
- 做好社会心理服务"六进""六服务"活动，宣传普及心理健康知识，逐步建立全民心理健康档案，落实各项心理服务措施；
- 接收上报人员信息并进行汇总和评估，每半月召开一次分析研判会，每月召开一次联席会，根据评估结果制订分级干预计划，对重点关注人员报上级处理；
- 做好"六严控"关注人员的心理稳控工作，为关注人员提供心理追踪服务；
- 开展个体危机干预、团体危机干预工作，为高危人群提供心理服务；
- 加强心理测评软件管理员的管理，遵守保密纪律，不发生泄露个人隐私案事件。

工作机制

普及宣传到位

通过开展"六进""六服务"活动，普及心理健康知识，正确认识心理问题，提高广大群众参及社会心理服务工作的积极性。

培训学习到位

积极开展和动员参与社会心理服务基础培训班、实战培训班、考证培训班，提升工作人员的专业素质。

排查筛查到位

积极组织动员基层专业力量和社会力量，广泛开展"双百工程"干部包村入户走访活动，充分发挥网格化管理底座作用，采取集中排查、重点排查、软件筛查等形式，坚持村（社区）每周、乡镇（街道）每半月排查筛查一次，排查筛查重点人员，确保重点人员底数清、情况明、不漏管、不失控。

联动服务到位

乡镇（街道）每半月召开一次分析研判会，每月召开一次联席会议。对排查出的重点关注人员，组织发动心理疏导员队伍，采取相应心理疏导措施。对不能解决的报上级，由专业心理疏导师解决，同时做好相应稳控措施。

考核奖惩到位

把社会心理服务体系建设纳入综治平安建设年度考核重要内容，实行月通报、季考评、半年总结、年终奖惩。对工作措施不落实、发生重大问题的，坚决予以惩戒和查究。

村（社区）心理咨询室或社会工作室职责

心理咨询室或社会工作室工作职责

- 宣传心理健康知识，提高辖区村（居）民的心理健康水平；
- 做好心理健康普查，建立村（居）民心理健康档案；
- 组织发动"五大员"、基础网格长和其他社会力量，定期召开每周例会、半月分析会、每月联席会议，推动工作深入开展；
- 做好关注人员的心理排查工作以及被关注人员的心理稳控工作，对有需求的人员进行初级心理服务；
- 做好被关注人员的稳控工作；
- 组织心理健康员及志愿者开展社会心理服务工作；
- 配合协助上级部门完成有关工作；
- 加强对心理测评软件管理员的管理，遵守保密纪律，不发生泄露个人隐私案事件。

"五大员"工作职责

治安主任工作职责

- 组织、协调、办理本村（社区）社会心理服务体系建设；
- 广泛宣传发动，充分利用智能广播等形式广泛宣传发动，培训积极健康的社会心态；
- 每周组织驻村民警（辅警）、妇联主任、残联专职委员、村医，召开"五大员"例会，收集整理本村（社区）心理服务重点关注人员登记表，对重点关注人员开展必要心理疏导活动，对采集信息及时输入心理测评软件，将重点关注人员汇总表上报乡镇（街道）综治办；
- 协助村（社区）党支部书记落实好村居两委班子成员每半月一次的分析研判会，每月一次的联席会，开展好社会心理服务体系建设；
- 积极参加及各项培训学习活动，不断提高业务素质，协调解决好当事人反映的"事"，疏导理顺当事人心理的"情"结；
- 认真排查、筛查重点关注人员，重大问题及时上报。

驻村民警工作职责

- 结合业务开展工作，认真排查筛查重点人员并及时上报；
- 物色建立治安信息员队伍，确保重大问题第一时间掌握并及时上报；
- 根据上级安排，对排查出的重点人员做必要的心理疏导服务工作，并做到"四掌握"（掌握人员姓名、掌握家庭状况、掌握现实表现、掌握心理动向），确保不失控漏管，不发生极端案事件；
- 做好心理服务的宣传普及工作，对心理问题有关联的人和事及时进行排查，对极端案事件进行及时有效的预防警示，研究措施，消除隐患，维护稳定。

妇联主任工作职责

- 加强对妇女儿童的心理健康知识普及宣传工作；
- 教育、引导广大妇女培育积极健康心态，增强自尊、自信、自立、自强精神，及时化解婚姻家庭矛盾纠纷，维护家庭和谐稳定，降低社会离婚率；
- 关注有心理问题的在校学生，开展必要的心理疏导，保障留守儿童健康成长；
- 结合业务工作认真排查筛查重点人员并及时上报；
- 积极参加各项培训学习活动，不断提高业务素质。

残联委员工作职责

- 加强对残疾人的心理服务，教育、引导残疾人员培育积极健康心态，增强自尊、自信、自立、自强精神；
- 结合业务工作认真排查筛查精神问题倾向的重点人员工作并及时上报；
- 做好心理服务的宣传普及工作，对有心理问题的残疾人员开展必要的心理疏导，维护和谐稳定；
- 弘扬人道主义，宣传残疾人事业，动员社会理解、尊重、关心、帮助残疾人

- 加强疑似肇事肇祸精神病患者的排查、监护，确保重点人员发现得早、服务得细、控制得牢。

村医工作职责

- 积极搜集整理患者及家属的心理问题信息并及时上报；
- 加强患者及其家属的心理服务，教育、引导患者及其家属培育积极健康心态；
- 结合业务工作认真排查筛查有极端心理问题的重点人员并及时上报；
- 做好心理服务的宣传普及工作，对有心理问题的患者开展必要的心理疏导，维护和谐稳定。

基础网格长（村民小组长）职责

- 对本网格社会心理服务工作负责，在村（社区）治安主任领导、指导下，开展心理健康知识普及宣传，加强村居民心理健康素质教育；
- 及时排查与心理问题有关联的人和事，筛查重点关注对象；
- 对排查筛查的重点关注人员开展必要的心理疏导和跟踪服务，及时化解矛盾纠纷，确保重点关注人员稳控；
- 重大信息及时上报。

机关、企事业单位心理健康辅导室职责

- 领导、指导、协调本系统、本单位社会心理服务工作，制订本室社会心理服务工作计划，配合协助上级部门完成有关任务；
- 对本系统、本单位人员进行心理筛查，汇总关注人员信息并建立心理档案；
- 根据心理评估结果制订分级干预计划，对需要干预人员及时委派心理疏导员开展心理疏导工作，提供心理服务；
- 做好本系统、本单位关注人员的心理稳控工作，为关注人员提供心理追踪回访服务；
- 在本系统、本单位开展个体危机干预、团体危机干预工作，为重大突发事件及高危人群提供心理服务；
- 加强本系统、本单位心理专业人才队伍建设，定期对心理疏导员及志愿者开展社会心理服务相关知识学习或培训。

完善数字化平台，规范心理服务全覆盖

社会心理服务数字化是指新型社会心理服务精细化服务管理的云平台。以"市、县、乡、村、单位"为框架，借助云计算、大数据、互联网应用、本土化服务等优势，搭建全覆盖的精细化、网格化、智能化、常态化的管理体系。

数字化可视平台

社会心理服务数字化可视平台通过各类数据统计图表直观呈现四级社会心理服务平台的工作开展各项内容，满足社会心理服务的筛查、建档、预警、服务、管理等全方位需求。

组织领导及平台建设

图 2–6[①] 为 2021 年安阳市组织领导及平台建设情况。

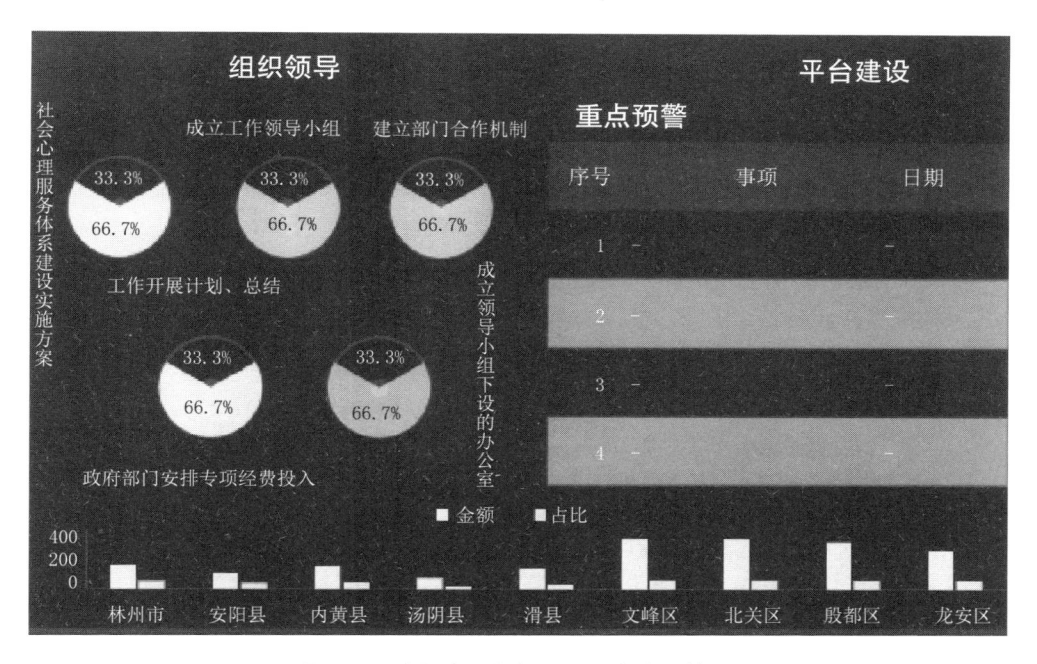

图 2–6 安阳市组织领导及平台建设情况

---

① 图 2–6 至图 2–12 源自 2021 年 9 月安阳市市域社会治理现代化指挥中心的实时信息。

队伍建设及大众宣传

图 2-7 为 2021 年安阳市队伍建设及大众宣传建设情况。

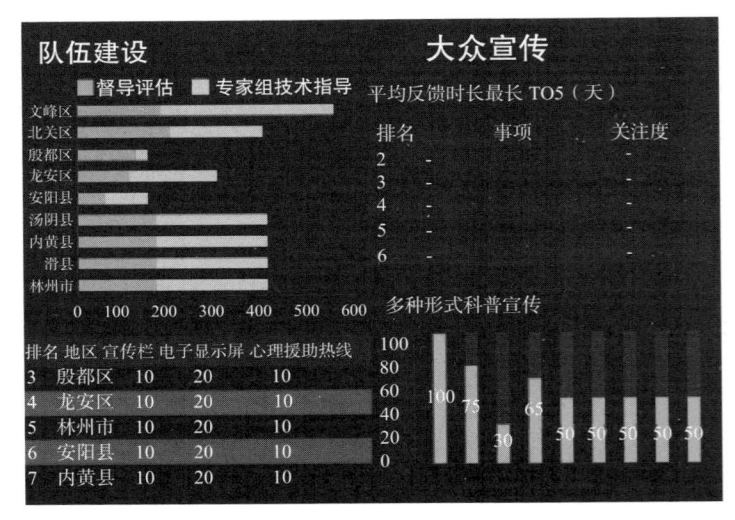

图 2-7　安阳市队伍建设及大众宣传情况

基础信息及心理健康水平

图 2-8 展示了 2021 年安阳市的基础信息及心理健康水平。

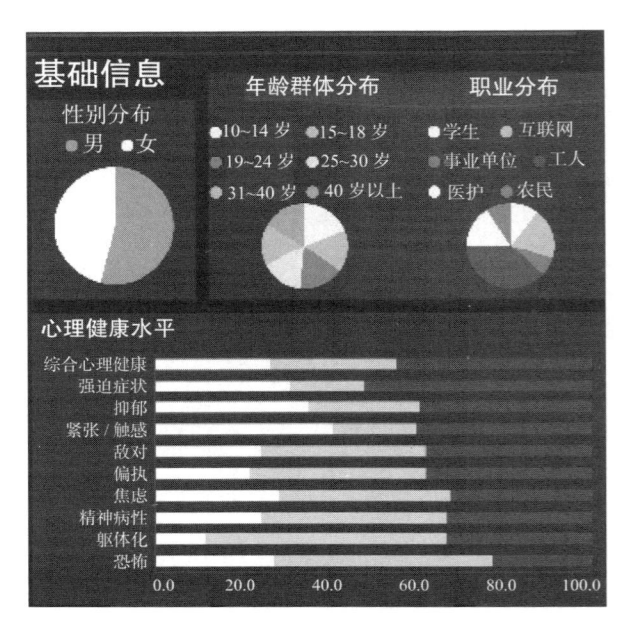

图 2-8　安阳市基础信息及心理健康水平

主要心理困扰

图 2-9 为 2021 年安阳市主要的心理困扰情况。

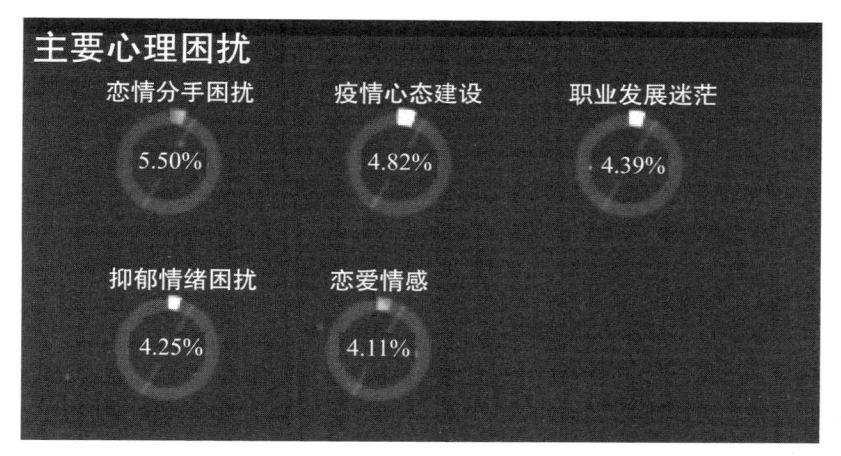

图 2-9　安阳市主要的心理困扰情况

危机事件预警

图 2-10 为 2021 年安阳市危机事件预警情况。

图 2-10　危机事件预警情况

民生诉求指数

图 2-11 显示了 2021 年安阳市民生诉求指数。

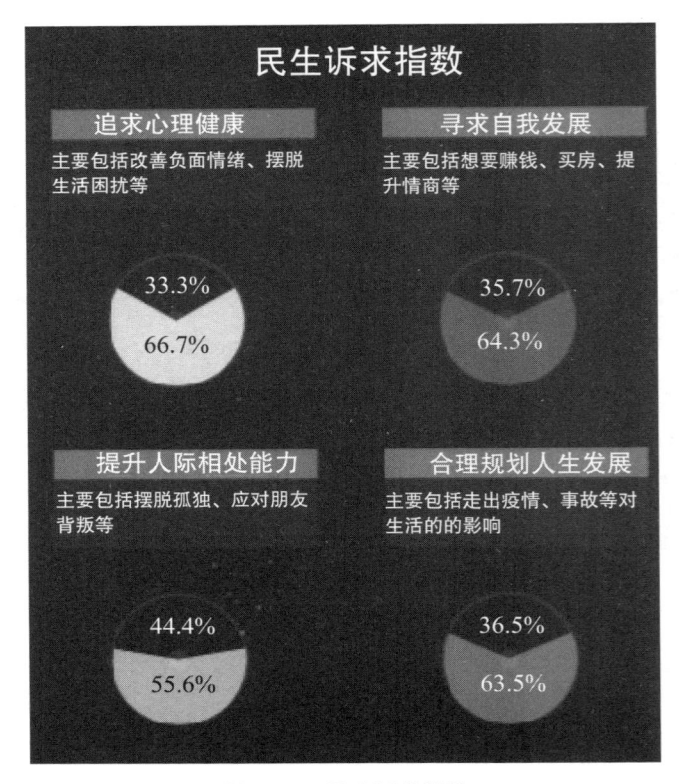

图 2-11　民生诉求指数

社会心理问题预测

图 2-12 显示了 2021 年安阳市安阳县对社会心理问题的预测。

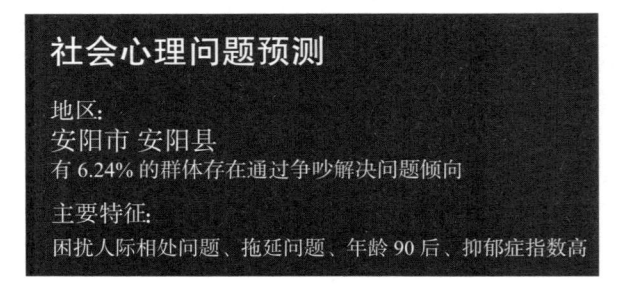

图 2-12　安阳市安阳县社会心理问题预测

数字化心理服务内容

数字化心理服务内容主要包括政策文件、新闻动态、行业动态、平台建设、队伍建设、基层骨干、服务对象、社区服务、心理科普、心理体检、心理调节、心灵驿站、专业成长13个板块,纵向依托市、县(市、区)、乡镇(街道)、村(社区)四级心理服务平台开展线上线下社会心理服务工作,统一管理工作数据填报、审核、处理及汇总,横向实现公安、教育、民政、司法、卫健、妇联、信访、残联等各部门基础数据的录入、审核、共享。

数字化管理考评内容与方法

数字化管理考评内容与方法,可参考表2-1。

表2-1　　　　　　县(市、区)社会心理服务工作考评表

序号	考评内容	考评方式	考评标准	负责单位	分值
1	心理服务平台建立及开展心理服务	查阅相关文件、任务清单等资料,并进行实地考察	未正常提供服务的,每发现一例扣2分,最高扣6分	市委政法委、市卫健委	
2	专家组工作开展情况	查阅相关文件、专家名单、开展工作等资料,并抽取相关人员面谈	未开展的,扣2分	市卫健委	
3	对心理专业队伍、心理骨干队伍、志愿者队伍开展分类分层培训	查阅各类人员业务培训资料,并抽取相关人员面谈	未开展的,扣2分		
4	中小学标准化心理辅导室建立达到90%以上	查阅人事、工作开展相关资料、实地考察并及相关人员座谈	未达标的,扣3分	市教育局	
5	中小学心理辅导室配备专兼职教师		未配备心理健康教育专职教师的,扣2分		
6	中小学心理辅导室为师生提供发展性心理辅导和心理支持,每学期至少开展一次面向家长和学生的心理健康教育		未为中小学生提供发展性心理辅导和心理支持的,扣2分;未开展的,扣2分		
7	高校心理健康教育及咨询中心(室)达到基本建设标准要求		未达标的,扣2分		

续前表

序号	考评内容	考评方式	考评标准	负责单位	分值
8	高校专职心理健康教育教师按师生比标准1∶4000配备，且不少于两名	查阅人事、工作开展相关资料、实地考察并与相关人员座谈	未达标的，扣2分	市教育局	
9	辖区内100%精神专科医院设立心理门诊，40%的二级以上综合医院开设精神（心理）科门诊	查阅设立及工作开展相关资料、实地考察并及相关人员座谈	未设立的，扣2分	市卫健委	
10	建立24小时心理援助公益服务热线，每年至少对接线员开展两次系统培训	查阅相关资料并实地考察，并在登记本上抽取不少于10名群众面谈	未建立的，扣4分；未培训的，扣2分		
11	县（市、区）每月利用媒体至少开展一次科普宣教	查阅相关媒体宣传资料，并抽取不少于三处实地考察	未开展的，扣2分		
12	村（社区）至少有一个公共橱窗或电子显示屏并定期宣传心理健康知识		未设立的，扣2分；未定期宣传的，扣2分		
13	县（市、区）组织开展普通人群心理健康宣教活动，乡镇覆盖率达到100%	查阅宣教活动过程性资料，并在登记本上抽取不少于10名群众面谈	未达标的，扣3分	市民政局	
14	对职业人群、儿童青少年、老年人、妇女、残疾人等重点人群开展宣教活动，人群对象至少三种		少于三种的，扣2分		
15	城市、农村普通人群心理健康核心知识知晓率分别达到65%和50%	随机抽取城市、农村居民、高校及中学学生各30人进行调查，计算公式：知晓率=被调查者合计答对题数÷被调查者应答题总数×100%	未达标的，各扣3分		

续前表

序号	考评内容	考评方式	考评标准	负责单位	分值
16	公安监管场所被监管人员、服刑人员、社区矫正人员、强制隔离戒毒人员等人群心理健康筛查率达到90%	查阅相关资料、排查、评估、干预等相关台账资料，并抽取10名人员或其家属面谈	未达标的，扣3分	市公安局、市司法局、市信访局	
17	筛查出有心理行为问题的个体干预率达到85%		未达标的，扣3分		
18	对县（市、区）登记在册的严重精神障碍患者的规范管理率达到90%、规律服药率达到65%、面访率达到80%	查阅相关资料、排查、评估、干预等相关台账资料，并抽取10名人员或其家属面谈	每低一个百分点扣1分，最高扣10分	市卫健委	
19	落实符合条件的精神残疾人免费服用基本抗精神病药物政策		未落实每发现一例扣1分，最高扣6分	市残联	
20	辖区发生严重精神障碍患者肇事肇祸案件致人死亡	查阅资料	每一例扣3分	市委政法委、市公安局	
21	辖区发生因心理失衡导致个人极端事件造成人员伤亡或重大影响（市级以上主流媒体广泛报道）				
22	100%为机关、企事业单位提供心理健康讲座、心理测评等心理服务，对发生家庭变故或其他重点问题的干部员工开展一对一心理干预	查阅相关资料并实地考察	未开展的，扣2分	市委组织部、市卫健委	
23	安排专项经费投入，保障心理服务平台运行	查阅服务机构单位财务凭证	没有凭证的，扣3分	市委政法委、市卫健委	
	考评分		考评分排名		
	测评分				
	总评分		总评分排名		

注：

1. 测评得分 =20× 排名得分系数（排名第一位的得分系数为1.0，最后1名的得分系数为0.8，其间排名得分系数按0.02递减，不得并列）。

2. 总评分100分，考评分占80%，测评分占20%，按得分情况进行排名（不得并列）。

第 3 章

社会心理服务工作者胜任力的提升

社会心理服务工作者是指应用心理学原理及方法，对个人、家庭、团体或组织提供服务，促进个体心理健康和自我发展，促进家庭幸福，提升社会心理满意度与幸福感的人员。目前，社会心理服务工作者普遍存在专业培训和督导时间短、胜任力不强和业务水平不高的问题，影响了社会心理服务的深入开展。提升社会心理服务工作者的能力和素质，培养国家和人民需要的社会心理服务实践型人才，是加强社会心理服务体系建设的必然要求。

社会心理服务工作者类型与作用

社会心理服务工作者类型

心理专业队伍

心理专业队伍由心理学专家、注册督导师、心理师、精神科医生、心理治疗师和咨询师等组成，通过政府搭建平台引进专业力量，提供专业化服务。

心理骨干队伍

心理骨干队伍由机关、企事业单位平安建设专干，乡镇（街道）政法委员、基层网格长等组成，通过特定群体筛查，提供信息报送服务。

心理志愿者队伍

心理志愿者队伍由高校心理学、社会学、社会工作专业师生，以及社会上从事心理服务工作者等广大志愿者组成，通过开展进乡镇、进社区、进机关、进学校、进医院、进企业等"六进"活动，提供科普宣传服务。

社会心理服务工作者的作用

良好心态培育作用

针对心浮气躁、焦虑迷茫、失衡偏激、怨天尤人等不良心态，围绕沟通技巧、放松减压、情绪管理、睡眠质量改善等主题，开展心理健康知识科普宣传"六进"活动，培育积极向上、亲善友爱的社会心态，提升心理健康素养。

负面情绪疏导作用

针对心态失衡、行为失常、道德失范、情绪失控、生活失意等负面情绪及行为问题，运用心理晤谈、心理辅导、心理疏导等方法，疏导情绪、缓解压力，实现心理平衡，提升调节能力和心理弹性。

危机事件干预作用

针对自然灾害、事故灾难等突发事件带来的恐惧、悲伤、无助等心理创伤，识别自伤或伤他的风险，及时上报危机情况，进行心理安抚、稳定情绪、调节认知等干预，消除恐慌心理，恢复正常生活，有效预防极端事件发生。

重大项目的保障作用

针对非理性的思维或认知方式导致的不良社会心态，开展事前筛查预测心理和认知情况，制订心理疏导预案，防止思想和行为走极端；事中听取现实诉求和心理需求，通过调节情绪、矫正认知等方法，调整心理预期和行为方式的适度性；事后对认知、情绪、关系等方面进行回访，学会辩证地看发展，积极适应环境，避免心理反复。

社会心理服务工作模式

针对一般群体、重点群体和特殊群体这三类服务对象提供以下三种服务方法。

对一般群体侧重于科普教育

- 传播心理健康知识，提升心理健康素养，培育良好的社会心态；

- 传授情绪、压力调适技巧，学习正念、冥想等放松法，关注当下心身状态，提升复原力；
- 识别抑郁、焦虑等常见问题，不能自我调节的情绪问题，及时寻求专业帮助；
- 增加支持系统情感交流，鼓励积极应对不适应行为，提升幸福感。

对重点群体侧重于心理疏导或心理咨询

- 有针对性地定期开展心理评估、心理矫正等工作，必要时及时转介；
- 运用心理服务平台，加强心理疏导、音乐放松等方法，降低冲突张力，缓解心身症状；
- 探索关系中的言语和非言语信息，理解困难，有恰当的共情反应，给予切实帮助；
- 鼓励规律生活，参加集体锻炼，维持家庭和社会支持网络，促进人际交往和社会功能恢复。

对特殊群体侧重于心理治疗或危机干预

- 评估与伤害相关的风险，讨论安全保护措施，必要时转介精神科；
- 通过倾听、共情以稳定其情绪，提高控制情绪冲动的能力，提升稳定感；
- 提高承受挫折、适应环境的能力，鼓励积极配合心理治疗，预防极端事件的发生；
- 加强人文关怀，消除对特殊人群的歧视，帮助其尽快融入社会。

社会心理服务过程的三个阶段

第一阶段：建立信任，探索问题

- 建立关系：营造平等、安全、非评判的访谈氛围，鼓励服务对象充分表达需求和冲突。
- 耐心倾听：加强信息沟通，促进开放，设身处地地给予服务对象情感回应。
- 引导探索：作为服务对象的回音壁和镜子，帮助其检查自己的问题，促进其了解自己。
- 心理教育：教授服务对象识别常见的心理状态，以及应对不良情绪状态的技巧。

第二阶段：疏导情绪，觉察领悟

- 释放情绪：为服务对象提供接纳包容的访谈空间，针对问题给予解释，为其减轻疑惑、缓解压力，以稳定情绪为目标。
- 觉察自我：帮助服务对象建立身体和心理感受之间的联结，觉察自己的情感愿望，提升觉察力和领悟力。
- 促进领悟：引导服务对象将自己的行为问题从新的角度构建新的意义，了解别人对自己行为的反应以及与别人的关系。
- 矫正体验：与服务对象通过合作令其获得领悟，促进其模仿助人关系中的新体验，发展新行为，助力人际交往。

第三阶段：促进行动，巩固改变

- 资源连接：帮助服务对象发现自己和周围的优势资源，建立连接，开发内生动力。
- 探讨改变：运用脑力激荡法与服务对象讨论多种改变方法，确定可行性方案，获得预期结果。
- 引导行动：自然引导服务对象认识到其行动在生活中的意义，并做出积极改变，提升关爱自己的能力。
- 巩固认知：巩固服务对象领悟的新观念，促进其认知内容和思维模式的改变。

社会心理服务工作者的专业伦理

与心理服务相关的名词概念

心理辅导

心理辅导是指针对一般群体的预防性、发展性的心理健康教育活动，协助受辅导者认识自己、接纳自己、克服障碍，促进适应环境和心理健康的发展。

心理咨询

心理咨询是指针对一般个体或群体的发展性心理问题，以问题为导向的短程服务，消除或缓解心理困惑，促进良好的心理健康适应能力与自我发展。《精神卫生法》规定，心理咨询师不能从事心理治疗，但可以在医疗机构开展心理咨询工作。

心理治疗

心理治疗是针对异常个体或群体的心理疾患的评估和治疗，以目标为导向的长程服务，矫治、消除或缓解心理障碍，促进人格健康、协调的发展。《精神卫生法》规定，心理治疗只能在医疗机构开展工作，心理治疗涵盖心理咨询。

精神科医疗

精神科医疗是针对精神障碍患者的药物治疗，从急性期、慢性期到康复期，需要全程提供精神医学服务。

专业伦理总则

善行

基本要求是保障服务对象得到恰当服务的权利，以避免伤害；较高要求是专业人员以关怀、尊重的态度对待服务对象，有利于其心理成长和发展。

责任

要持续参加学习，保持专业胜任力，保证服务质量；信守保密承诺，保护个人隐私；为社会大众贡献自己的专业技能和时间，包括从事低收费或无报酬的专业服务。

诚信

以诚相待服务对象、同事、同行，建立信任关系；不做虚假承诺，不夸大干预效果，不剽窃抄袭，保持真实性。

公正

保证没有支付能力的人享受平等的服务机会和资源；公平对待专业工作及其他人员，防止自己潜在的偏见、局限的技能等所导致的不恰当行为。

尊重

尊重个人的隐私权和保密性；尊重个人的自主决定权，只要这个决定不会伤害其他人。

常见伦理问题

限制与恰当转介

诚实告知服务对象自己的专业资质和胜任范围，提供科学有效的专业服务；如果没有相应的胜任能力，应及时转介，避免造成伤害；需要拓展新的业务领域，并接受相应的专业培训和督导。

界限与恰当关系

开始时澄清时间、收费、保密等规则和期望，避免在生活中有任何瓜葛（如有共同的朋友）；提供工作电话，把握服务界限，除非服务对象正在计划自杀，初学者需学习拒绝电话交谈；建立平等的专业关系，避免高高在上或专业之外的多重关系，避免不能保持客观的伤害。

尊重多元文化差异

尊重与自己意见或文化背景不同的人，了解自己的文化对助人信念的影响；理解并消除偏见和歧视对服务对象的影响；具有满足不同文化的助人技能，必要时寻求督导帮助自己保持文化上的敏感性。

保护隐私权

未经服务对象许可，会谈信息、录音录像、案例记录等均不得泄露；任何决策都应以服务对象的利益最大化为基本准则；服务过程要选择安静无人打扰的安全保密环境。

保密突破原则

有伤害自己或他人的严重风险时；有传染性疾病且可能危及他人安全时；未成年人在受到性侵犯或虐待时；出现了法律规定需要披露的情况（如严重精神障碍患者可能存在伤害自己或他人安全的风险）时，法律要求对其有关信息要上报相关管理部门。

恰当处理伦理困境

伦理困境可以借助以下问题模型对伦理决策的效果和科学性进行判断。

- 站在专业角度和对方立场，如何分别界定问题？
- 制定决策时需要考虑目的、结果，对谁和对什么事负责，可能伤害谁？
- 做决策前是否与服务对象讨论所面临的问题？
- 是否相信现在的观点和未来一样有效？
- 能否毫无顾虑地把你的决定或行为公布于众？
- 你的行为被人理解或误解，对你和其他人分别意味着什么？
- 你在什么情况下能接受意外事件的发生？

社会心理服务工作者的共情疲劳与自我照顾

认识共情疲劳

共情疲劳是指助人者由于了解个体经历或遭遇的创伤性事件，过度共情投入或承受其痛苦而自然产生的共情能力或兴趣减低、工作倦怠感、原有工作价值观改变，以及一系列心理不适症状等行为和情感结果。

共情疲劳表现

生理方面

疲乏、恶心、呕吐、头晕、虚弱、胸痛、头痛、心跳加速、夸张性吃惊反应、睡眠障碍等。

情感方面

压抑、沮丧、焦虑、激动、烦躁、疏忽、受挫、敏感、易激惹、情感麻木；与服务对象同样的情绪体验（如悲伤、痛苦、愤怒、无望感）；因不能有效地助人而产生的内疚、自责等。

认知方面

怀疑原有的价值观、世界观；集中注意、解决问题、决策等能力下降；与服务对象同样的认知受限、心理灵活性受损等。

行为方面

过激行为、工作投入程度降低、制订不佳的帮助计划、冷漠或远离服务对象、缺勤、绩效降低,甚至离职,与他人关系满意度降低,身边朋友越来越少等。

共情疲劳形成原因

个人因素

收入、工作年限、缺乏经验、健康状况、婚姻状况、职业认同、社会支持、个人创伤性经历等。

工作环境

高强度工作负荷、缺乏团队协作和积极认可,长时间工作在负面情绪或行为当中。

保持敏锐觉察力

觉察力是指个体对当下整体的关注、感知与会意的能力。

评估心理状态

高度敏锐地觉察自我意识、情绪行为的变化等,检视自己值班结束后的情绪体验、心身状态是否扰动较大,要有意识地运用视、听、触、嗅、味等感官通道感知外界环境的影响。

评估工作量

评估最近接触的危机个案和工作量是否太多,预防忘我的工作状态使自己在不知不觉中与自己失去联结,导致对风险阈限敏感度降低,提醒自己敏感,增强对工作压力的觉察。

评估局限性

评估你听到别人的创伤性体验时是否受到创伤,与你过去生活经历的关系,你可以做什么?面对压力、糟糕状态时,是否能帮助自己缓解焦虑?觉察并接纳自己的局限性。

降低助人期望

社会心理服务工作者总是对助人效果期望太高,有意识地觉察在临床困境时对服务对象和自己的预设预判，虽然无法做到"话到病除"，但可以帮助服务对象提升自助动力和自我效能感。

做好自我照顾

保持规律生活

保证健康的饮食方式，摄入充足营养；养成良好睡眠习惯，保证充足的休息时间；保证有规律的运动锻炼，制订适合自己的锻炼计划并有效实施；发展平衡协调的生活方式，培养积极友善的健康心态。

合理安排工作

每天限制工作时间，平衡工作与生活；在从工作场所回家的路上，要做到自我放松、自我调整、自我关怀，到家后营造宽容和谐的氛围，展示出自信、开放、成熟的状态。

加强情感交流

多与家人、朋友、同事建立联结，有效沟通，学会请求帮助，获得支持；有意识地投入生活，与自己、家人、朋友、音乐、歌曲、宠物、花草等同在，表达自己的情感；多看文学作品、诗歌、戏剧等，让自己的体验更柔软、更灵活、更清晰。

建立团队支持

建立科学规范的工作机制、持续动态的评估工作负荷、监测共情疲劳情况的系统；设置团队支持小组，正视负面情绪，体验团队成员的抱持和滋养；提供朋辈和上级督导帮助。

社会心理服务工作者的胜任力提升

提升专业态度

社会心理服务工作者要有真诚端正的态度、好奇心、敬业精神、职业责任的认同感等。要对服务对象无条件地接纳和积极关注。无条件是指服务对象无论贫穷富有、教育水平高低、职业不同、脾气性格等，都应一视同仁。积极关注是指对其面临的心理困境、心理问题恰当处理，通过共同讨论发现资源优势，促进心理成长或心理健康水平的提高。专业态度的提升需要自己慢慢磨炼，并遵循心理服务宗旨，访谈开始时不可避免会东拉西扯，谈一段时间后需要聚焦冲突问题、人际关系、社会功能等，不能把心理服务降为陪聊，因为陪聊只能使对方减轻孤独和寂寞，而要把陪聊提升为有效的心理服务，实现助人和自助的目标。

提升知识理论

知识方面主要涉及心理学及相关专业知识，需要着重学习普通心理学、发展心理学、变态心理学、社会心理学、健康心理学、病理心理学、心理咨询理论与实务、会谈技巧、心理评估等基础课程，尤其是应将专业伦理和危机干预作为必修课程，加强定期培训和演练。

理论方面分为精神动力学理论、人格主义和现象学理论、行为科学理论、系统理论等四大主要理论。心理服务工作者有权选择任何一种理论作为指导思想。知识和理论是终身学习、永无止境的，尤其是非学历教育的新手工作者，因原有的培训课程不足，更需要系统地补充专业知识理论。

社会心理服务工作者应结合岗位要求，重点加强业务知识学习，将社会心理服务融入社会治理工作中。专业队伍应加强心理知识与精神科知识的全面培训，能处理常见心理问题；骨干队伍应加强心理常识的全面培训，能识别常见心理问题；志愿者队伍应加强访谈技巧的全面培训，能处理一般情绪问题；与精神科形成实习和双向转介工作机制，能提升解决不同心理问题的专业水平。

提升服务技术

澄清

澄清是指把事情弄清楚。具体有四个方面：事件经过的必要细节；事件进行中与别人的相互作用；整个事件处境中的想法、情绪或情感体验；事情之间的有意义的关联。

焦点

焦点是指谈话要有共同主题、共同对焦过程。对焦需要三个条件：服务对象说多个问题，要有主次先后，先解决主要问题，通过双方交谈达成共识的过程；焦点解决必须有利于其他问题的解决；焦点解决的是心理问题，不是社会问题。

引导

引导是指社会心理服务工作者在交谈中负责做主线，有利于深入讨论的就谈，不应该被服务对象扯开的话题就忽略不计。引导时需要善于提问，恰当的提问可以把讨论引向深处。

倾听

倾听能让服务对象有机会表达和梳理各种想法与感受，以及认识自己的负面情绪。共情地表达所听、所感，就是对其情绪的接纳，也可促使其接纳自己的情绪，并将其合理化。

资源取向

资源取向就是关注当下的事情，并看到事情背后的积极性、能力、愿望等，寻找自身优势和积极资源，发掘周围资源，增加信心和希望。

提升实践能力

一次性服务能力

聚焦困难问题，不对问题进行深入和延展，不做心理咨询，侧重理解困难情境下的想法、情绪、感受、采取的行动等，实施贴合中国文化的综合心理支持方案。

访谈评估能力

采用半结构化"四步法"访谈，一望（情绪）、二闻（问题）、三问（工作生活经历及事件）、四感（愿望、冲突）采集必要信息，系统地形成对"人、问题、家庭、资源、目标、方法"六个层面的脉络地图，准确评估症状的严重性和治疗的必要性，制订有效的干预或转介方案。

危机干预能力

危机干预是针对个体或团体面临困难事件或情境的"危机"人群，干预严重情绪或致命行为的心理学方法。发生突发事件时，需立即开展有序、高效的个体危机干预或群体危机管理，预防自杀行为。在善后和心理重建中，需对高风险人群持续开展心理援助。危机评估、干预流程及转介等内容可参考本书第三部分的"工具3"和"工具4"。

特殊群体服务能力

通过言语和非言语信息洞察其内心深处的真实情感，全面准确地观察、探索、感知、识别其行为倾向，科学预判行为发展趋势，建立信任关系，聚焦关键问题，获取真实信息。

自我成长能力

从基本功到见习、实习、实践，通过继续教育、科学训练、边干边学等方式，获得新知识、学习新经验、掌握新技能，具有自我分析、自我修复、自我提升的能力。

接受规范督导

上级督导

上级督导具有以下三个基本作用。

教育性

培养受督导者的职业价值、发展专业角色认同、完善专业素养、增加专业自主性、提升自我效能、减少焦虑等专业发展。

支持性

帮助受督导者面对专业困境及其他专业发展上的障碍，克服无力感和职业耗竭，提升敏锐觉察力和自我照顾能力，保障服务的最佳临床效果。

管理性

监督受督导者遵守法律、政策、伦理等行为，以改善和保护社会大众的福祉，维护行业共同利益，处理复杂的多重利益关系（服务对象、所属机构、社会大众、社会心理服务工作者，以及其他相关方）。督导师应明确告诉不具备胜任力的受督导者，遵守无伤害原则并及时转介。

朋辈督导

朋辈小组具有成长互助、彼此分享、共同促进的作用。小组每周两小时线上或线下学习交流，分享服务中的所见、所闻、所感，以及服务伦理、思路、要点等，成员在互动中发现新视角、新理念和自己的盲区，在反馈中觉察反思、相互支持，提高回应能力，培养多元化思维模式。

督导训练

传统督导是着重围绕案例进行讨论的被动学习模式，督导中的刻意训练是针对某一特定技能设立刚刚超过自己现有技能的小目标，在专家的反馈下，通过主动学习、重复练习不断提升技能。督导师基于胜任力模型评估受督导者的发展阶段，制订训练计划，运用案例回顾、录音、录像等确定需要刻意练习的具体技术。督导师在不同时期兼顾教师、教练、顾问和守门人等不同角色，但不兼顾心理治疗师角色。

刻意练习具备四个基本元素：有导师、有目标、有计划、有反馈。它包括五个基本环节：通过录像观察自己的工作，走出舒适区；从督导师那里获得反馈；设置稍高于当前所具备水平的微小递增性练习目标；针对具体技术反复进行行为练习；通过服务效果反馈报告，对自己的表现进行连续评估。刻意练习贯穿整个职业生涯，从开始阶段持续到生涯的中期和晚期。

第 4 章

社会大众心理健康意识与心理健康素养的提升

心理健康是建设健康中国的重要保障。提高社会大众心理健康意识和心理健康素养是提升心理健康工作质量和水平的关键路径。我国正处于经济社会快速转型期，人们的生活节奏明显加快，竞争压力不断加剧，心理健康问题及其引发的社会问题日益凸显，引起了社会各界的广泛关注。随着社会经济和文明发展的不断进步，全面健康已成为广大人民群众的共同追求，也是促进人的全面发展的必然要求，更是民族昌盛和国家富强的重要标志。

心理健康的定义和意义

第三届国际心理卫生大会上提出了"心理健康"的定义："所谓心理健康，是指在身体上、智能上以及情感上与他人的心理健康不相矛盾的范围内，将个人心境发展为最佳的状态。"

我国心理学家许又新提出了心理健康的三个标准。要将这三个标准联系起来，综合地加以考察和衡量。

体验标准

体验标准是指以个人的主观体验和内心世界为准，主要包括良好的心情和恰当的自我评价。

所谓"恰当的自我评价"，就是指既不过高地高估自己，也不过分地贬低自己，对自己有一个稳定且客观的评价标准，不受他人评价的影响，不会过分担心别人对自己的看法。

操作标准

操作标准是指通过观察、实验和测验等方法考察心理活动的过程和效应,其核心是效率,主要包括个人心理活动的效率和个人的社会效率或社会功能(如工作及学习效率高、人际关系和谐等)。

所谓"社会功能",就是指做事情(如工作学习)是否可以正常进行,是否可以达到满意的效果,人际关系是否存在问题,是否可以很融洽地跟别人相处,从而能够顺利地完成与他人合作和交流的目的。

发展标准

发展标准着重对人的心理状况进行时间纵向(过去、现在与未来)考察分析(这与前两种主要着眼于横向的标准不同,此标准着重考察一个人的精神现状)。发展标准指有向较高水平发展的可能性,并且有使可能性变成现实的行动措施。

心理健康是良好社会心态的基础。个体是人类社会的最小单元,通过不同关系的建构,进一步组成家庭、家族、社区、工作团体或单位等不同的组织,乃至形成城市、国家等更复杂的社会形态。在当代中国复兴之路上,健康的社会形态是发展目标,也是发展前提。

心理健康是社会健康发展的基础。富强的国家需要健康平衡的良好社会心态。只有提升心理健康素养、培养良好的社会心态,才能真正实现社会的健康运转与发展。

常见情绪问题的表现及自我调节

焦虑

概念

焦虑是指对即将来临的、可能会造成的危险或威胁所产生的紧张、不安、忧虑的复杂情绪状态。与之相反的情感形式是企盼,企盼是人对现实或未来事物的价值特性出现明显利好趋势所产生的情感反映。

表现

适度的焦虑可以唤醒人的警觉、集中注意力、激发斗志,是有利的;过度的焦虑会使人内心感到紧张害怕、心烦意乱、注意力难以集中、思维迟钝、记忆力减弱，同时常常伴有头痛、心律不齐、失眠、食欲减退及胃肠不适等身体反应。

自我调节的方法

放下包袱，轻松应对

易被焦虑感困扰的人，常常固守着许多不恰当的观念和想法（如认为自己不能失败或认为一旦发生了某件事就全完了等）。类似的观念和想法使其过分注重事件的成败结果，无限夸大产生的后果，心理压力过重。因此，要先丢开或改变这些观念，放下包袱，才能轻松上路。

当机立断，积极行动

缓解焦虑的最好办法是衡量利弊得失后当断则断、不再犹豫。在面临选择和困难时，应勇敢正视、积极行动，并认识到每一种选择都有得有失，在行动中体会战胜自我、克服困难的快乐和自信。

动静结合，身心放松

动静结合，就是将体育锻炼、想象放松、听音乐等方法相结合，既能在运动中释放紧张的情绪，让人身心舒畅、精神焕发，又能通过想象放松、音乐调节平静心情、排除杂念，从而达到缓解焦虑、有益身心的目的。

抑郁

概念

抑郁是一种持续时间较长的低落消沉的情绪体验，是一种常见的心境障碍，也是一种转向内心的愤怒。它存在着一种无意识的愤怒和敌意感。

表现

轻度抑郁者表现为压抑、情绪低落、精神迟缓、兴趣匮乏、没精打采，自我评价偏低，对前途悲观失望；重度抑郁者表现为思维迟缓、活动减少、意志减退、绝望，甚至会出现自杀意念及行为。

自我调节方法

认识自我，悦纳自我

正确看待自己，正视自身的缺点，坦然接受自己不能轻易改变的特点，正确自我评价，实现自我悦纳，充满热情地拥抱生活。

积极交往，参与活动

走出去多接触朋友，建立良好的人际关系，参与集体活动（如下棋、打球、跑步、瑜伽等），从而改善情绪、保持良好心态。

放松心态，音乐治疗

欣赏轻快、和谐、柔和的音乐，可有助于保持愉快的情绪，缓解压力。

失眠

概念

失眠是指入睡困难、睡眠质量下降和睡眠时间减少，造成记忆力、注意力、工作能力下降。长期失眠会导致免疫功能下降和内分泌功能紊乱。

表现

入睡困难，入睡时间超过30分钟；睡眠质量下降，睡眠维持障碍，整夜觉醒次数≥2次、早醒、睡眠质量下降；总睡眠时间通常少于6小时。

自我调节方法

改变错误认知

失眠的人通常对睡眠的时间有错误的认知，认为每晚必须有足够的睡眠时间。其实，个体对睡眠时间的需求具有明显的差异性，睡眠质量才是更为重要的影响因素。不同个体甚至是同一个体在不同年龄和生理阶段，也会对睡眠时间有不同的需求。

降低过度关注

失眠的人通常过分关注和担心睡眠，对不能入睡有着极度的恐惧，每天都会花大量的时间考虑晚上能否睡好、怎样才能睡好等，这样反而会加重失眠。

矫正不良行为

不良的睡眠习惯（如夜间不睡就开着电视、玩游戏、上网、吃夜宵等，白天通过大量摄入咖啡来提神等）会严重影响睡眠。建议白天做适当的运动，睡前喝热牛奶、用热水泡脚、聆听平淡而有节奏的音乐、闭目养神等，将有助于睡眠。严重者可以寻求正规医生的帮助。

强迫

概念

强迫是指会反复持久地出现强迫思维或强迫行为,出现刻板行为或仪式动作,明知道这些观念或动作无意义,却无法控制。

表现

主要有强迫思维和强迫行为,有意识的强迫和反强迫并存。怕脏、怕污染;持续的检查、反复出现;不寻常地关注条理性和对称性。

自我调节方法

调整认知:强迫症并不可怕

要有正确的认识,不要把强迫贴上"病"的标签。了解有关强迫的知识(包括产生的原因、性质、结果及治疗的各种措施),从而消除顾虑,树立战胜强迫症的信心,并积极主动地配合治疗。

顺其自然:去做该做的事

当出现强迫症状时,不要试图去控制它、消除它,而是接纳它、不评判、不抵制,平和地将强迫症状转换到当下自己应该做的事情上并投入其中,事情往往会出现意想不到的转机。同时,让自己树立信心,勇敢乐观地面对挫折。

不做完美主义者,相信努力就好

承认和接受自己有可能会犯错误,对生活、对学习也不应太苛刻,因为追求极端完美只能适得其反。同时,在看问题时不可太绝对,要学会辩证地比较,积极转移注意力,接纳自己的不完美,保持乐观的心态。

心理健康维护及预防

个体层面

自觉学习心理知识

拥有心理健康的意识,是预防和减少心理问题的第一道屏障。应自觉学习心理健康知识，积极参加心理健康知识讲座等科普宣传教育活动，多读与心理健康相关的杂志、书籍，多看心理健康权威网站和优秀影视作品等。关心自身心理健康状况，保持心理保健意识，及时发现或预防心理问题的发生和发展。

积极参与社会实践

良好的社会支持系统是身心健康的必要条件。积极参与社会实践活动（如志愿者活动、做慈善献爱心等），能让人在广泛的社会人际交往中客观地认识自我，正确对待得失成败，更好地发展并完善个性，提升个人整体素质和社会适应力，促进心理健康。

保持积极乐观心态

保持积极乐观的心态有利于促进心理健康。积极乐观的心态有助于从更加多元的视角，从不利的因素中找到积极的因素，全面客观地看待困难，善于利用资源，合理有效地解决问题。这无疑是心理健康的重要体现。

增强心理调适能力

良好的自我调适能力是解决心理困扰、增强心理弹性和韧性、保持心理动态平衡最有效的手段。树立变的思维观念，掌握更多的心理调节方法，采取灵活多样的心理调节技能（如自我反省法、合理宣泄法、情绪转移、积极暗示等），都能增强心理调适能力。

培养健康的生活方式

健康的生活方式是确保身心健康的有效措施。应根据自身特点和实际情况，制订切实可行的生活安排表，坚持锻炼身体、饮食营养均衡，保证充足的睡眠。

积极寻求心理帮助

积极求助是对人对己负责的表现，也是心理成熟的标志。在遇到自己无法解决的心理困惑时，要有求助意识，可以向医院、社区和学校中专业正规的心理服务机构求助。通过求助，可有效缓解或及时解决心理困扰，帮助个体正视自身的心理问题，优化心理品质，更好地发挥个人潜能。

团体层面

普及心理知识，开展专题培训

团体组织要充分利用网络媒体的众多形式，广泛宣传心理健康知识；对员工开展职业发展、婚姻家庭、健康生活等心理健康讲座，增强心理健康意识、正视心理问题；开展压力管理、人际沟通、领导艺术等团体活动，帮助其提高心理素质的基本方法，增强自我调节和管理能力。

提供心理体检，加强专业服务

团体组织要定期组织员工进行心理健康体检并建立档案，掌握员工的心理健康状况，对心理问题产生的原因进行分析研判，制订个性化的心理疏导方案和干预指导，提供个体或团体等专业心理服务，有针对性地主动干预和帮扶，让员工放松身心，以积极健康的心态积极工作。

优化工作环境，建立长效机制

团体组织提供科学合理的工作环境，减少和消除导致员工职业心理健康问题的环境因素，提高工作效率；建立心理动态监控管理服务、危机干预等长效机制，培养组织内部的心理健康专员，组建危机干预专家组，对遭遇突发意外事件的员工及时进行危机干预和心理援助，提供专业的心理支持和人文关怀。

心理健康科普宣传教育

根据针对人群的不同，心理健康科普宣传教育可分为一般人群、重点人群、特殊人群，下面将分别介绍不同人群的特点以及进行心理健康科普宣传教育的方法。表4-1列出了针对不同人群的内容主题及科普方法。

一般人群

充分利用杂志书刊、宣传页及现代多媒体信息技术（如网络、影视、App等平台），大力普及心理健康知识，积极倡导健康生活方式，提升公众心理健康素养，培育良好的社会心态。针对不同职业性质和行业特点，普遍开展广大职业人群心理健康讲座，传授情绪管理、压力管理等心理健康科普知识和技能。根据儿童和青少年成长阶段的不同心理特点和心理需求，指导他们形成良好的心理行为习惯，培养健康积极的心理品质。大学要开设心理健康教育公修课程，组织开展丰富多彩的心理健康宣传教育活动，提升大学生的心理健康意识和心理健康水平，增强大学生的心理调适能力和社会适应能力。

重点人群

充分利用康养中心、妇女儿童活动中心、儿童福利院、救助站、残疾人康复机构等正规的社会组织，向重点人群大力宣传普及心理健康基本知识。聘请心理专家或培训专兼职社会心理服务工作者队伍，有针对性地为不同特点、特定情况下的重点人群进行心灵陪伴、心理援助、心理创伤抚慰、情绪疏解、哀伤辅导、婚姻家庭关系调适等方面的心理健康讲座和心理服务，让他们感到心理抚慰和支持，促进心理健康。

特殊人群

全社会都要特别关注特殊人群的心理健康问题，建立政府、社会、家庭齐抓共管、相互协调配合的共同帮扶机制；进一步加强对他们的心理疏导，消除精神疾病患者和家属的病耻感和对特殊人群的歧视、偏见；相关管理部门要特别做好特殊人群的个别化心理辅导，有针对性地进行个案深度辅导；提前介入对特殊人群心理危机的预警干预和指导，预防和减少极端事件的发生；加强人文关怀和心理教育，促进其回归社会、融入社会，提升其环境适应和社会适应能力。

表 4–1　　针对不同人群进行心理健康科普宣传教育的内容主题及科普方法

目标人群	内容主题	科普方法
一般人群	心理健康你我他、情绪与健康、情绪管理、职场压力管理、常见心理行为问题的识别和应对、教师心理健康维护与预防、公务员心理健康、医患关系及调节、常见精神疾病知识及干预、儿童心理发展阶段与特点、青少年儿童自我保护、青春期心理健康、青少年家庭教育讲座、亲子关系、网络成瘾心理辅导、师生关系与心理健康、挫折心理及应对、心理问题的识别和危机干预、青少年良好人际关系及培养、婚姻家庭知识讲座、生命教育与危机成长、幸福和积极心理学等	心理健康讲座、网站、微信、微课、短视频、App 等多媒体宣传、宣传册、宣传栏、宣传页及各种心理健康宣传教育活动、心理普查和专项测评、团体心理辅导、团体心理拓展训练、团体心理咨询与治疗、沙盘游戏、绘画等表达性艺术团体心理辅导、家校共育工作坊、积极心理训练营、心理访谈、案例分析研讨会、经验分享会等
重点人群	心理健康你我他、老年抑郁及调节、产后抑郁与辅导、婚姻家庭心理辅导、心理危机与成长、哀伤辅导与成长、心理创伤干预与成长、校园欺凌与辅导、家庭暴力与心理干预、常见精神疾病知识及干预等	
特殊人群	心理健康与你我他、犯罪心理案例讲析、常见精神疾病知识及诊治、物质成瘾心理分析及干预、心理危机干预与指导、社会支持与心理健康、哀伤辅导与成长、家庭关系与沟通、生命教育与创伤成长等	

第二部分

重点关注对象的心理服务指导

第 5 章

留守儿童的心理服务指导

留守儿童是指父母双方外出务工或一方外出务工另一方无监护能力、不满 16 周岁的，且留在农村户籍所在地的未成年人。近年来，国家及地方政府为缓解留守儿童问题做了很多政策方面的调整，但复杂性问题的解决需要长期的努力和各方的积极探索。

心理特征及表现形式

认知层面

在自我认知方面，留守儿童自尊水平较低，有严重的自卑感，尤其是在自己的外貌、智力和幸福满意度等方面存在偏低的评价。

负性生活事件是否会对留守儿童的心理健康产生不利影响存在中介因素，主要是同伴依恋、心理韧性等，也就是说良好的同伴关系和心理韧性可增强留守儿童应对负性生活事件的脆弱性，产生"钢化效应"，进而消除或削弱其对心理健康的消极影响。

学业成就是反映认知能力水平的重要指标。留守儿童学业成就水平显著偏低，这可能与留守产生的自卑、孤独等心理问题有关，使其无法专注于学业；也可能是由于缺少有效监管，从而没有形成良好的学习习惯。此外，基于个案分析的研究表明，这可能与其对未来的展望方式有关，低社会阶层青少年的教育成就水平整体不高，可能是由于家庭经济文化资源的匮乏，成就动机较弱，对未来没有远大、明确的目标。

行为层面

行为适应

行为适应包括积极适应性行为和消极适应性行为，其中积极适应性行为主要表现在生活自理行为、助人行为方面；消极适应性行为较为突出，主要表现为攻击行为、退缩行为和违纪行为。

攻击行为方面，性别差异较为明显，男生高于女生；父母的不良教养方式（尤其是躯体虐待）是影响攻击行为的重要因素，而心理韧性是攻击行为的保护因素，心理韧性高的个体发生攻击行为的风险会降低。

退缩行为也比较典型，主要表现为情绪冷漠或自卑，回避参与各种活动，害怕与人交往等，所以往往会伴随社交焦虑与社交回避，同时在亲子关系、师生关系、同伴交往等重要人际关系中存在问题。

违纪行为也显著高于非留守儿童，主要表现为不遵守课堂纪律、不写作业、迟到早退、逃课等。这可能是由于留守儿童年龄小、自我约束力差、缺少父母的管教，使得他们在行为习惯上存在较多问题，尤其是小学阶段的儿童正是培养学习、生活习惯的重要时期，缺少父母的引导使他们很难养成好习惯。

社交行为

亲子关系会对孩子学习、生活、心理健康产生重要影响，2016年《中国留守儿童心灵状况白皮书》指出，7000余名接受调查的儿童之中，有849名儿童的父母双方均外出工作，占比13.1%；父亲或母亲单独外出工作的儿童则有1670名，占比25.7%，其中有7.7%的儿童反映父母与自己一年都没有见面。

由于父母不在身边，学校里的同伴交往和师生关系就成为留守儿童重要的社会支持。然而，调查发现，留守儿童的师生关系和同伴关系往往更不融洽。

情绪层面

由于留守儿童在成长的过程中缺少父母的陪伴与安抚，因此相当一部分儿童的情感处于不安全状态中，情绪问题也比较常见，主要表现为孤独委屈、自卑心理、逆反攻击心理，以及焦虑不安、怨恨父母等。

留守儿童在日常的情绪状态方面也具有一些特征：烦乱和迷茫状态显著高于非留守儿童，愉悦度、平和度与非留守儿童没有显著差异。留守儿童更可能表现出孤独、无聊、迷茫、紧张、心烦意乱、缺乏信心等情绪。

形成原因

社会层面

社会需求

20世纪80年代以来，我国经济和社会化快速发展，需要大量的劳动力资源来满足社会发展需求，农民工这一群体应运而生。同时，女性外出务工的群体也越来越庞大。然而，由于户籍制度和经济因素，使得她们的孩子不能一起外出读书，这就造成了大量的留守儿童缺乏母爱，影响了他们的心理健康发展。

社会环境

与城市相比，农村的经济、文化、教育等各方面的发展都相对落后，留守儿童年龄较小，道德观念发展不成熟，是非辨别能力不强，从而产生了一系列的心理和行为问题。社会各界也未能真正了解留守儿童的真实现状，无法建立健全有针对性、切实有效的工作机制，相关职能部门也缺少专业知识及技能的支持，不能有效解决根本问题，使得留守儿童的心理问题越来越严重。

学校层面

设备不完善

留守儿童的心理问题已经引起了国家的重视，明确要求农村中小学加强心理健康教育师资队伍建设，开展心理健康教育课。然而，因受到现实条件的制约，学校并没有配套的资源和专业的心理教师，几乎没有学校开展过相关心理健康教育工作。

师资不充足

为了解决留守儿童心理问题，很多地区采取教师代替家长照料儿童的方式，有效促进了留守儿童的心理健康。然而，农村教师流失严重，教师压力过大难以兼顾方方面面。另外，受制于本身的能力所限，农村教师也存在过于重视知识、轻视心理健康教育的倾向，这就使得农村学校的很多心理咨询活动流于形式，难以真正发挥作用。

家庭层面

亲子沟通效果不理想

传统的沟通模式不适用于留守儿童及其父母。一方面，留守儿童与父母的沟通方式单一、内容贫乏、沟通的主动性差；另一方面，父母自身对亲子问题的重视程度不够，对儿童身体发展的规律特征认识不足，缺乏有效的沟通技能和方法。

不良的家庭教养方式

不良的家庭教养方式也是留守儿童心理问题形成的重要影响因素。有研究者在关于留守儿童亲子关系的研究中，根据大数据调查发现主要存在五种教养方式，依次是平庸型、宠爱型（低要求、高关爱）、放任型（低要求、低关爱）、勤勉型（高要求、高关爱）和母严父松型。

监护人提供心理支持少

留守儿童遇到问题时缺乏环境支持。他们缺少倾诉对象和正确引导，且一旦倾诉对象出现问题，他们就会将问题困在心里甚至误入歧途。

个体层面

人格发展不健全

农村留守儿童年龄小，正处在认识人生、行为习惯的养成、心理成长和性格塑造的关键时期。由于他们长期与父母分离，在价值观念和思想认识上得不到父母的引导支持，可能导致他们在心理和生理上的需求得不到满足。另外，留守儿童父母知识能力水平有限，很少能够关注到他们的心理问题。基于上述两方面的原因，人格形成受阻导致的心理问题成为留守儿童最易出现的问题。

消极心理表现强烈

父母外出后，留守儿童遭遇困难时缺少帮助，因此容易感到焦虑，缺乏安全感和自我认同感，容易表现出胆小怕事、行事萎缩等消极心理。

预防策略

社会层面

政府发挥主体作用

政府有责任为留守儿童创造健康良好的成长环境，加快完善农村的基础设施建设，增加农村剩余劳动力在家庭附近就业的机会，从而缩短农民工回家的周期；同时加大对农村社区的教育投入。

社会各界形成合力

社会各界应立足实际调研，依托专业，发挥优势，加大帮扶力度，出台具体的帮扶举措。如2018年起，团中央启动"情暖童心"共青团关爱保护农村留守儿童工程，聚焦重点，形成合力，有效促进留守儿童健康成长。高校可利用社会暑期实践、爱心站、与留守儿童结对子，以及提供线上辅导等方式，对其进行线上线下的有针对性的辅导。

学校层面

加强人文关怀

学校作为留守儿童的常居地，不仅要发挥教书育人的作用，还要加强对特殊群体的人文关怀。在确保有积极配套的硬件设施资源和较好的师资力量的同时，还要加强对留守儿童的管理。

促进家校合作

留守儿童的监护人大多是目不识丁的老年人，因此学校更要发挥留守儿童和家长之间的桥梁作用。如果学校力量有限，那么可以联手村委会、政府或社会公益组织，共同为留守儿童打造更加和谐稳定的生活环境。

提高教师的心理素质

打造一支高素质的专业教师队伍，能及时发现留守儿童的心理问题并有足够的知识和能力解决。

家庭层面

加强亲子沟通

由于留守儿童的父母长期在外,因此主要是通过网络或电话的方式对他们进行间接辅导;对于留守儿童则可以采用专题性团体辅导和个别咨询辅导相结合的形式,系统性地开展亲子沟通技能的培训。具体活动如表 5-1 所示。

表 5-1 亲子沟通辅导方案

活动模块	活动对象	活动目的	活动核心内容
专题辅导	孩子	训练孩子的亲子沟通能力	• 单双向沟通训练 • 学会勇敢表达 • 学会真诚倾听 • 我有问题大家帮 • 学会理解感受爱
个别辅导	孩子	关注孩子的心理健康问题	• 个体心理咨询辅导 • "一对一"帮扶模式探索 • 渗透在专题辅导中进行
	父母	帮助解决亲子沟通中遇到的问题,提供反馈信息	
家庭辅导	父母	学习掌握亲子沟通的技能技巧	• 发放留守儿童家长版亲子沟通学习指导手册 • 参与优秀公益组织活动 • 积极参与亲子活动

采用积极教养方式

研究发现,关爱指数越高,儿童的心理发展水平越好,同时"高要求"可有效预测良好的学业成就,因此,鼓励和引导农村学生的父母采用勤勉型教养方式(高关爱、高要求)。所谓"高关爱",就是父母要更加关心留守儿童,尤其是在与孩子电话、视频沟通时多表达关心,多鼓励,多讨论孩子的兴趣爱好,并从言语和行动上提供支持;所谓"高要求",就是要求父母在关爱孩子的同时对其行为习惯、学业、成长等方面要有高的具体要求和期待,立好规矩。

个体层面

增加积极情绪体验

针对留守儿童的常见心理问题,可通过对留守儿童进行个别咨询、谈心谈话、个案分析等方式,运用积极心理学理论,增加留守儿童积极的情绪体验,让他们学会用积极的心态去看待生活中的问题。

激发学习动机

对于有学业问题的留守儿童,要激发其积极的学习态度,尤其要满足其归属与爱的需要,建立良好的亲子关系,在此基础上才能真正激发其学习内驱力。

案例解析与综合干预策略

案例解析

李萌(化名)是一名农村留守儿童,父母在外打工,回家及电话联系很少,与孩子缺乏情感沟通,在经济上则对孩子较为溺爱。平时爷爷奶奶照顾她,教育不足,溺爱有加。平时住校,班里20多个学生差不多都是留守儿童。

一天上晚自习时,她偷偷玩平板电脑,被班主任发现,且班主任批评了她。晚自习结束后,李萌独自离校,一直到熄灯时也没有返校,同宿舍的同学发现后报告给班主任,并反映她在出走前多次提到过自杀。人命关天,校长立即发动全校老师寻找。结果,老师们找遍了学校周围的大街小巷也未见踪迹。凌晨三点多,李萌若无其事地回了宿舍。

在此之前,李萌是班级里的一名普通学生,成绩中等,与同学关系尚可,但最近的人际关系不如之前。她的父母在外省打工,家里经济状况尚可,且他们偶尔回家时会给她带一些稀罕物件,能让她在同学中"风光"一把。

对于父母,李萌的内心很矛盾:一方面,她想见他们,尤其想念小时候和妈妈在一起时的亲密无间;另一方面,心中又有莫名的委屈和愤怒,觉得父母不像以前那样关心自己、爱自己,打电话时总是训斥她学习成绩不好。最近,她索性不接妈妈的电话了。

解析

从表面上看,李萌的离校出走源于在自习课上玩平板电脑,被班主任老师发现,担心被妈妈批评,想通过出走来吓唬他们,以免被批评。然而,究其深层原因,可以看到大部分问题出于她的不合理认知,如"妈妈不关心我""同学应该按照我想要的方式对待我""我学习不好,未来没有希望了"等。类似这样的想法在她心里生根发芽,让她感到委屈、愤怒,觉得周围的人都对不起自己。绝对化要求、过分概括和糟糕至极的想法较为突出。对于青春期的孩子来说，父母教育与亲子感情的缺失是最初的导火索，也是最根本的原因。只有建立良好的亲子关系，才能促进其纠正不良认知。

因此，运用认知行为疗法改变其不合理认知，与其一起探讨合理的观念和适宜的行为是咨询的第一个目标。此外，可通过亲子沟通辅导促进李萌与父母有效的亲子沟通，提升亲子联结水平和家庭亲密度是咨询的另一个目标。工作步骤见表5-2。

表 5-2 案例工作步骤

阶段	结构	目标
第一阶段 评估会谈	• 欢迎来访者到来 • 制定会谈的议程 • 实施评估 • 设定初期目标并介绍工作计划	• 建立良好的工作联盟 • 理解个案并制订初期的案例解析 • 识别重要问题并设定总体目标
第二阶段 识别并矫正不合理认知	• 设置议程（并给出这样做的理由） • 检查心境 • 获取来访者最近的信息 • 回顾上次的评估诊断并进行心理教育 • 建立目标清单 • 让来访者了解工作原理 • 总结和安排家庭作业 • 引导来访者反馈	• 通过教育让来访者了解工作的结构及认知行为疗法基本原理 • 建立问题清单并开始解决重要问题
	之后会谈的结构： • 心境检查 • 设置议程 • 获取来访者最近信息 • 回顾上次家庭作业 • 安排要工作问题的优先顺序 • 对第一个问题进行工作 • 寻求来访者反馈并共同设置相关家庭作业 • 对第二个问题进行工作 • 总结和回顾本次家庭作业 • 引导来访者反馈	• 通过三栏表、五栏表及行为实验等认知行为技术协助来访者识别不合理想法，评估并驳斥不合理认知，替代以适宜的想法及行为 • 引导来访者将在咨询中所学到的方法迁移到日常生活中
第三阶段 亲子沟通团体辅导	• 我们来到这里 • 重新认识对方 • 寻找有效的沟通方式 • 望子成龙、望女成凤 • 建立和谐家庭 • 学会奖励孩子 • 怎么面对孩子的错误 • 我们是黄金搭档	通过亲子沟通辅导促进来访者与父母有效的亲子沟通，提升亲子联结水平和家庭亲密度

综合干预策略流程

表 5-3　　　　　　　　　　　　　　综合干预策略流程

阶段	干预策略	工具及技术	处理	目标
第一阶段	建立关系	热情、共情、关心、无条件积极关注和能力	热情欢迎来访者的到来，使用共情的表达，全神贯注地倾听，精确地总结来访者的想法和感受，让其感受到尊重	接纳来访者，形成良好的工作联盟，建立积极的咨访关系
	评估	CBT评估程序	• 来访者的人口统计学资料 • 主诉和目前问题 • 促发事件 • 现在的和过去的应对策略（适应性的和适应不良的） • 成长史 • 总体家庭状况及现状 • 学校适应及学业情况 • 优势、价值观和适应性的应对策略	• 理解个案并进行初期的案例解析 • 设定初期目标并制订大体的工作计划
第二阶段	干预	让来访者了解工作原理	认知行为治疗假设，情境或事件本身并不直接决定人们的感受，感受更取决于人们如何解释这一情境，即情境或事件自动思维反应（情绪、行为、生理）	了解认知行为疗法基本原理
		心境检查	• 评估会谈可使用贝克抑郁量表、贝克焦虑量表 • 其他会谈可教他们使用0~10分的等级评定来评定自己的心境，如："请你回忆过去一周的感受，如果0分意味着完全不抑郁，10分意味着最让你抑郁的情况，那么上周大多数时间你的抑郁分数是多少？"	与上次会谈的得分进行比较，了解来访者情绪变化状况
		三栏表	• 情境：你跟谁在一起？你在做什么？什么时候？你在哪里 • 自动化思维：当时你心里在想什么 • 情绪及其强度：每种情绪用一个词描述，如愤怒、恐惧、厌恶、惊奇、快乐、抑郁等 • 建议每天至少一次，坚持做一周	• 了解什么是自动思维及特点 • 练习情绪与想法的关系 • 学习命名情绪，评定情绪强度
		思维歪曲清单	绝对化、过度概括、情绪推理、个人化、读心术、糟糕至极、应该、贴标签。	帮助来访者矫正不合理认知

续前表

阶段	干预策略	工具及技术	处理	目标
第二阶段	干预	亲子沟通策略	父母学习"上学路上"公益组织印制的亲子沟通指导手册《如何给远方的孩子打电话》	提升沟通技巧
		情绪调节策略	• 情境关注策略：通过选择情境或对情境的修正来调节情绪 • 认知关注策略：关注情境中积极的方面 • 反应关注策略：改变情绪的感受或表达	改善情绪，增加积极情绪体验
		行为强化	• 社会强化物：表扬、给予注意、身体的接触、肯定的表情 • 特权与活动：喜欢的活动、自由时间 • 及时反馈：效果反馈、成绩报告 • 代币制的强化：取得一定成绩后可获得代币券换取喜欢的物品	矫正问题行为

第 6 章

随迁儿童的心理服务指导

随迁儿童是指跟随父母或其他监护人从户籍地迁往现暂住地居住并就读半年以上的九年义务教育阶段的少年儿童。随迁儿童与流动儿童有很大的相关性，但有更多稳定性和政策性的成分。

心理特征及表现形式

认知层面

自我评价降低

随迁儿童的生理和心智都处于尚未成熟的阶段，生活环境、学习环境、文化风俗等各方面的变化，都会对他们原有的认知带来很大的冲击。在与本地儿童的对比中，随迁儿童常常感受到一种挫败感，无法建立完善的自我认同。这个年龄阶段的儿童特有的思维片面性和表面性，更让他们意识到自己与本地儿童的不同，从而降低自我评价，产生自卑心理。

身份认同混乱

随迁儿童跟随父母在城里生活的时间越长，与农村的联系越松散。而城乡之间的巨大经济文化差异，又使很多农村孩子难以形成对新群体的归属感，他们会因为在城市缺少朋友而缺乏对城市的认同感。随着孩子的成长，他们对自己身份的认同出现了混乱。他们发现自己的生活与习惯和农村格格不入，不是一个纯粹的农村人；又因为没有城市身份和相同的文化背景而很难完全融入城市。身份认同的混乱又带来了自我认知的迷茫。

行为层面

适应过程中的退缩

生活环境、学习环境、文化制度环境的变化对儿童是个不小的挑战。饮食起居不习惯、学习内容衔接不上、学习方式不适应等，都会使儿童表现出畏难和退缩，回避参与各种活动。

社交行为中的封闭

大部分随迁儿童的朋辈群体关系都较弱。他们与本地学生之间的文化差异，客观存在"标签化""边缘化"现象，会使他们产生较深的被排斥感。很多随迁儿童不大主动与人交往，多数随迁家庭亲子关系一般，在遇到困难时倾向于自我封闭。

情绪层面

环境变化带来的消极情绪

随迁儿童大部分都有感到孤独、焦虑或者恐惧的感受。他们认为自己和本地孩子不一样，会被孤立。对农村、农民这些字眼会比较敏感，担心别人知道自己是农村人会看不起自己。

学业压力造成紧张和焦虑

大多数务工人员选择让子女随迁，为的是争取优质教育资源。家长的功利性的教育期望给随迁儿童带来一定压力。"学习跟不上"是半数以上随迁儿童的烦恼。他们迫切想努力改变现状，可当现实条件困扰他们达不到预期要求时，就会让陷入苦恼，变得敏感、情绪不稳定，最终陷入紧张和焦虑之中。

形成原因

社会层面

城乡文化落差和社会接纳程度影响

我国城乡发展在各方面差异巨大，地域的不同带来生活习惯、语言文化等诸多方面的差异，成为随迁儿童与本地学生交往的障碍。有研究表明，城市学生的父母常常会要求他们与农村的孩子保持距离，迁入地居民对随迁儿童的接受程度仍有待提高。大部分随迁儿童在本地的朋友比较少，对社区不是很熟悉，很少参与社区活动，和社区其他同龄人的互动也很少，社区归属感比较低。

政策导向的支持与经济文化的限制

国家相继出台相关教育政策，力图保障教学起点、教育过程、教育结果的公平。随迁子女"有学上""上好学""有出路"的问题正在逐步得到解决。然而，受社会经济文化等因素的影响，随迁儿童发展及权利保护仍然面临着诸多问题和挑战。这种状况对于随迁子女在城市学习的积极性有重大影响。

学校层面

环境适应问题

物理环境的适应

比如，饮食习惯的不同、气候的差异，以及生活习惯、生活规律等方面的改变，对于生活自理能力欠缺的儿童来说都是不小的挑战。

学习内容的衔接和新的学习方式的适应

教材版本不同、教师教学方式的差异等都会影响儿童学习的情绪和效果。

学校文化制度和环境的适应

随迁儿童对新学校的教学设备、校园文化及各项规章制度等都是陌生的，容易产生疏离感。

人际交往问题

同龄朋友关系是影响随迁儿童心理融入的最重要的因素。随迁儿童远离了熟悉的老师和同学，不能很快结交新的朋友，也没有找到与其他同学交往的共同话题，再加上随迁儿童与本地学生之间的文化差异，他们融入班集体需要一个过程。

大部分随迁儿童在学校中能够和同学友好相处，但是从老家来到城市，他们有较强烈的被排斥感，一些非道德因素导致的社会排斥在随迁儿童的成长过程中屡见不鲜。大部分随迁儿童都对老师存有惧怕心理，不大主动与老师交往。

学业适应问题

在随迁儿童进入新学校后，随之而来的是自我认知参照系的变化。原本在老家较为优秀的儿童可能在随迁就读的班里只能达到中等甚至更低水平。调查显示，大部分随迁儿童认为学习很难。基础薄弱、自主性不够、学习习惯不佳是随迁儿童较为普遍的现象。从已有的调查结果来看，当前针对随迁儿童学习指导的研究比较少。

家庭层面

经济状况与环境的影响

家庭的经济状况在很大程度上决定着家庭的社会层次，也是衡量家庭对子女教育影响的重要指标。调查显示，大部分随迁儿童都是租房居住，生活和学习环境比较差。由于随迁人员大多是进城务工人员，家庭收入低、生活不易，因此他们用于子女教育费用的支出较低。

父母的陪伴和支持能力

随迁儿童的父母大多受教育程度不高，其受教育程度以初中所占比重最高，其次是高中。他们大多忙于生计，闲暇时间比较少，亲子之间缺乏高质量的陪伴和有效的沟通，即使意识到孩子可能出现了心理问题，能采取的措施和行动也非常有限。

他们对孩子的期望主要集中在学业成绩上，怀有较功利的教育期望。这样的教育期望在某种程度上禁锢了随迁儿童的成长，给他们带来了较大的心理负担。

在孩子的日常学习支持行动上，随迁儿童父母基本上能完成监督子女学习的工作，但高质量的家庭指导力（如协助老师培养孩子积极的学习态度、良好的学习习惯和较高的思维水平等）亟待提高。

个体层面

个体认知倾向

个体认知倾向在压力与负面情绪的关系中发挥着重要作用。持有积极乐观的认知倾向的个体心理健康状况明显好于持有消极悲观认知倾向的个体。随迁儿童消极的自我评价往往导致悲观的认知倾向。

元认知能力的影响

随迁儿童心理健康和元认知水平呈正相关。有研究表明，元认知水平高的学生，其自我管理监测调控的能力必定强，其情绪较元认知水平一般或较差的学生情绪要健康。

预防策略

社会层面

构建完善的心理健康服务网络

应建立健全社会心理服务体系，依托社区、医院、学校、企事业单位等，搭建基层心理服务平台，开展心理健康教育、科普、心理危机干预和心理援助等方面的社会工作实务。在整合协调的基础上，主动出击、积极而为，按照"一个都不能少"的要求，给随迁儿童提供应有且平等的教育，使他们得以健康茁壮成长。

开展社区形式多样的项目活动

社会组织在随迁儿童教育领域的项目可分为面向儿童、家长、教师、教育机构、公益组织等服务，以期改善外部环境。项目以多元智能理论、优势视角理论等为依据，以小组团体活动辅导为基本方法，让随迁儿童在社区团体活动中产生"交往小社会"的独特体验，提升自信心，改善交往质量，扩大交往范围，提高交往能力。

学校层面

建设关怀型师生关系

对于随迁子女的关注点主要是学习成绩和心理情况。学校要积极引导随迁儿童熟悉校园环境（包括学校的自然环境和学习生活的硬件环境）。开展班级活动，以消除随迁儿童紧张、孤僻的感觉。关注随迁儿童地域文化差异，做好衔接和学习方法的指导，通过延时课等义务辅导，使基础差的学生成绩有所提高。不在家长群公开随迁儿童与本地儿童的差异信息，不对外过度宣传"异地贫困生"典型，不歧视否定随迁儿童及其父母的生活习惯。

关注心理健康教育

努力营造有利于随迁儿童健康成长的良好心理环境。上好心理健康教育课和随迁地地域历史文化课，培养随迁儿童优良的心理品质，全面提高随迁儿童的生存、抗挫、自信及自我行为矫正能力。开放学校心理咨询室，随时与随迁儿童沟通，理解、尊重、宽容、平等对待随迁儿童，以缓解他们的心理压力，帮助他们克服心理障碍，提升自我调控能力。

开设团体体验活动课程

随迁儿童的亲密关系主要是通过游戏中的合作、分享、竞争建立起来的，促进彼此的熟悉、信任和了解。学校可以有针对性地组织开展艺术、科学、体育、心理等社团活动，在地方课程或延时课中开设体验式团体拓展活动课程，激活自身潜在的创造力，促使随迁儿童将兴趣与天赋有机结合，帮助他们树立正确的人生观、价值观，从而找到成长道路上的前进动力。

开展家访和家长学校活动

定期开展家长学校授课，通过家长沙龙、体验活动、座谈、家访等形式，让家长了解和掌握学生的心理变化，以第一视角去亲身感受随迁儿童的学习环境和氛围，增强家庭学校、教师、学生之间的互动沟通。

家庭层面

高质量陪伴，改善亲子关系

加强家教方法学习，更新家庭教育理念。鼓励家长深度参与亲子教育活动以改善亲子关系，在家不抱怨自己工作中的不满，以勤奋的工作态度、以身作则的学习榜样，勉励他们努力读书学习，做孩子心灵的支柱和忠实的倾听者。

家校沟通，形成教育合力

家长要向老师介绍说明家庭及孩子的基本状况，以此让老师能对随迁儿童有一定的了解，在处理问题时做到有的放矢。

多元评价，提升自我效能感

有些父母认为学习成绩才是王道，致使很多随迁儿童对学习产生厌倦或是产生考试焦虑。不妨采用多元化的评价标准，看到孩子的优势，取长补短。

个体层面

乐观面对，主动融入

在社区或学校开展心理服务，积极挖掘随迁儿童积极的一面，放大其优势，激发其潜能，树立自信心。扩展随迁儿童的课外知识，提高其言语、思想表达能力，提高其在课堂上的自我评价、成就感及主动融入新环境的能力，形成积极乐观的心理品质。

自我调控，提升自信

随迁儿童心理健康和元认知水平呈正相关，既能看到自己的优点，又能看到自身的不足。帮助随迁儿童提升自我调控能力，塑造良好的人格。改变有行为偏差的随迁儿童的认知，重新看待自己的生活经历，唤醒内在转化的力量，从而拥有处理问题和困难的能力。

案例解析与综合干预策略

案例解析

小帅（化名）是一所城乡接合部小学一年级的学生。父母是从外地来的，靠批发蔬菜谋生。父亲初中文化，母亲小学文化。小帅父母每天凌晨去市场进货，并在前一天晚上给小帅钱，让他在上学的路上买早餐。他们白天忙生意，顾不上问他在学校的表现；到了晚上，小帅尚未完成作业，他们已累得倒头睡觉了。忙于生计的父母顾不上给孩子做顿可口的饭菜，更不用说陪他读书学习了。

在学校，因为小帅说不好普通话，大家又听不懂他说的家乡话，都不和他玩。小帅在课上经常开小差，时常忘记带书本或文具。开学快两个月了，老师没有见过小帅的家长接过他一次。经调查，班里像小帅这样的随迁儿童占了近三分之一。

解析

经调查，像小帅一样的随迁子女占了班里学生人数的近三分之一，于是学校联合各任课老师，把每周五学生们放学后的时间定为家长夜校，给家长们普及家庭教育知识，沟通本周及下周学习内容，得到了家长的拥护。班会课上，班主任通过组织团体辅导活动让大家相互了解，体验人际间的坦诚、信任，建立团体互动关系，缩短彼此的距离。班主任还主动联系小帅居住社区网格员，通过学校、家庭、社区多方联动，积极动员社会心理服务工作者、教育、心理等多方资源共同干预介入，小帅有了亲密的小伙伴，学习主动性提高了。

表 6-1　　　　　　　　　　　随迁儿童个案干预步骤

实施步骤	个案工作内容
接案与预估阶段	• 了解个案情况，预估是否需要个案服务 • 收集个案资料、建立关系、签订服务协议，并对预估问题达成共识
计划与实施阶段	• 制订服务计划，帮助来访者提高自信，帮助其融入社会、学校，健康快乐生活学习 • 参与社区及学校成长小组、社团学习活动，建立朋辈关系，在家长的协助下参与各类活动
评估与结案阶段	• 对来访者及监护人进行面谈、评估预定服务的目标达成情况 • 结案跟进，做好结案安抚工作

除个案干预外，运用团体工作方式介入的最大优势就是能在小组互动活动中，整合单一来访者之外的资源。团体干预以学校、社区团体活动为主。团体辅导的目标是使随迁儿童相互认识、彼此了解；感受个体在集体中的作用以及团队对个人的意义和重要；学习用非语言的方式表达，增进团体信任和互助意识；协助有困扰的成员宣泄情绪、澄清问题；强化成员的自我认识，促进自我觉察力提升，澄清其价值观。团体辅导的设置多以学校或社区招募为主，将他们分成 6~8 人小组，每组确定一名组长和一名观察记录员。团体活动在团体活动室进行，每次活动 50 分钟左右。

综合干预策略

改变认知，重塑行为

认知取向的认知行为改变强调对不合理认知的改变，其个体内在的认知活动制约着个体的行为。针对随迁儿童存在的一些不合理认知（如否认、强迫性思考、封闭自我、安全感丧失、逃避等），可使用认知行为疗法进行纠正。

"5T"策略，调节情绪

随迁儿童因个人性格会出现两极化——烦躁、易怒以及自卑、孤寂。"5T"策略可以帮助他们提高情绪调节和社会交往的能力，促进其社会性发展。所谓"5T"，是五个以 t 开头的单词或短语，解释如下：

- 转移（transfer），转移注意力，使其离开引发情绪问题的事件上；
- 平静（tranquil），平静下来并回到事件发生前的状态；
- 回想（think back），平静后，回想事件发生时的情境；
- 换位思考（think on other's side），将自己与他人进行换位思考；
- 寻求安慰（to seek for comfort），思考和学习了引起情绪的原因后，向父母或他人寻求安慰和支持。

赋能家长，转危为机

社会心理服务工作者要协助家长学会赋能。一方面，协助随迁儿童的家长去罪责化，帮助他们看到自己的力量；另一方面，在谈论问题或困境时，让家长看到，孩子通常都没有什么问题，只有尚未掌握的技能。通过学习技能，孩子们就能克服这些问题。赋能让随迁儿童及其父母感觉更有希望、更有力量走出当下的困境。

体验活动，自我成长

校外辅导站及社区服务中心开展以认识自我、提升自信、提高交际技能为主题的团体体验课程，有助于随迁儿童在群体中互通有无、互帮互助，在体验活动及个案辅导中改变儿童对自身及与他人交往的认识，从而建立起积极的自我评价机制，提升自信，改善人际关系。

第 7 章

未成年性侵遭遇者的心理服务指导

性侵害未成年人犯罪指的是对未成年人实施的强奸罪,强制猥亵罪,侮辱妇女罪,猥亵儿童罪,组织卖淫罪,强迫卖淫罪,引诱、容留、介绍卖淫罪,引诱幼女卖淫罪。没有构成犯罪的相关违法、违背公序良俗的行为,依照治安管理处罚法给予行政处罚,或依照社会禁忌给予禁止和谴责等。遭遇上述行为侵犯的未满 18 周岁的受害人均为未成年性侵遭遇者。

心理特征及表现形式

性侵破坏了安全、信任、控制、自尊和亲密关系等基本需要,对未成年人的身心影响表现在认知、情绪、行为等方面。

认知改变

与性侵事件有关的认知负性改变,在性侵事件发生后开始或加重。包括以下几方面。

- 无法记住性侵事件的某个重要方面,但不是由脑损伤、酒精、毒品等其他因素所致。
- 创伤前的正性信念(如"未来是可以预期的""我是有控制力的""我是有价值的""危险离我很远""我是好的 / 可爱的""我可以信任他人"等)被打破。这些信念虽然是主观的,与客观事实不尽相同,但在创伤前支撑着当事人的相对稳定状态。
- 对自己、他人或世界的负性信念和预期持续放大。无法信任他人,极度自卑,低自我形象,悲观消极。

- 认知扭曲，对性侵事件原因或结果持续歪曲是非，导致责备自己或他人、正常的人际界限感受损等。

情绪感受变化

- 接触象征或类似性侵事件某方面的内在或外在线索时，产生强烈或持久的心理痛苦；
- 持续的负面情绪状态（如害怕、愤怒、内疚、羞愧、情绪低落、混乱，焦虑、悲伤、失落感等）；
- 与他人脱离或疏远感；
- 安全感、可控感的折损；
- 持续不能体验到正性情绪；
- 可能会有麻木、解离。

行为表现

重现

- 反复、非自愿和侵入性的性侵事件痛苦记忆。六岁以上儿童可能通过反复玩与性侵事件有关的游戏来表达；六岁以下的儿童自发的和侵入性的记忆看起来不一定很痛苦，也可能在游戏中重演特定的创伤。
- 解离反应（如闪回），个体的感觉或举动好像性侵事件再次发生。
- 反复做内容和/或情感与性侵事件相关的痛苦的梦，或是可怕的、内容不能识别的噩梦。六岁以下儿童可能无法确定可怕的内容与创伤性事件相关。

回避

回避能够唤醒与性侵事件有关的痛苦记忆、思想或感觉及外部提示（人、地点、对话、活动、物体、情景）。强力抗拒接受生殖器官检查。不愿与成人进行目光接触，害怕某些特定的成人。显著减少对重要活动（包括玩耍）的兴趣或参与。

警觉

（在很少或没有挑衅的情况下）激惹行为和愤怒爆发（如言语或身体攻击）。

过度警觉，过分的惊跳反应。难以集中注意力，成绩大幅下降。睡眠障碍。非常怕独处（年幼者尤甚）。

性议题影响

可能出现对性的两极化：对性回避、退缩（如否认、装作从未发生过），厌恶性及性行为；过度的性言语、游戏、举止、攻击，经常挑逗异性，无法控制或过度地性接触、玩弄自己或他人的性器官。性认知、感受的冲突。可能习得以性为媒介满足非性欲的需求。未来的性功能受到影响。对性取向产生影响。在其他年幼儿童身上重演类似性经历。

形成原因

生理变化

外伤、炎症等

性器官的损伤与炎症，感染性病或怀孕。

神经－内分泌反应

性侵等应激会引发中枢神经系统和自主神经系统的变化，以长期应激为甚。一系列的神经生化改变导致大脑出现器质性损害，尤其是下丘脑、边缘系统和自主神经系统的器质性和功能性改变。对于遭遇了性侵等创伤的人来说，激素需更长时间才能回到基线水平。此后即使面临较轻应激，其激素水平也会飙升。较高的激素水平还会带来注意力问题、易激惹和睡眠障碍，以及健康问题。

躯体反应

对象征或类似性侵事件某方面的内在或外在线索产生显著的生理反应。躯体化症状，身体经常无故不适。

环境变化

客观环境

包括家庭环境（氛围的微妙变化）、学校环境（事件发生后班级、学校各方面的变化，或转学带来的变化）、社会环境（社会文化、风气、态度、流言、舆论等）等。

主观环境

觉得自己陌生，与家人疏远，与其他人的关系隔离或失去联结。对于事件发生后迁移学习、生活地点的孩子来说，人际支持的切断更为明显。

防御反应

解离

这是一种意识状态的改变，是一种整体体验变成部分体验，或局部体验增强而整体体验下降的现象。例如，遭遇者在事件中可能觉得自己与身体分离、部分身体不属于自己等，事后也可能会出现遗忘。

压抑

部分儿童极力压抑相关记忆，以免面对它时的无能为力。

否认

遭遇者以否认自欺，在一些情境下，否认事件比面对现实会让自己好过些。或否认发生的事对自己有任何影响，或假装这件事没那么糟。

合理化

为侵犯者辩解，寻求"合理"的解释，以维护自己的感受。

认同

丧失自主意志、独立感受力，转向认同侵犯者，甚至喜欢上侵犯者，以减少自己无助、失控、痛苦、混乱的感受。

泛化

把在遭遇性侵事件中的某些因素、特征、想法等扩大到更大的范围并绝对化（如"我是不安全的""男人都是坏人"等）。

退行

遭遇性侵等重大应激事件的人，可能会出现成长阶段的"倒退"，已有的能力部分丧失，使用相对幼稚的方法应对困境与痛苦。从外部观察会觉得变"小"了。

幻想

因无法接受发生过的性侵事件，可能会以幻想发生其他事情（如想象各种报仇情节，幻想掌握大权），或是用幻想世界来平衡对现实世界的无力感。

转移

转移注意力，保持忙碌状态，暂时逃避当下。

物质滥用

用烟酒、毒品等寻求一时的"解脱"，麻痹感觉，以期减少事件冲击，却会带来更多问题。

综合影响

创伤后应激障碍

核心症状为创伤性再体验症状、回避和麻木症状、认知与心境的负性改变、警觉性增高。六岁及以下儿童与其他未成年人的临床表现不完全相同。

解离性身份障碍

遭遇者为转移痛苦，借助退缩、解离、否认等心理防御机制来改变自己的情感反应。例如，以假装或幻想的方式隔离现实体验，以让自己不感到痛苦。

重复性创伤

遭遇者会认同自己的受害者角色，而习惯于在类似情境中扮演受害者。

多种障碍的共病

未成年性侵遭遇者可能出现上述反应中的部分内容，也可能同时出现相关精神障碍及并发症（包括急性应激障碍、创伤后应激障碍、抑郁、焦虑、强迫、解离障碍、边缘型人格障碍、进食障碍、酗酒和精神活性物质依赖，性及行为问题、自伤、自杀等）。如未能得到及时的支持或处理，可能会终生不愈，严重破坏其生存、发展和享受生活的能力。

恶逆变

遭遇者在合法权益受到犯罪行为侵犯后，在各种因素的推动下，从心理、行为层面向侵犯者转变，即从被害人到加害人身份主体转变的特殊现象。未成年被害人恶逆变现象在所有类型的被害人之中最为突出，也是犯罪学的一大难题。

代际传递现象

乱伦遭遇者在成为父母后，由于自己的经验，会误认为亲子间亲密行为及情感流露一定会伴随性的意义，因此不但与子女疏远，甚至还会侵害自己的孩子，成为下一代的加害人。

预防策略

救火、灭火的工作，做得再好也不及避免火灾的发生，面向未成年性侵遭遇者的工作也是如此。预防未成年人遭遇性侵，是社会体系的保障责任，也是每一位公民的应尽义务。

性及性安全教育是未成年性侵防治的基本保障

家长是性及性安全教育的第一责任人

家庭相关教育的困难在于家长本身的观念与相关知识储备。因此，在家庭系统，应从更新观念入手，提升家长动力，继而推动能力提高。

幼儿园、学校是性及性安全教育的重要途径

学校未能广泛开展性及性安全教育的原因在于，升学考试的指挥棒上无该内容。在教育系统，如能将性教育、安全教育纳入教学大纲、升学考试范围，那么学校自会融入日常教学（如生物、道德与法治课、语文课等）中，让未成年人掌握匹配其年龄发展阶段的基本常识，培育健康人格，呵护身心健康。

未成年人健康成长需将性及性安全教育贯穿始终

从幼儿园到中学，普及适合该年龄段未成年人认知的性安全教育，对性侵能识别、可应对、会求助、不为害[1]，是最为重要、最应得到重视的预防工作。

法治与体制建设是未成年性侵防治的制度保障

在司法实践与援助救济中，有制度未落实与无制度可落实的情况并不鲜见。例如，《刑法》第三十七条之一、《教师法》第十四条的"从业禁止"等的落实与完善，在国外取得良好防控效果的"化学阉割""电子脚镣""公开性犯罪人员信息""性犯罪人员行为、区域和从业限制"的借鉴探索。还有对未成年男性遭遇性侵法律缺口的填补，性侵精神损害康复中预期发生费用的赔偿等，相关的法治与体制建设要加快进行，补齐短板，为相关工作提供制度保障和法律依据。对性侵者的惩治、治疗、预防同步加强。

社会文化生态是未成年性侵防治的环境保障

法治、机制的不断完善，家校及社会各界的积极参与，最终将形成良好的社会文化生态。社会各界对于未成年性侵相关问题的重视程度的提高与观念的转变，以高瞻远瞩的战略眼光达成共识、主动作为，以海纳百川的宽广胸怀广泛协作、形成合力，才有望让孩子不再哭、家长不再苦、社会不再痛，为国家、民族之未来的健康成长保驾护航，形成社会环境的良性循环，利国利民，千秋万代。

---

[1] 强调"不为害"，是因为未成年人也有可能成为性侵的加害者，适时、适当的性教育、性安全教育，在保护未成年人避免遭遇性侵的同时，也保护了未成年人避免成为加害者。

案例解析与综合干预策略

案例解析

儿童性安全教育进社区、进课堂，A区少年儿童性安全意识普遍提高。家长们也了解到，不同年龄的孩子有不同的性议题，从小普及适合孩子年龄段的性常识及安全教育，不仅有利于身心发展，还有助于伤害的避免或及时发现。

家长课堂上，程女士（化名）联想起八岁的女儿珊珊（化名）近几个月出现黏人、不敢上学、噩梦等情况，还有最近珊珊的底裤上总是会有分泌物，心头一紧。

珊珊就读于某小学，在妈妈的耐心询问下，吐露了被学校保安多次猥亵的隐情。珊珊的父母随即报警，并带珊珊向A区心理服务机构求助。

该机构有心理创伤治疗受训背景的郑咨询师（化名）和协同田咨询师（化名）接待了珊珊一家。一位咨询师向珊珊父母了解了来访目的及基本情况，另一位咨询师陪珊珊去另一间咨询室玩沙盘。

珊珊父母的需求包括：评估猥亵对珊珊的心理影响，并出具评估报告；处理对珊珊的影响以及对珊珊父母的冲击。

咨询师分别与珊珊及家长单独交流，对个案的主诉、既往史等进行了采集、梳理。咨询师了解到，珊珊在成长的过程中，未发生过重大创伤事件；自弟弟出生后她就被送到外婆家抚养，直到弟弟上幼儿园才回来与父母同住；父母近年来关系紧张。

咨询师向珊珊父母介绍了对个案的理解、匹配的心理辅导方法，并和他们一起商议对珊珊的心理咨询方案：先稳定化，处理急性应激；然后在足够稳定的前提下，逐一处理相关的靶标事件；最后，对未来可能遇到的困难进行模拟和应对能力提升。

在与珊珊的数次沟通中，咨询师除了使用沙盘，还带她进行了腹式呼吸、蝴蝶拍和容器等稳定化练习，并在另一次咨询中与她一起通过绘画加蝴蝶拍的形式建构安全／平静之所、练习资源发展与植入等，协助珊珊不断提升身心稳定状态和安全感，并在此基础上通过格图技术[①]等处理早年事件及当前事件的影响。

在珊珊父母接受咨询的过程中，他们了解了儿童遭遇性侵后可能出现的反应、

[①] 格图技术是在四格图、安全地和蝴蝶拍基础上发展出来的稳定化技术。从四格图开始，但不止于四格。主要步骤包括第一格的安全地及强化，第二格的困扰及评分，以及后续的稳定化程序。后续的操作有不同的流程。

影响因素及发展变化规律，父母的常见反应与误区。咨询师告诉他们："不刻意回避，不表现出夸大的反应，都有助于当下的稳定和未来的恢复。"

此外，咨询师还对珊珊父母的应激反应做了处理，并就此协助调解他们的夫妻关系。他们对事件有了更客观的认识，逐渐化解了极度自责的倾向，也觉察了事发后的过度补偿，逐渐恢复了对家庭的掌控感。随后，珊珊一家与咨询师共同进入了家庭治疗阶段，全家共同调整，家庭氛围和家庭成员之间的关系改善了很多。

在珊珊的《心理评估报告》提交法院后，成为量刑与赔偿的重要依据。最终，判处侵犯者有期徒刑三年，民事赔偿含精神康复费，但只支持已产生的、有票据的费用，对未来将支付的受本案影响的精神康复费用，尚无法规可依，无法索赔。

解析

从表面上看，珊珊在成长的过程中，未发生过重大创伤事件，依恋关系、心理社会功能应较好。近期遭遇保安猥亵是偶发事件，似乎可以划入Ⅰ型创伤，较易处理和恢复。但在深入了解后会发现，自弟弟出生后她就被送到外婆家抚养，直到弟弟上幼儿园才回来与父母同住，且父母近年来关系紧张，这些都可能对依恋关系和安全感造成威胁。

因此，咨询师初步概念化该个案为有依恋关系问题的Ⅱ型创伤个案。此外，该个案的父母有急性应激反应。

对于Ⅱ型创伤个案，稳定化是十分必要的且可能需要进行相当长的一段时期，其中建立稳定的关系会有一定难度。对于急性应激反应，通过较短时间的健康教育、稳定化，大多可以缓解。

工作步骤如表7-1所示。

表7-1 案例工作步骤

阶段	目标	处理
第一阶段	稳定来访者的心身状态	让个案的心身状态和资源准备足以承受相关创伤的处理
第二阶段	相关的靶标事件处理	处理最早的、最严重的和新近的创伤影响
第三阶段	强化前期效果、提升应对能力	以未来模板等形式对今后可能遇到的困难进行模拟

在处理此类个案的过程中，家庭因素往往影响着未成年人在咨询室之外的功能

恢复。因此，监护人等家庭成员的参与十分重要。父母的关系、对事件的看法及反应，直接影响着未成年性侵遭遇者对事件、自己、他人及关系的认知与感受，且倾向于内归因为"是自己的错""是自己不好"等，加重事件带来的负面影响。因此，监护人的辅导及家庭辅导，有条件允许的情况下也应开展。

家庭成员中如有侵犯者或参与侵犯的成员，由未参与侵犯的家庭成员先进入家庭辅导。作为家庭成员的侵犯者或参与侵犯的成员，需要同时满足以下三个条件后方可进入家庭辅导：

- 侵犯者能理解自己行为的性质及危害，对遭遇者有足够的共情，对自己的行为有悔改之意，学习掌握了处理冲动扳机点的技能，能够保证不会重犯；
- 获得遭遇者同意，并预期在其加入时不会过度担心、害怕；
- 每位家庭成员都能了解各自在家庭中的位置与责任，理解侵犯者应为自己的行为负责，希望侵犯者本人能够在悔过后回归家庭。

综合干预策略

评估

评估事件、状态、需要、资源及是否转介。其中状态的评估包括对遭遇者个人、家庭、社区（学校、幼儿园）及社会文化环境与舆情的评估。

对性侵遭遇者个人的评估包括危机中关键信息（当前位置、状态，与谁同在，是否安全）、生命安全、应激源、身心状态，信息渠道等。对未成年人的量表评估一般包括儿童期创伤经历问卷、儿童事件影响量表、儿童解离体验评分量表等。

对家庭的评估包括：家庭结构、成员之间的关系（尤其是未成年受害人与监护人的关系、监护人之间的关系）、整体氛围；家庭功能，事发后，家庭的应对方式、资源；监护人的人格特质、情绪功能、人际关系、应对方式，监护人成长经历、既往创伤史，与侵犯者的关系，性侵事件相关身心反应与认识，监护能力；其他家庭成员的状态，在事件中的角色、反应与认知，是否也是性侵遭遇者；家族成员精神类疾病史；家庭的经济状况、居住的稳定性以及诉讼的影响等。对家长的评估量表包括：焦虑自评量表、抑郁自评量表、事件影响量表、创伤后应激障碍筛选量表、社会支持评定量表等。

对社区的评估包括：是否有相关预案的启动、机制落实；是否还有其他未成年受害人；是否已履行报告、报警义务；已采取的措施及效果；心理专业人员配备情况；负责与监护人沟通的部门层级及沟通情况。

稳定化

稳定化包括工作关系的稳定化、心理教育和环境的稳定化、日常生活的稳定化、心理/情绪的稳定化、躯体的稳定化，以及资源联结[①]。

心理创伤可分为Ⅰ型和Ⅱ型这两个类别。Ⅰ型（事件创伤）涉及单一的事件，是突然的、意外的和有应激的（如自然灾害、交通事故、火灾、校园枪击等）。遭遇这类单次、偶发的创伤性事件之前，遭遇者的社会心理功能较好。Ⅱ型创伤（过程创伤）涉及暴露于持续不断的应激源，这些应激源是可预期的、令人恐惧的（如战争，反复遭受身体、性虐待和/或情感虐待，或在家庭或周围环境中遭受暴力等）。多见于成长期。

Ⅰ型创伤的儿童学习稳定化技术（如安全/平静之所）较易，Ⅱ型者较难。未成年人建构安全/平静之所的难易表现，也反映了他们在生活中是否有稳定的照料者，以及是否有能力与人建立稳定的依恋关系。

心理咨询与治疗

心理咨询与治疗的目的是与未成年性侵遭遇者及家庭共同面对事件影响，联结正性资源，稳定身心状态，提升处遇困境及创伤后成长的能力，开启和适应新的生活。

方法包括：个体咨询、药物治疗、家庭治疗、团体辅导、远程咨询等。在个体咨询中，有研究支持可以为未成年性侵遭遇者提供心理辅导与治疗的方式包括聚焦创伤的认知行为治疗、眼动脱敏再加工、艺术治疗、团体辅导等。

伦理遵循

专业伦理是专业服务的价值信念和行为准则。未成年性侵遭遇者心理服务的专业伦理体现在涉及的各专业门类中的伦理守则，覆盖服务全过程，需切实了解并恪守、监督。

在性侵相关个案的心理服务中，专业人员应觉察自己是否有价值观卷入，尤其

[①] 既包括内外积极资源的联结，又包括资源积极部分的联结，这也是稳定化的一部分。

是受社会文化影响、可能给性侵遭遇者带来压力、伤害的观念、态度、言行等（如"一个巴掌拍不响""你都失去贞洁了""谈恋爱肯定受影响"等）。专业人员可以有自己的价值观，但应以在专业工作中不造成不当行为、不当影响及不造成伤害为限。

安全保护

生命安全

保障生命安全贯穿心理服务始终。

身心安全

了解伤情，是否需要即时处理、抢救，是否需要送医；是否需要避孕及性病防治。

隐私安全

注意保护当事人及家庭的可辨识信息、性侵细节，严禁向非必要人员透露。有传递信息需要时，只传递必要部分。公检法需赴被害人所在学校、社区调查时，不驾驶有相关标识的车辆，不着制服。媒体采编、审稿、报道中不断加强个人隐私保护和避免二次伤害的职业操守。会同相关单位开展未成年人性侵案件"一站式"保护体系，避免分散工作及多环节中的隐私泄露。相关单位建立泄露未成年被害人隐私的追责机制，对故意泄露信息的行为依法追责。

社会支持

社会支持对遭遇性侵后创伤反应的程度有着重要的影响。未成年性侵遭遇者的症状表现、病程长短与家庭成员、亲友、邻里、师生及社会各界人士的支持密切相关。然而，大多数对未成年人有影响的重要他人，并不会自动拥有相关经验、适切理念与有效技能，需要相关工作人员、专业人员通过宣传倡导、科普法普、教育培训、心理咨询、法律援助等，持续提供相关知识与技能支持。

第 8 章

青少年抑郁与自伤自杀的心理服务指导

抑郁指个体因无法应对生活中的紧张压力事件而产生的一种负性情感障碍。

自伤多是在没有明确自杀意愿的情况下采取的直接、蓄意伤害自身的行为，又称非自杀性自伤。

自杀是一种极端的自我毁灭行为，其结局为死亡。包括自杀意念（想法）、自杀企图（把自杀的想法付诸实施）。

青少年是抑郁的高发群体，《中国国民心理健康发展报告（2019~2020）》显示，青少年抑郁检出率为 24.6%。青少年非自杀性自伤发生率为 10%~15%，而在一些心理障碍（如抑郁症）青少年群体中可达 80% 左右。自杀多集中于初高中学生，初中生最多，占比约 40%，其次是高中生（包括职业类高中阶段）占比约 36%。抑郁自伤自杀严重威胁着青少年的身心健康，因此针对青少年抑郁与自伤自杀的心理服务指导势在必行。

心理特征及表现形式

抑郁

心理特征

抑郁以持续的心境低落、悲伤、消沉、沮丧、不愉快为主要特征。青少年抑郁更有其独特特征：情绪波动大、变化多端、反复无常、易发火发怒、出现激惹行为、成绩下降、厌学等。

表现形式

- **心境症状**。青少年抑郁表现为易激惹，快感缺乏，突然不再能体验到喜悦、兴趣或快乐。
- **生理症状**。几乎每天失眠或嗜睡；非故意的体重显著增加或减少；日常食欲减退或增强；过度且不必要的运动或比平时少的运动。疲惫，绝大部分时间躺在床上。
- **认知症状**。经常体验到关于自我、他人和未来的消极想法；体验到无价值感、内疚和无望感。
- **人际症状**。从朋友、家庭和通常的社交活动中退缩回来，变得更疏离、难以接触、心灰意冷及格外易怒。

自伤

心理特征

青少年早期是个体自伤行为发生发展的关键时期。自伤具有故意性与反复性，很容易在青少年群体中传播，出现模仿自伤的现象。

自伤是青少年用来表达心声、自我安抚和情绪转移的方式，检验自己是否被喜欢、被注意，寻求被关注、被理解、被重视、被认可。

表现形式

自伤包括划伤皮肤、割腕、拽头发、咬伤、烫伤、击打自己等。首发于青春期早期至中期，平均年龄在13岁左右，13~17岁最常见，15岁左右达到高峰，17岁后可能被其他行为如物质滥用替代，或者发展为其他疾病。女性自伤多于男性，但男性自伤方式更激烈，男女比例1:3~1:2，发病率最高的人群是15~24岁的年轻女性。

自杀

心理特征

自杀并不是孤立的行为，而是多种复杂因素相互作用的结果。目前，青少年自杀问题已经成为青少年人群中位居第一的死亡原因。

表现形式

高坠、溺水等容易获取又致死率较高的方式是最常使用的自杀方式。自杀时间多在开学前后、考试前后。约有 50% 的青少年在自杀前受到家长或老师批评，约 30% 的自杀事件与手机或网络游戏有关。遭受过校园欺凌的青少年的自杀企图是没有遭受过校园欺凌的青少年的 3~6 倍。此外，遭受童年逆境和儿童虐待、忽视也是导致青少年自杀风险增加的童年负性生活事件。

抑郁与自伤自杀的形成原因

社会层面

社会是青少年成长的大环境，由于他们缺乏辨识力，因此容易受到一些不良社会文化的负面影响。另外，当青少年在社会中经历适应性障碍时，也会引发抑郁、自伤、自杀。

学校层面

在校园生活中，课业负担大、学习压力过大、同学间的相互排斥、与同学或老师间的人际矛盾或冲突、校园欺凌等，都会给青少年带来很大的心理压力和精神压力。如果他们无法自我疏导，就极易产生自我否定感，要是再受到外界刺激，就更容易引发抑郁、自伤、自杀。

家庭层面

父母的教养方式（尤其是父母拒绝、惩罚、粗暴的消极教养方式）、家庭结构的不完整、父母与子女之间不良的沟通，以及家庭经济状况不好，都会对青少年的抑郁情绪有一定影响。孩子可能会用自伤行为来转移家庭中的矛盾，试图解决诸如父母吵架甚至是闹离婚、婆媳冲突等问题。父母对孩子的严重忽视、虐待，以及父母本身的情绪不稳等，都可能引发孩子抑郁、自伤、自杀。

个体层面

青少年在成长过程中要经历各种丧失，产生失落、彷徨、哀伤、抑郁等情绪体验，如果这些情绪没有适当的宣泄出口，他们就极易以自伤、自杀的方式来应对、表达，或作为自我惩罚的方式，或引起人的怜爱，或寻求父母的关注。

生物层面

中枢神经系统组织的形态结构变化将导致抑郁症的发生（见图 8-1）。青少年的自伤行为使身体释放了应激激素，同时释放了天然的阿片样的物质系统，即自伤起到了内源性抗抑郁药的作用。青少年前额叶功能尚不成熟，易出现极端情绪、冲动、绝望等与自杀相关的潜在危险。

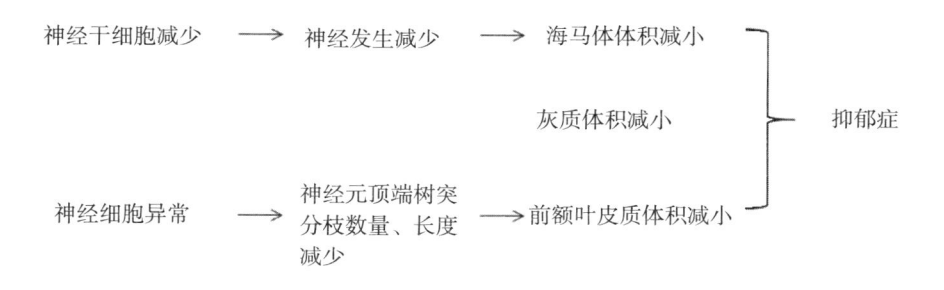

```
神经干细胞减少 ──→ 神经发生减少 ──→ 海马体体积减小 ┐
                                  灰质体积减小      ├ 抑郁症
神经细胞异常  ──→ 神经元顶端树突    ──→ 前额叶皮质体积减小 ┘
                  分枝数量、长度
                  减少
```

图 8-1　中枢神经系统组织的形态结构变化将导致抑郁症的发生

预防策略

识别预警信号

抑郁的预警信号

- 对之前感兴趣的事情丧失兴趣；对他人的行为更加敏感、产生极大的反应；开始出现酗酒、自伤、离家出走等高风险行为。
- 出现注意力不集中、学习效率变低、不想去学校等现象；社交功能退化，自我封闭或是转向虚拟世界。
- 精力明显减退，无原因的无力、疲乏，反复出现想死的念头，或有自杀行为。

自伤的预警信号

- 更多关注自伤信息，有神秘行为，经常独处；
- 身上出现不明伤痕，发现伤人利器、血迹；
- 情绪变化明显，成绩持续下降。

自杀的危险信号

- **情绪信号**。外向开朗的人突然变得沮丧、抑郁和绝望；长期抑郁的人突然变得愉悦。
- **言语信号**。谈论痛苦、绝望、自杀、死亡等相关话题，哪怕有时是用开玩笑的口吻说的。
- **行为信号**。查阅自杀细节，经常徘徊在高楼、坑湖河流等危险地带，出现将东西送人、交代后事、写遗书等反常行为。

社会层面

建立社会心理服务宣传、疏导、危机干预机制，建立政法、卫生、教育等部门联动机制。健全社会心理服务网络，搭建社会心理服务平台。发挥部门行业监管职能，净化网络空间，营造有利于青少年健康成长的社会环境。

教育主管部门、学校层面

组队建制

教育主管部门开设心理热线，成立危机干预管理小组，组建心理咨询（辅导）教师团队，接受专业督导、定期培训。与省、市精神卫生专业医院建立联系制度，畅通学生就诊、信息沟通的合作渠道。

预警防控

学校建立包括宿舍长或心理委员、班主任、政教处、校级领导的危机干预四级预警机制。重点关注学生是否存在早期心理创伤、遭遇重大变故、亲子关系紧张、重大挫折等明显异常情况。定期召开学生心理异常情况研判会，对出现高危倾向的学生及时与家长沟通，共同加强对学生的心理疏导。

心理测评

定期开展学生心理健康测评，及早实施心理干预。对存在一般心理问题和发展性问题的学生，提供畅通的心理咨询（辅导）渠道。对有严重心理障碍的学生，建议到专业医院就诊，建立心理档案，实行月汇报制。

多方评价

多维度、多方面评价学生。发现并肯定学生潜在的闪光点，通过认可、赏识学生，使学生对自己、对学习、对生活和未来重拾信心，感受到自己的重要性。

学习提升

教师尤其是班主任，要学习掌握一定的心理学知识，将心理学知识融入班级管理和学生管理中，用"心"育人。对家长进行家庭教育、心理健康知识普及，提升家庭教育的能力水平。

家庭层面

控

控制自己的愤怒，克制希望孩子马上停止不良行为的愿望，停止对孩子的打骂、怒吼、批评、指责等行为。

听

倾听孩子谈话的内容，倾听孩子的感受。给孩子充分表达的空间，坚持耐心听完。

说

用"嗯""哦""这样啊"来回应孩子的情绪，而不是急于给建议。当孩子遇到挫折时，记得对他说"你能行的，爸妈相信你""我知道你为此花了不少力气，加油"。当孩子取得进步、成就时，对他说"你达到目标了，真为你高兴"。

个体层面

活动锻炼

加强体育锻炼可预防、改善青少年的抑郁情绪。参加创造性活动（如缝纫、修补东西、做饭、唱歌、涂画等）能激发青少年的积极情绪，提高自我效能感，而且可以缓解压力带来的负面情绪。

情绪调适

制定合理的期望目标，对他人的期望不要过高是保持良好情绪的重要方法。当有了负面情绪时，可以通过合理的情绪调节方式（如听音乐、哭一场、找人倾诉等）宣泄积压的情绪，使紧张的情绪得到缓解。

寻求支持

来自家人和朋友的社会支持是很重要的能量来源。当遇到困难或心情不畅时，及时向能够帮助自己的重要他人寻找支持和帮助，是自我保护的一项能力。对于抑郁、自伤的青少年来说，及时前往专业医院就诊或寻求专业的心理咨询和治疗是必要之举。

案例解析与综合干预策略

案例解析

某女，15岁，高一，主动寻求心理咨询。

自初二起开始不想上学，初三时状态变得更差，上课不听讲，作业不写，不知道每天都在想什么。从初二到现在，她一直有自杀的想法，脑中能形成清晰的画面并想去试试。初三时，她曾多次用刀片划手腕，中考完曾计划过自杀。朋友说把计划往后推，于是她就一直往后推。现在，她在上课时感到自己跟不上老师的进度，很烦躁，想伤害自己，但告诉自己要冷静。她计划高一暑假时自杀，现在只能靠自己去压制这个想法，不知道能撑多久。

解析

由于来访者提到初二时开始出现不想上学、想死的念头，且初三时状况进一步恶化，多次出现自伤，有自杀计划，因此需要对其立即进行自杀评估，并依据风险程度启动危机干预程序。同时，为争取来访者配合，还要与其商讨保密例外原则，并就启动危机干预机制报告学校、通知家长、到专业医院就诊事宜争取来访者同意。鉴于来访者主动到咨询室寻求帮助，说明其有一定的求助动机，经协商后同意到专业医院就诊。

工作步骤如表8-1所示。

表 8–1　　　　　　　　　　　　　　　案例工作步骤

阶段	处理	目标
第一阶段建立关系、评估风险	第一次咨询时，来访者述说自己的情况，咨询师倾听来访者的述说，不评判，共情、认可接纳来访者	形成工作同盟，建立积极的咨访关系
	测评 SDS=88.75 分，重度抑郁水平。访谈评估自杀计划、自伤经历、支持资源、现实压力等 =4 分	评估抑郁自杀风险程度等级
第二阶段紧急干预	商讨保密例外，启动危机干预，报告校行政领导，通知父母到校，建议医院就诊	启动干预措施，保护来访者生命安全
	医院确诊：重度焦虑、重度抑郁，开抗抑郁类药物	控制症状
	服药一段时间后边服药边进行心理咨询。每周两次心理咨询，每次询问服药情况，评估自杀风险。和来访者约定咨询期间不自杀（半年是来访者的极限），并签订不自杀协议	支持性工作：倾听来访者，给予来访者陪伴、心理支持；督促来访者遵医嘱用药。适时评估，形成积极的潜在保护措施
第三阶段支持、陪伴、探索、领悟、行动	三个月稳定后，将心理咨询频次调整为每周一次，继续陪伴来访者。尝试探索来访者的成长经历、生活学习人际状况、重要他人、重大创伤事件。尝试和来访者父母访谈，建议父母调整对来访者病情不利的交往模式，督促父母带领来访者到专业医院复查	探索、稳定关系、挖掘来访者资源，与来访者父母建立工作同盟，进行父母功能性访谈
	和来访者谈论她感兴趣的小说，倾听、讨论来访者创作的作品，鼓励来访者继续创作。鼓励来访者和同学一起逛街、研讨写作	陪伴、跟随来访者，教育自我关照、自我控制策略
	和来访者探讨当产生自杀念头时应如何应对，来访者会听从朋友建议把行动向后推迟。由于和社会工作者签订了不自杀协议，因此她原定的高一暑假自杀的时间点将向后推迟	
	和来访者探讨自杀想法，尝试在认知、情感层面开展工作：想死的想法是会变化的；离去会让朋友家人悲痛、内疚，甚至痛苦一生，而不是减轻他们的负担；老师和学校可能也会受到牵连	认知、情感层面进行工作，让来访者调整认知，在情感上体验到自杀可能会带来的负担
第四阶段跟踪关注	来访者在高二下学期期末时表示，学习任务增多，想停止咨询，并于高三上学期开学时结束，历时一年半多的咨询终结	跟踪反馈
	高三期间，班主任每月反馈，来访者有上课睡觉的现象，情绪学习都正常，有一起玩的同学。最终顺利参加高考	

综合干预策略

综合干预策略流程见表 8–2。

表 8-2　　　　　　　　　　　　综合干预策略流程

阶段	干预策略	实施者	工具及技术	处理	目标
第一阶段	求助	老师、家长	观察、倾听	发现青少年有抑郁、自伤、自杀急性危机症状或行为	保护人身安全，将伤害降到最低
		公安、医院	强制	公安介入、医院急救	
第二阶段	正常化	心理咨询师/家长/学校/医院	非评判倾听、无条件积极关注、共情、尊重、真诚	让来访者放松，认可、接纳来访者的情绪（包括其自我毁灭的情绪），平衡面谈，增加积极方面的询问	接纳来访者，形成工作同盟，建立积极的咨访关系
	评估		SDS、自伤自杀评估量表（徐凯文），面谈	SDS中度或重度：告知家长，建议到专业医院就诊，遵医嘱。报告行政领导、通知年级组、班主任，跟踪关注，实行月汇报制	评估抑郁自伤自杀风险程度等级，给予相应处理，密切关注、跟踪，避免危机发生，降低危机风险
				自伤自杀0~2分：通知班主任，可以回家，观察随访	
				自伤自杀3~4分：启动危机干预机制，报告行政领导，通知年级组、班主任、家长，24小时监护	
				自伤自杀5~6分：启动危机干预机制，报告行政领导，通知年级组、班主任、家长，送精神科门诊，24小时监护，强烈建议住院	
				自伤自杀7~10分：启动危机干预机制，报告行政领导，通知年级组、班主任、家长，立即住院	
第三阶段	预防及干预	家长	交流、沟通、有效行为	• 学习心理健康基础知识，了解孩子不同发展阶段心理特点，做好倾听、回应孩子，调控自己的情绪。给到孩子陪伴、支持和鼓励 • 做好危机善后工作	心理健康教育、保障生命安全
		学校	建立机制、制度，有效宣传与及时干预	• 建立预警机制、学生心理健康筛查机制，对严重心理问题学生跟踪关注。学生管理中融入心理知识，用"心"育人。做好心理健康宣传工作 • 做好危机善后工作	有效预防、及时干预
		精神科医生	药物，包括抗抑郁类药物或是精神类药物	发病期：专业医院就诊并遵医嘱服用对症的处方药是必需的	控制病情，缓解症状

续前表

阶段	干预策略	实施者	工具及技术	处理	目标
第三阶段	预防及干预	心理咨询师	自伤自杀预防协议、心理咨询	与来访者商讨自伤自杀预防协议并达成一致，当来访者有要自伤、自杀的冲动时，同意与心理工作者先联系。告知其他危机干预热线	在合作的情况下形成积极的潜在保护措施
		来访个体	调整认知、积极行动	发病期：去专业医院就诊并遵医嘱服用对症的处方药	控制病情，缓解症状
			心理治疗或咨询	控制病情后，辅以专业心理治疗或咨询	给予心理支持
			运动、健身、改变饮食、调整睡眠	尽量将生活安排得结构化	形成积极的生活态度
			自我关照	平稳期：绘画、写日记、学习新技能、整理衣柜、打扫卫生、和朋友一起、锻炼身体、大声喊叫	发展自我意识、克服沉重情绪和实施自我照顾
			自我控制	• 延迟。当有自伤自杀的冲动时，努力把实施自伤自杀的时间推迟，借助计时器进行时间设置是一种简单易行的延迟方法 • 分散注意力。想一件能占据思想、有积极意义的活动，把活动中能做的每件事情都一一列出来并制成清单，再仔细审查清单	努力控制自伤自杀的冲动
			保护策略	在经常自伤的部位画画、写上深爱的人的名字、写上一句鼓舞人心的话；在手腕上弹橡皮筋；用红色笔在经常割伤的地方画线；用手握住冰块用力挤压；确保伤口得到适当护理	用积极的方式替代自伤自杀行为。尽快处理伤口，降低感染风险，是自伤后必要的干预措施
			认知策略	自伤是伤害身体的行为，不能随意伤害；除了自伤，还有很多可以宣泄的健康安全途径；自伤并不意味着不会死，多次自伤会增加自杀风险	从认知层面认识到用自伤方式应对是错误的认知
				你的离去会让朋友家人悲痛、内疚，甚至痛苦一生；无论现在承受多大的痛苦，你都不是单独的一个人，还有老师、同学、朋友、父母和你在一起	认识到想死的想法是会变化的；死亡可能会让家人及他人因此而感到悲伤、难过、自责、内疚

注：资料来源见"参考文献：论文类21~26"。

第 9 章

青少年学习问题的心理服务指导

《礼记·学记》中曰:"玉不琢,不成器,人不学,不知道。"学习贯穿于青少年的整个成长过程,一向为教师、家长、学生所关注。在青少年中,由学习引发困惑、在学习上遇到烦恼的情况较为普遍。

心理特征及表现形式

学习适应不良

学习适应不良通常出现在初高中学生的身上。这个阶段的学习要求发生了很大的变化,尤其是高中的学习难度和深度都比初中大很多。升入高中后,如果学生没能及时调整自己的学习方式方法、思维习惯,不尽快找到适合高中学习要求的、适合自己的新的学习方式,就不能适应高中的学习。

考试焦虑

考试焦虑以担心为特征,是由消极的自我评价所形成的意识体验。考试焦虑会有同自主神经系统活动增强相联系的特定的情绪反应,如心率加快、呼吸加剧、胃肠不适、多汗频尿等。考试焦虑还会引发防御或逃避的行为方式。

学习动机不当

动机是激励人行动的内部力量,是个体发动和维持行动的一种心理状态。学习动机是指推动学习的一种内部动力。学习动机和其他活动动机一样,对活动起着唤醒、定向、选择、维持和调节的作用。学习动机过强或学习动机不足都属于学习动机不当。

学习拖延

拖延是故意推迟展开某项工作或结束某项工作的时间，并随之产生一些不良情绪。如果拖延影响到了情绪（如产生强烈的内疚感、自责感、负罪感、焦虑感等负面情绪），就成了拖延症。

形成原因

社会环境因素

不良的社会环境会对青少年的学习心理产生消极影响。因社会的转型和经济的飞速发展，社会结构、生活方式、道德观念、价值观念和行为方式都发生了巨大变化。各种各样的社会压力从不同方面向青少年压过来，焦虑、烦躁、急功近利等都会打破他们的心理平衡，让他们在学习上遭遇种种困惑。

学校环境因素

学校环境因素主要体现在学校教育结构、学校教育指导思想、学校教育方法等方面。在现行的中等教育体制中，初中升高中、高中升大学竞争激烈，成绩差的学生更是感到愿望难以实现。一种毕业后无出路的忧愁和恐慌感控制着他们，这种情况反映在学习上，就是感到学习的沉重，对学习的反感，学习动力不足、焦虑。学校教育指导思想的正确与否也给学生的心理健康带来了很大的影响。目前一些学校片面追求升学率，学校当中分好、差班，考试排名次，搞题海战术，采取一些违反心理健康原则的教育方法、教学手段和教育措施。这会导致这样的后果：一方面，让学生每天都处于超负荷的高度紧张状态中，导致他们失眠、记忆力减退、注意力涣散，出现一些异常的学习行为与习惯；另一方面，对分数的错误看法造成了学生心理上的痛苦。

家庭环境的因素

父母是孩子的第一任老师，家庭环境对孩子学习的影响是不言而喻的。如果父母过分依赖于学校、过分关注孩子的学习、亲情缺位等，就会给孩子带来负面影响。

个体因素

个体因素包括先天遗传因素、身体状况、性格、能力等。体现在学习上，就是不同的学习风格、优势学科，以及应对学习问题的不同方式等。

健康的身体是心理健康的前提。通常来说，体质弱、爱生病的孩子都会更加敏感、适应性稍弱；身体健硕的孩子则心态更阳光，耐挫性更强。

学习心理问题的预防策略

学习心理问题的预防是一个复杂艰难的系统性任务。为了让青少年顺利完成学业，减少因学习而产生的各种烦恼和困惑，就要在社会层面、学校层面、家庭层面、个体层面多管齐下，形成合力。

社会层面

优化社会生态环境，形成文明、和谐、友善的社会风气，重视知识、热爱学习的社会风尚，积极阳光、敬业爱岗的社会氛围，这种好的社会大环境会对青少年的学习起到积极的促进作用。

社会提供更多的教育优质资源，如社区配备家庭教育指导师开展家庭教育咨询，配备心理咨询师开展心理辅导活动，定期开展学习指导专家讲座、线上学习心理指导等。对有学习心理问题困惑的人群，加强对他们的人文关怀。营造舒心、安全、踏实、温暖的氛围，使他们能更好、更快地接受帮助，勇于说出自己内心的困扰与焦虑，尽早走出自己的困境。

学校层面

用心营造良好的育人氛围

干净整洁、明丽清新的校园环境，以及健康向上的校园文化氛围，都会给学生一种积极向上的力量，让他们勤奋好学、不断进取。

用心呵护学生的心灵成长

高尔基说："没有爱就没有教育。"青少年渴望被关心，如果老师在学习和生活上多关心学生，学生就能体会到温暖，在学习上更加勤奋，也更有自信去克服困难，从而全身心地投入学习。

老师要对学生进行分层次教学，因材施教，避免"一刀切"，满足各层次学生的心理需求。关注学生的情绪波动，发现问题及时跟学生谈心。老师一次推心置腹的谈心、一个依赖的眼神，都有可能成为学生学习的动力，尤其是内向、不善交流的学生。

学校心理健康教育中心应多组织一些有利于心理健康成长的宣传和活动，让心理健康理念深入人心，对学生因学习而引发的情绪波动和心理困惑提供专业的心理疏导。

提供专业的学习方法指导

学生学习心理问题有相当一部分是因为学习方法不当造成的，学校可利用本校丰富的各学科师资资源，对学生提供心理上的疏导和学法指导（包括预习方法指导、听课方法指导、笔记方法指导、复习方法指导、考试方法指导、阅读写作方法指导、注意力培养指导、记忆方法指导、思维方法指导、学习兴趣培养指导、科学用脑方法指导等）。尤其是各学段新入学的学生，在学习上可能会出现不适应，方法不得当，感到失落迷茫，因此他们更需要学习方法的指导。

提供职业生涯规划指导

青少年对自己未来的职业选择是迷茫的，需要学校通过测评、开设职业生涯课、请各行业的精英走进校园做报告等形式，让学生对自己的职业兴趣、职业倾向有更多的了解，也有利于激发学习动机。

家庭层面

良好的家庭氛围与和谐的家庭关系对青少年顺利度过青春期是非常重要的。父母要学会放手，在学习上不要干预过多，不要事无巨细，而是要让孩子自己管理好学习。对于一些重大的决定（如文理分科、填报志愿等），父母应与孩子商量，且父母只能提供参考意见，不要自作主张，更不要替孩子做决定。

个体层面

青少年应该用知识武装自己，拓宽知识面，做一个心胸开阔的人，不囿于琐碎，不患得患失，不自寻烦恼。

用发展变化的眼光看待自己的成长。要充分了解自己，愉快地接纳自己，了解自己的优势与短板，学会扬长避短。给自己成长的机会，有些事情当下做不好，并不意味着永远做不好，要认识到自己是一个不断发展变化的个体。

案例解析与综合干预策略

案例解析

学习拖延的问题给小丽（化名）带来了不少困扰。自从升入高中后，随着课业负担的加重，她由之前做事麻利，慢慢变得拖拉、爱走神（经常是刚拿起书本没几分钟就放下，转而去吃零食、玩手机等），她遇到一点困难就想放弃，经常无法按时完成学习任务并为此找各种理由，作业拖拉敷衍甚至是抄同学答案敷衍了事。小丽因各种事情完不成而焦虑，却又不想去做，也不知从何做起，甚至常常觉得自己无论如何都完不成这些学习任务，她感到苦恼、自责、悔恨。

解析

小丽在学习方面存在拖延，这其实是由消极的知、情、意、行的拖延心理加工系统所致。

- **知**。消极的认知方式，只看到困难，看不到成功的希望，对拖延的合理化解释。小丽觉得自己无论如何都完不成这些学习任务，就是在为自己开脱。
- **情**。消极的情感体验，如小丽感到焦虑、苦恼、自责、悔恨。
- **意**。缺乏抗拒诱惑的能力和坚定的信心，如小丽经常是刚拿起书本没几分钟就放下，转而去吃零食、玩手机等。
- **行**。消极的行为倾向。在学习方面，小丽不是想办法高效完成，而是能拖就拖。

综合干预策略

与来访者建立良好的咨访关系

心理咨询师通过倾听、共情、无条件积极关注等心理咨询技术来获取来访者的信任，让其打开心扉，主动把内心的困惑告诉心理咨询师。

整合并利用个体成长环境中的各类资源

从学校和家庭两个方面与来访者共同梳理成长环境中的资源。学校层面，在老师的指导下制订合理的学习计划。如果学习计划任务过于简单，就不能达到促进学习的目的；如果过难，就会让学生产生畏难情绪，可能会放弃。合理的学习计划是"跳一跳，摘桃子"，让学生付出一些努力才能完成。在制订合理的学习计划后，老师还要运用有效的监督机制和奖惩机制，帮助学生获得满足感、成就感。

家庭层面，父母要努力帮孩子营造良好的学习环境。引导孩子整理学习桌，收起与学习无关的物品（如手机、零食、课外读物等），只放当下要用的学习资料，避免注意力分散。在孩子学习时，父母应尽量不要打扰，为孩子营造一个安静的学习环境。此外，父母不要一味地催促孩子，要允许孩子按自己的节奏去做事情，否则越催越拖延。

给孩子提供一些方法策略

进行有效的时间管理

事情一定要有轻重缓急之分，据其重要性、紧迫性可以分为四种类型：既重要又紧迫、重要但不紧迫、不重要但紧迫、既不重要也不紧迫。首先要完成的肯定是既重要又紧迫的事情，至于是将紧迫的事情还是重要的事情放在前面，因人而异。毫无疑问，既不重要也不紧迫的事情一定是放在最后的。

将学习任务化整为零

凡事拖延的成因，除了行动滞后外，还有害怕失败或存有顾虑，导致不能做得完美。因此，将任务化整为零、分块处理可消除恐惧、增加信心、提高斗志。

改变不合理的认知

可以用阳性强化法增加成功体验，让不合理的信念转化成合理的信念，从而在根本上改变不合理行为。要认识到，困难是无时不在的，一味地逃避只会让困难越来越多，直面困难才能更快地解决问题。

第 10 章

青少年拒学的心理服务指导

拒学，即拒绝上学，是由若干的心理性或情绪性原因引起的，拒绝去上学或是难以全天坚持待在学校上课的行为表现。

"拒学"和"厌学"是两个相似却又不同的概念。拒学者拒绝上学，未必讨厌学习，且对拒学行为感到羞耻和烦恼；厌学者则没有这个特征，但部分厌学者可能会做出品行不良的行为。

拒学会给学生个人及其家庭、学校和社会带来较严重的负面影响，因此青少年拒学问题亟待进行社会心理服务。

心理特征及表现形式

青少年拒学是个逐步发展的过程，分为不想上学、拒绝上学、在家休息、试上学、上学稳定这五个阶段。各阶段的特征及表现形式见表 10–1。

表 10–1　　　　　　　　　　拒学各阶段的特征及表现形式

阶段 / 表现	躯体特征	情绪特征	行为特征
不想上学阶段	头痛、腹痛等躯体疼痛，发热、食欲减退、失眠等	无精打采、疲劳、食欲下降	• 在父母的胁迫下去上学，但为了不去上学，早上反复出现晨起不当、拖拉、延迟等行为 • 偶尔缺课或逃课行为逐渐变为反复缺课或逃课或一天不上学

续前表

阶段/表现	躯体特征	情绪特征	行为特征
不想上学阶段	头痛、腹痛等躯体疼痛，发热、食欲减退、失眠等	无精打采、疲劳、食欲下降	• 要求其上学时会有语言和行为的反抗 • 兴趣和意志力下降，不愿意看书学习，过度上网（打游戏、追剧等），出现退缩行为，逃避社交 • 生活不规律，昼夜颠倒
拒绝上学阶段	头晕、头痛、胸痛、腹痛、背痛、关节痛、心悸、食欲减退、身体疲惫、失眠、恶心、呕吐、腹泻、低热等	惊慌、抱怨、严重焦虑、抑郁、极度惊恐、易激惹等	• 一学年里长时间完全不去学校 • 当要求其上学时会有语言和行为的反抗 • 足不出户，兴趣和意志力下降，不愿意看书学习，过度上网（打游戏、追剧等），出现退缩行为，逃避社交 • 生活不规律，昼夜颠倒
在家休息阶段	以上躯体特征减轻；外出身体疲劳减轻	以上情绪特征减轻	• 足不出户，兴趣和意志力下降，不愿看书学习，过度上网（打游戏、追剧等），出现退缩行为，逃避社交 • 生活不规律，昼夜颠倒 • 当要求其上学时会有语言和行为的反抗
试上学阶段	以上躯体特征减轻；容易疲劳	以上情绪特征减轻，在家就显得开心，提到上学仍会出现反复	• 能够外出，开始关注同学或学校的事情 • 开始尝试去学校 • 缺课或迟到仍多见，反反复复
上学稳定阶段	以上躯体特征减轻，有反复；容易疲劳	情绪特征减轻，但因小事激动或焦虑	仍时有缺课和迟到表现，慢慢调节适应

形成原因

个体层面

青少年的自我意识迅速发展，使得其自我同一性成为这个时期的核心问题。许多青少年都不能形成良好的自我认同感，出现角色混乱，使其自尊水平过高，对外界的评价更关注、敏感，被动处理问题，产生不符实际的自我形象，会因为觉得自己长得丑、长得矮、不善于交流沟通、不善学习、运动能力不佳、被周围人排斥，以及没有知心朋友等而不愿去上学。

家庭层面

母亲过分溺爱、干涉的教养方式，以及期望值过高、过分重视教育的思想，导致青少年分离焦虑的状况，与家分离的焦虑是引发拒学的重要原因；父亲在家庭的时间比较少、父亲功能和权威性的缺乏等因素也是引发拒学的重要因素；父母感情不和，害怕父母关系破裂而使家庭成员被迫分开等。

学校层面

在学校发生的冲突、意外、应激事件；老师期望过高，师生关系不匹配，体罚等；学校管理严格，校规严厉，追求升学率；学校适应（如转学换班、学习困难、考试排名等）；学校交往（如遭同学嘲笑、欺凌、校园暴力、受排挤等）。

社会层面

社会发展的学习途径、职业发展的多元化，使学生认为自身发展并非只有上学这一条路可行；上学难、升学难、就业难、社会竞争使学生压力增大；过分追求物质多元化需求等不良社会价值观。

预防策略

个体层面

主动确立人生目标，找到自己的理想，树立正确价值观；了解自己的优势和资源，学习欣赏和夸赞自己，建立自我认同感和自信心；学习用积极的态度看待问题，培养积极向上的社会心态。

家庭层面

父母调整心态，不与其他孩子攀比，理解孩子的想法，树立多元成人观和成才观，允许孩子做自己喜欢做的事；重视孩子独立性与自主性，把决策权还给孩子；

提供一个相对稳定的家庭环境，做情绪稳定的父母；要多陪伴孩子，增加亲子沟通，适时鼓励孩子；帮助青少年过滤掉一些来自社会的负面信息，端正心态，和青少年一起寻找他们向往的应对问题的办法和发展方向，间接保护青少年免受社会系统层面的焦虑影响。

学校层面

学校与社会心理服务工作者协同合作共同努力，帮助青少年重回学校；教师和同学应对拒学的青少年多一些包容，常规要求上多一些弹性，以减轻其在学校的压力；学校要努力营造积极友善的学习氛围，预防青少年拒学。

社会层面

加强对青少年权益保护的法律法规教育的宣传活动，整治校园及周边秩序，营造青少年健康成长环境。

结合家庭、学校、孩子多重主体，完善拒学预警、教育、干预等一体化的社会心理服务体系。定期开展青少年心理测评、普查，建立完整的心理档案，搭建心理健康大数据云平台，为学校、家庭提供信息，做到社会心理服务体系的闭环式动态管理；定期开展心理健康知识的科普讲座，普及心理健康知识，让拒学问题化解在源头。

案例解析与综合干预策略

案例解析

小亮（化名），男，16岁，高一。父亲45岁，常年在外工作。母亲44岁，公司职员。

小亮拒学已有半年，在校学习成绩优异，但感觉学习很辛苦，因一次名次下降而常常担心成绩下滑，常感到疲惫，在学校学习时头脑一片空白，坐立不安，常常幻想能不上学在家休息。不过，他又觉得自己不该有这样的想法。当他骑车上学时，常常会心慌紧张、手脚发抖，行至校门口时情况加剧。拒学在家后，经常熬夜，早上起床困难，心情烦躁焦虑，对生活感到迷茫。这种状况已持续半年。

解析

个体评估：根据访谈和焦虑量表进行焦虑评估，综合其害怕在学校有惊恐发作、躯体症状、过度焦虑等症状表现，基本符合特定情境恐惧的标准；拒学评估量表呈现出，孩子和母亲以回避负面情绪和获得关注的方式报告拒学行为；抑郁量表显示无抑郁表现。

家庭评估：家庭结构倾斜，母亲在家庭中有绝对权力，承载了父母功能，父亲依附于配偶，功能弱化。家庭关系模式中母子关系纠结，父子关系疏离，夫妻关系变形。而家庭功能评定量表呈现出家庭成员在角色、情感关注、信息沟通方面存在主要问题。

干预目标：促使服务对象能够返回学校上学，减轻情绪、躯体不良反应，加强有效沟通，促进良好心理素质的形成，人格健康发展；提升家庭功能和效能感；建立学校支持系统。

案例工作步骤见表10-2。

表 10-2　　　　　　　　　　　　案例工作步骤

阶段	目标	干预
初期会谈（在家休息阶段）第1~3次	说明并建立服务规范，建立良好的服务关系，收集资料了解服务对象，进行评估	• 通过访谈与服务对象建立服务关系 • 通过访谈和测评对个人行为反应、情绪状态、认知功能、社会功能等进行评估 • 对家庭结构、模式、功能进行评估
中间阶段（在家休息阶段、试上学阶段）第4~7次	• 认知重建改变不良认知，建立正确的认知模式 • 逐级暴露减轻焦虑，减少惊恐发作 • 放松训练控制焦虑，减轻焦虑情绪，通过正强化得到加强 • 睡眠管理消除疲劳，修整机体功能	个体干预 • 认知重建。社会心理服务工作者帮助服务对象识别消极的自动思维"考不好，是最失败的事"，对消极思维进行现实检验和反应，识别出自动思维背后的信念"考不好就意味着我是个失败者，得不到其他人的爱"，并建立正确的认知模式 • 逐级暴露。运用想象暴露练习，让服务对象逐级暴露于学校情境中，要求其反复想象自己走在上学路上，来到学校门口，进入教室等场景。教授其合理看待躯体症状，做有关惊恐障碍的心理健康教育，帮助其理解惊恐发作的认知行为模型，不过度关注躯体症状以及识别对躯体症状的灾难化解释，通过内感性暴露的方法，过度换气或在座椅上做转圈练习，故意诱发惊恐发作时的躯体反应 • 放松训练。通过语言引导，让其进行练习渐进式肢体放松和呼吸训练，减少其紧张情绪，建立自我暗示效应，提供一个积极的新的认知模式 • 睡眠管理。针对其晚上熬夜打游戏、早上不起床的问题做睡眠管理训练，要求其白天不午睡、在固定时间睡眠和起床，以调节睡眠生物周期 • 正强化。当服务对象每达到一个目标，可对其进行物质或精神奖励，精神奖励用在目标完成过程中，物质奖励用在目标完成后

续前表

阶段	目标	干预
中间阶段（在家休息阶段、试上学阶段）第4~7次	• 平衡家庭结构 • 强化父母功能	家庭干预 • 使用系统式家庭疗法中的扰动提问技术，使家庭成员重新审视自己的行为，家庭结构、关系、功能做出改变；会谈结束后布置家庭作业——角色互换练习、定期写信或打电话，巩固会谈效果
	重建家庭关系模式，改善人际互动，营造轻松的家庭氛围，提供支持性帮助	• 家长参与激发孩子上学动机的技巧培训，帮孩子改变对学习成败的错误归因；制定恰当有梯度、细化的学习目标，对目标完成情况有适当的奖惩；尊重孩子的学习兴趣；重视孩子自我调节能力的培养与发挥，配合社会心理服务工作者、学校和老师，进行及时准确的信息反馈，并对反馈信息做出相应调整
中间阶段（在家休息阶段、试上学阶段）第4~7次	重建家庭关系模式，改善人际互动，营造轻松的家庭氛围，提供支持性帮助	• 常学习有效管理孩子的方法。帮助孩子建立有规律的作息时间；父母对其玩手机时间进行限制，与干预目标保持一致，只有在完成每日干预目标与要求后才可以玩手机；设立恰当的学业目标要求；鼓励孩子的上学行为：即使干预中有各种情绪、行为问题，以及进入学校很困难等情况，家长也要坚持让其待在学校一段时间 • 沟通技巧训练。用开放、理智的心态听，少说多听，不打岔，听出孩子的言外之意，听出情绪冲突，听出想法愿望，及时回应、鼓励，准确传达关爱
	建立学校支持系统，提供社会心理支持	学校干预 • 建立班级支持，避免青少年返校时遭到嘲笑 • 制订学校和家庭之间的辅导计划 • 配合实施拒学干预，对来自社会心理服务工作者方面的信息进行及时准确的反馈，并对反馈信息做出相应调整
巩固总结阶段（上学稳定阶段）第8~9次	巩固效果，预防复发	• 通过逐级暴露，要求其回到学校，可以先去图书馆或老师办公室学习，不要勉强其立刻回到班级。如果其觉得自己无法待在教室，可以去操场或者图书馆，待到焦虑情绪消散但是不能回避 • 记录去除灾难化思维以及自动化思维，检验思维的合理性 • 如果复发迹象比较明显，建议及时复诊
跟踪反馈阶段	跟踪反馈	• 睡眠管理干预一段时间后，服务对象的作息时间基本正常，能顺利完成骑车到学校上课的任务，有信心待在学校，即使因惊恐发作缺课时，也能够待在学校。此外服务对象及其父母在干预结束时都表示症状"显著改善" • 家庭结构趋于平衡，母亲、父亲功能得到强化。家庭关系模式进行了重建，人际互动得到改善，家庭氛围越来越轻松 • 三个月后电话回访，其父母、老师认为服务对象状况良好，目前未在学校、社交或家庭生活方面出现问题

综合干预策略

综合干预策略见表 10-3。

表 10-3 综合干预策略

流程	服务对象	目标	形式	使用工具与干预技术
初步评估（在家休息阶段）：第 1~3 次咨询	个体、家庭	• 对个体情绪、行为、认知、社会功能等进行评估 • 对家庭进行结构、功能、模式评估	访谈、观察、心理测评、建立档案	• 拒学评估量表 • 焦虑量表 • 抑郁量表 • 行为量表 • 家庭功能评定量表
实施干预（在家休息阶段、试上学阶段）：第 4~7 次咨询	个体	• 促使服务对象能够返回学校上学，减轻情绪、躯体不良反应，加强有效沟通 • 促进良好心理素质形成，人格健康发展	访谈	• 认知重建 • 逐级暴露于恐怖情境（想象暴露，现场暴露，即暴露于学校的相关刺激中；暴露于社交互动下；内感性暴露，即暴露于恐怖的内部躯体感觉） • 行为演练（社交技能训练、角色扮演） • 放松训练 • 睡眠管理 • 自我正性强化训练
	家庭	• 了解家庭对拒学行为的影响 • 提升家庭功能和效能感	访谈、培训、训练	• 扰动提问技术 • 家庭作业技术 • 激发服务对象上学动机技巧的培训 • 有效管理服务对象的方法培训 • 沟通技巧训练 • 化解冲突对话训练
	学校	• 了解学校对拒学行为的影响 • 建立学校支持系统	座谈	• 建立班级支持方案 • 建立学校和家庭之间的辅导计划
巩固阶段（上学稳定阶段）：第 8~9 次	个体、家庭、学校	巩固服务效果及服务对象的心理健康、复学状况等	回访、访谈	• 个人自评 • 家庭评价 • 学校评价

第 11 章

家庭冲突的心理服务指导

家庭冲突是指家庭成员之间的矛盾与纠葛。在现实生活中,家庭冲突非常普遍且不可避免,如果处理不好就会给家人的生活、工作等带来很大的负面影响,极大地降低人的主观幸福感。常见的家庭冲突主要有亲子冲突、夫妻冲突和婆媳冲突三种类型。

夫妻冲突的心理服务指导

婚姻对个人、家庭和社会的发展具有决定性的影响。夫妻关系是婚姻关系中最基本和最主要的形式,影响婚姻关系稳定性的重要因素就是夫妻冲突。

形成原因及表现形式

愿望与现实的落差

婚后,夫妻双方距离感消失,看到了对方真实的一面,理想与现实出现了心理落差,这势必会引发夫妻冲突。同时,由于距离感的消失,双方都想全方位地了解对方,希望对方不要有秘密,如果对方做不到,就可能会采取跟踪、偷看手机等方式来达到自己的目的,这必然会引起对方的反感,进而激化矛盾。

家务劳动分工不均

受中国传统文化"男主外,女主内"思想的影响,很多男人会认为男人只负责工作就好,而对于家务劳动、照顾孩子和老人,这都是女人应该做的。然而,他们忽略了时代的变化。在当今社会,男女平等的观念改变了传统男、女各自在其领域所拥有的影响力和地位。在越来越多的家庭中,妻子也会工作,提供经济来源,丈夫也会被要求做家务和照顾子女。一旦分工不明确，就会造成冲突。

观念不合

比如，妻子"鸡娃"，希望孩子优秀，希望让孩子的所有时间都用于学习；丈夫"躺平"，认为孩子健康快乐就好，对学习成绩没那么高的要求……这种观念不合往往会引发激烈的夫妻冲突。

原生家庭

双方原生家庭对夫妻冲突也有影响。个体的家庭环境和未来的婚姻状况息息相关，如果父母冲突较多，孩子就会复制父母的关系模式，从而对自身婚姻关系造成不良影响。此外，夫妻双方原生家庭成员（如婆婆、岳母、小姑子等）的过度介入，也会引发夫妻冲突。

个体层面

性格差异

性格差异，就是双方的情绪不在同一层面上，从而产生冲突。比如，妻子性格热情开朗，丈夫性格稳重，妻子会感觉丈夫对她冷淡不上心，进而产生委屈、生气的情绪，丈夫却一无所知，认为妻子无理取闹。

生活习惯差异

生活习惯（如卫生习惯、作息规律、饮食偏好、不良嗜好等）差异构成了生活中的点点滴滴。如果双方不能互相包容，矛盾就会像滚雪球一样越滚越大，最后造成不可挽回的后果。

预防策略

社会层面

在社会中加大对"男女平等"这一观念的宣传，在教育新一代青年时，避免传授"男尊女卑"这一封建思想；通过多种渠道宣传夫妻冲突的正确解决方式；设立专门的部门，定期开展夫妻茶话会，让专业人员来解决夫妻间的冲突。

家庭层面

及时解决

遇到冲突要及时解决,把冲突消灭于萌芽状态。初始冲突往往表现在一些不起眼的小事上,很容易被双方忽略。然而,如果小问题一直得不到解决就必然会演变成大问题。及时解决眼前问题,对于维护婚姻的稳定和谐很有必要。

恰当时机

夫妻之间某些冲突的化解并非任何时段都合适,要避开孩子上学前、放学后,以及夫妻双方上班前、下班刚回家后等。

适宜场合

夫妻冲突的内容大多涉及家庭隐私,在解决时最好不要有外人在场,应避开他人,单独解决。这样不仅能保护隐私,还能让双方集中注意力,积极寻求解决问题之道。

个体层面

相互体谅

正视双方的性格差异、生活习惯的不同,相互理解、相互包容,多肯定和表扬对方。

留有空间

给对方充分的自由,不要让对方感到被束缚,想要逃离婚姻。双方也要保持一定的距离,允许每个人都有各自的秘密、有自己处理问题的权力和自由,以及属于自己的时间和空间。

良好沟通

如果对对方感到不满,与其用充满火药味的指责,不妨试试温柔地抱怨。

学会道歉

婚姻冲突的产生部分源于一方的某些过失,因此过失方应在对方提出意见时及时表达歉意。

不翻旧账

夫妻争吵时难免会想起以前不愉快的经历,翻出陈年旧账,让当下的问题更加难以解决。事实上,就事论事才是更好的解决方式。

案例解析与干预措施

案例解析

王先生的姐姐王女士来王先生家里取东西,开门后,王先生的妻子张女士请她换上拖鞋再进门,但王女士觉得张女士家是石灰地面,自己只不过是取了东西就走,于是拒绝换鞋。张女士的婆婆也说,不用换鞋,进来吧。为此,张女士大发雷霆,认为平时都是自己打扫卫生,而且自己才是家里的主人。最后,王女士没有进门,只是让张女士的婆婆把东西拿出来后就走了。王先生知道此事后非常生气,与张女士大吵一架。

解析

张女士让王女士换鞋后再进门,这件事看起来很小,但背后很可能有更深层次的原因。王先生应与张女士心平气和地深入沟通,而不是直接发脾气。在了解了深层原因后再做判断也不迟。

干预策略

事后了解,张女士远嫁而来,除了王先生一家没什么亲人和朋友。张女士对王女士有偏见,认为她不孝顺父母,比较自私,而且每当张女士与王先生闹矛盾时,王女士总是无条件地护着他。此外,张女士特别爱干净,婆婆则不爱做家务。鉴于此,建议双方站在对方的角度,就能改变原有的认知。

张女士若站在王先生的角度来考虑问题就会意识到:王女士没有正式工作,还带着两个孩子,生活不易,确实应该帮助,无须介怀她的诸多行为,更不要因此而闹情绪。

王先生若站在张女士的角度来考虑问题就会意识到:妻子远嫁而来,她有不满,我应该替她解决,让她有安全感。

亲子冲突的心理服务指导

亲子冲突是指父母与子女在日常交往中双方表达出来的对立或不一致,主要包括情绪对立、言语冲突、身体冲突三个方面。

形成原因及表现

认知层面

立场不同

父母往往站在过来人的立场上，对孩子的生活、学习、成长等方面提出自己的建议和看法，想让孩子少走弯路，少犯错误，健康成长，最后成才。孩子则会认为，父母对自己干涉太多，思想陈旧，甚至会认为父母在限制自己的人身自由，忽视自己的身心健康，由此引发不可调解的亲子冲突。

认知不同

民主、自由、平等、宽容等观念，深深地影响着青少年，他们认为自己和父母之间不是从属关系，而是平等关系，可以自己决定自己的行为。父母往往受到传统文化的影响，认为孩子对父母应该尊重、服从，父母的权威不容置疑。发生冲突时，父母往往会采用语言或行为镇压的模式管理孩子。这种思想认知的不同，势必会引发亲子冲突。

行为层面

亲子冲突最典型的行为表现是在学习上，"不写作业，母慈子孝；一写作业，鸡飞狗跳"就是其真实写照。父母都有望子成龙、望女成凤的想法，这些想法反馈到学习上，就是希望孩子把时间全部用于学习且获得优异的成绩。孩子则会被繁重的学习任务压得透不过气，且很容易产生情绪波动，尤其是被父母催促去写作业，他们却坐在一旁玩手机时，会引发强烈的不满。

情感层面

青春期是生理和心理双重发展的重要阶段，生理上的发展难免会带来心理上的波动。这个阶段的孩子一边想要独立，一边又需要依赖父母。他们不想父母干涉自己，有了自己的小秘密，但心理的不成熟又让他们在很多事情上做出错误的决定，带来严重的后果。因此，父母不放心，又会时刻关注孩子，处处指点孩子，为了多了解孩子，甚至会选择跟踪、调查、偷看日记等多种不恰当的方式，这必然会引起孩子的强烈不满和反感，进而引发亲子冲突。

青春期孩子的心理需求是丰富多彩的，他们不仅需要读书、学习，还有玩耍、放松、人际交往、被尊重等。这些需要的满足可以为孩子的心理健康成长提供必需的精神营养。如果家长忽略了孩子的心理需要的多样性，只知道要求孩子学习，就必然会引发亲子冲突。

预防策略

社会层面

举办社会实践活动，扩展丰富青少年的精神世界，让其了解百味人生，从而体谅和理解父母；设立心理咨询室，招聘专职心理辅导教师，根据青少年的心理发展规律以及青少年与父母之间的具体冲突进行疏导和调解；学校通过讲座、团体辅导、个别辅导等方式对亲子冲突进行预防与疏导；通过媒体宣传关于亲子冲突方面的知识，预防亲子冲突的发生。

家庭层面

正确定位亲子关系

孩子不仅是家庭中的一员，也是独立的个体，有自己独立的思想与认知。父母既要做孩子的领路人，在人生发展的关键时期给予指导和帮助，又要做孩子的朋友，在其困惑难过时，给予安慰与理解。在关系到孩子人生发展的抉择时，应该尊重孩子的意见，给予他自我决定、自我负责的权力和试误的机会。

加强亲子沟通

父母应加强亲子沟通，对孩子在心理发展、学习及人际交往中遇到的困惑表示理解，重视并合理地表达自己的看法。在孩子表达内心真实想法时，父母应该耐心倾听，而不是横加指责。

合理有效的批评和指责

在孩子犯错误的时候，父母应当予以批评甚至是惩罚，但是要讲究方法。有效的批评要公正、注意场合，既不伤害孩子的自尊心，又能让孩子意识到自己的过错，从而发自内心地想纠正错误。

个人层面

控制不良情绪

发生亲子冲突时，双方都不要一味地发泄自己的情绪，而应先冷静下来。运用音乐调节法、呼吸调节法、情绪转移法或积极心理暗示法等方法调节自己的负面情绪，让自己情绪平和，然后再沟通冲突的原因。

亲子相互信任

孩子要信任父母，认识到父母对家庭的付出；父母也要信任孩子，给孩子一定的自主权，相信孩子可以有效合理地安排、处理自己的事情。

亲子冲突会严重影响孩子的学业和心理健康，同时对家庭和谐和亲子双方的主观幸福感也会有极大的影响。无论是父母还是孩子，都应当正确认识亲子冲突，学会运用沟通技巧，进行有效沟通，适当控制自己的情绪，共同建设良好的亲子关系。

案例解析与综合干预策略

案例解析

某男，大四学生，家庭条件较为优越，但性格孤僻。上大一时曾有挂科，经过调整后，到大三时成绩提高了不少，顺利通过英语四级、日语国际能力二级考试。大四刚开学，出现了情绪不稳定、旷课等现象，老师通过多次与他沟通，发现他表现出了强烈的退学意愿。后联系其父母到校共同商讨他的情况，他见到父母后表现出强烈的抵触情绪，甚至使用了辱骂的言语，表示与父母一起时非常压抑。

解析

服务对象在大一期间有挂科现象，但经过调整，大三时成绩有显著提高，说明他具有很强的学习能力和问题解决能力。到了大四，他又出现了情绪不稳定甚至是退学的意愿，可以判定应该不是自身学习方面出现了问题。在见到父母时，出现强烈的抵触情绪甚至有辱骂等语言，说明他出现的学习问题很有可能与其父母有关系。

干预策略

家庭冲突的干预流程见表 11-1。

表 11-1　　　　　　　　　　家庭冲突的干预流程

步骤	内容	目标	方法
了解原因	了解家庭冲突发生的原因，确定家庭冲突的类型	确定家庭冲突发生的各方面原因	调查法、访谈法

续前表

步骤	内容	目标	方法
实施干预	针对不同的类型，实施相应的干预	解决家庭冲突，实现家庭和谐	服务方式：团体辅导、个体辅导、讲座等 服务专业技术：认知疗法、行为疗法、共情、心理分析等
追踪指导	对服务的家庭进行追踪调查	评估服务效果，及时调整	访谈法、定期回访等

婆媳冲突的心理服务指导

婆媳关系在家庭人际关系中有其特殊性，这种人际关系既无亲子关系所具有的稳定性，也无婚姻关系所具有的亲密性，极易产生冲突。婆媳冲突的良好解决有利于家庭的稳定和社会的和谐。

形成原因及表现

认知差异

如今，婆婆辈夫妻关系多是以丈夫为核心的依附型夫妻关系，认为带孩子、做饭、打扫卫生等都应该是妻子的责任和义务。因此，她一旦看到自己的儿子做这些事情就会心里不舒服，看儿媳妇不顺眼，进而会引发婆媳冲突。

亲子教育观念的差异也容易引发婆媳冲突。"隔辈亲"的现象在现实生活中普遍存在，当妈妈严格要求孩子的时候，奶奶往往会在一边维护，这就激化了婆媳矛盾。比如，妈妈要求孩子先认真写作业，然后才能做其他的事情，而奶奶可能会认为孩子已经累了一天了，可以先玩会儿再写作业。

行为习惯不同

饮食、作息和卫生习惯的不同都可能引发婆媳矛盾。比如，老人习惯早睡早起，而年轻人往往是晚睡晚起，很多老人因看不惯儿媳妇睡懒觉而抱怨，儿媳妇则嫌老人打扰她睡觉而着急，进而引发冲突。

丈夫功能缺位

在闹得不可开交的一对婆媳之间肯定有一个不作为的丈夫。丈夫被称为"双面胶"，他在婆媳关系中起着至关重要的作用。如果丈夫能在婆媳矛盾中挺身而出，妥帖地处理问题，就能避免矛盾激化。

情感层面

在日常交往时，婆婆常将亲生子女视为"自己人"，却常以对待"外人"的方式来对待儿媳妇。儿媳妇会将婆婆与自己的母亲进行比较，不自觉地提高了预期，而当现实无法达到期望时，很容易产生不满情绪。这种泾渭分明、藩篱高筑的互动方式势必会引发婆媳冲突。

预防策略

社会层面

解决婆媳冲突仅靠家庭的力量是不够的，还需要社会的努力，需要社会不断完善养老保险机制，深化社会医疗保障制度，让老人老有所养、病有所医，有效减少二者的冲突；开展"婆媳总动员"等益智娱乐节目，鼓励婆媳同台合作，培养她们的默契度、协调力从而形成良好的风尚，树立婆媳和谐相处的新观念。

家庭层面

树立文明和谐的家风

在家庭内部形成婆媳之间相互理解、相互包容、相互尊重、相互关爱的和谐氛围，传承良好家风。同时，儿子作为双方关系的中介点，要主动发挥黏合剂的作用，不要无原则地站在任何一方，而应作为良好沟通的纽带和桥梁。

做到权责分明

教育下一代是父母的责任和义务，而祖父母仅仅是辅助作用。祖父母可以在生活上提供帮助，但孩子的教育、发展问题还是应该交给父母。

保持适当的距离

婆媳最好不要居住在一起。为了方便相互照顾，可以住在一个小区，这样可以避免许多因生活习惯而产生的矛盾。

个人层面

婆媳之间也要相互理解，在发生矛盾时不要一味地发泄指责，要学会心平气和、谅解体贴，站在对方立场考虑问题；在处理家庭事务时，双方都要避免太过强势，保持边界清晰；儿媳妇也要给予老人一定的物质上的关心和生活上的照料，让老人获得安慰。

案例解析与干预策略

案例解析

此处仍采用上一节的案例。

干预策略

相互尊重，保持距离

出现这个问题，说明婆婆的定位存在问题。虽然这是儿子和儿媳妇的家，也是自己家，但婆婆还是应该尊重儿媳妇对家庭的管理权。在儿媳妇要求女儿换鞋时应该主动站在儿媳妇的立场来说服女儿，而不是站在女儿的立场说服儿媳妇。

儿媳妇也应尊重婆婆，在公开场合要给婆婆面子，而不是坚持己见。

有效控制负面情绪

有效地控制情绪可以避免许多矛盾冲突。在王女士拒绝换鞋且婆婆也说不用换时，如果张女士能控制住自己的情绪，心平气和地提出要求，大家就会更容易接受。王先生在知道此事后如果能控制情绪，也能阻止矛盾进一步激化。

第 12 章

困难家庭的心理服务指导

国家统计局《中国城镇居民贫困问题研究》课题组和《中国农村贫困标准》课题组提出，贫困一般是指物质生活困难，即一个人或一个家庭的生活水平达不到一种社会可接受的最低标准。他们缺乏某些必要的生活资料和服务，生活处于困难境地。

目前，虽然物质上的绝对困难已经消除，但尚有一些困难家庭存在心理方面的问题，"贫困主体的心理特征及其行为选择才是其收入持续低下的重要原因"。因此，正确认识困难家庭的致困心理因素，提高困难家庭的自我发展能力和心理健康水平，才有助于实现物质与心理的双脱困，有效防止返困，阻断困难家庭的代际传递。

心理特征及表现形式

认知层面

宿命主义价值观念

认为贫富是上天决定的，依靠个人能力去改变是有限的，存在"等、靠、要"的思想，懒散，依赖，安于现状，以致缺乏信心，不想、不愿、不敢甚至害怕脱贫。

缺乏自我认同

长期的困难环境会使困难家庭人群不能正确认识自己，出现自卑、自我矛盾、缺乏自我认同以及缺乏自信和自我效能等心理问题。

贫困思维倾向

困难家庭成员通常表现得较为短视、不关注长远，墨守成规，思维迟缓和认知偏执，只局限于自己匮乏的物质生活，看不到自己的资源和一亩三分地之外的广阔世界，不能很好地把握摆脱贫困的机会。

致困因素错误归因

困难家庭成员易将困难视为由社会不公正等外部性因素造成的，忽略自身问题（如懒惰、缺乏意志力等）。这种错误的归因倾向只会使家庭情况变得更加困难。

行为层面

缺少生活目标

生活缺乏目标感，缺乏主动思考、主动作为，较为懒散、被动，容易依赖和从众。在目标设定上存在着消极保守、缺乏进取精神的不良心理倾向。

缺少主动社交

困难家庭人群往往对自身家庭情况感到极度自卑，过于注重他人的看法，害怕被人看低，害怕被社会抛弃，不愿主动与外界沟通，不爱说话、不喜交往、沉默寡言等。

缺少社会支持

家庭成员间的情感沟通较少，表现出较多的淡漠，缺乏爱与被爱、支持与被支持的情感互动，社会支持较少。

缺少调节方法

心理承受力差，部分困难人员甚至连最基本的调节不良情绪的方法都不会，只会用大量饮酒、吸烟、发怒等不良方法来缓解心中的压抑。

情感层面

焦虑情绪

烦躁、易怒、紧张、担心、自信心不足、胆小怕事、谨小慎微、敏感、脆弱、抗挫折能力差等。

抑郁情绪

长期处于情绪低落状态，自卑、压抑、悲观、无助无望、精神颓废、烦躁不安。

复杂情感

困难家庭成员常出现较严重的虚荣感，既想获得帮助，又在意别人的看法是不是夹带着怜悯和同情；想早日脱困但又担心脱困后无法继续享受帮扶措施和各项惠农政策，认为先前享受到帮扶政策的人没有付出努力，自己为脱困付出了努力却没有得到具体"实惠"，一味追求形式上的公平。

形成原因

社会层面

社会经济发展不平衡

当前我国的经济社会发展不平衡，导致了不同地域、不同行业、不同阶层人群的收入差距较大，许多更好的教育资源、社会资源、人才资源都掌握在中上层人士手中。这种现象容易进一步加大对困难家庭成员的心理问题的影响，使其变得更加敏感、自卑。

对劳动力素质的要求提高

在知识经济和科技飞速发展的大背景下，传统产业转型升级和新兴产业发展对技术含量要求越来越高，劳动力市场需求越来越倾向于高素质、知识型、技术型的综合性人才。而困难家庭人群往往知识文化水平较低，掌握高新技术、获得高收入工作对他们来说较困难，由此导致困难家庭看不到未来的发展希望。

对困难家庭存在认知偏差

由于社会大众对困难家庭存在认知局限，加上一些困难家庭"等靠要"思想和"懒惰"形象被一些新闻媒体大肆渲染，对公众造成了误导，导致"困难家庭"污名化，人们往往戴着同情、怜悯甚至是歧视的有色眼镜去看待他们。这种社会认知偏差对困难家庭成员的心理造成了极大的负面影响，极易诱发心理扶困难境。

家庭层面

困难家庭对教育的忽视

不少困难家庭的整体文化素质较低，认知水平有限，不知道如何引导、教育孩子，家庭教育氛围缺失，家庭学习氛围不够浓厚，由此加剧了困难家庭的代际传递。

家庭成员心理资源贫乏

心理资源贫乏是造成家庭世代困难的一个重要成因。海南大学和西南大学的相关研究提出了世代困难家庭的心理机制，其典型表现为"消极的价值观、消极的自我观和被动脱贫的行为倾向"。这种心理资源的贫乏往往会传染到整个家庭，使其他家庭成员丧失斗志、不思进取，陷入更困难的境地，出现更多、更严重的心理问题。

个体层面

思想上的懒散

部分困难家庭认为脱困攻坚是政府的事，被动脱困、"等靠要"的思想越来越严重，甚至逐渐演变为一种普遍意识，认为这是合理的诉求，"不要白不要、要了还想要"是其典型的心态。这在一定程度上造成了部分困难家庭消极的劳动态度和懒散行为，过于依赖政府救助和政策扶持等外部力量，缺乏勤劳致富的意愿和动力，缺乏主动性。

能力上的困难

困难不仅是收入和支出水平低下，也是人的发展能力低下。困难家庭缺乏能力去提高自身的知识、技能、技术水平，难以找到更好的就业条件，甚至无法就业。这种困难使他们处于脆弱、无话语权、无权无势的状态，促使他们愈加听天由命，变得被动和安于现状。

信心上的不足

受眼界、能力等主观因素的制约，困难家庭常自我效能感低下、自信心明显不足、感受不到自身所具有的巨大潜能，更无力应对市场经济的风险，进而灰心丧气，失去对美好生活的追求。困难家庭的这种信心不足会导致其在政府的帮扶脱困后又返困，没有信心创业及就业，抗风险能力差。

不可预见性因素

有的家庭因病、因灾、因意外事故等突发状况短时间内刚性支出较大或收入大幅度缩减，导致基本生活出现严重困难，存在返困或致困风险，此类家庭也应得到重点关注。

预防策略

当前，脱困攻坚已取得决定性成就，但仍有一些脱困人口存在返困风险，一些边缘人口存在致困风险，必须综合社会各界的力量，内外资源齐入手，才能取得长久的效果。

社会层面

做好宣传，激发内驱力

要采用多种形式组织脱困家庭认真学习习近平总书记关于扶困工作的重要论述，积极挖掘自力更生、艰苦创业、水滴石穿等传统优秀文化的现代价值，大力宣传"撸起袖子加油干""幸福是奋斗出来的"等富有时代精神的时尚表述，强化其对现代文明、美好生活的憧憬和希望。同时重视脱困致富的榜样力量，积极总结推广成功经验，发挥典型引领作用，激发困难家庭自身内驱力，提升自我发展能力，改变社会大众对困难家庭的认知偏差。

建立返困心防动态监测机制

建立返困心防动态监测机制，建立预警性常态化排查机制，明确监测联系人，重点监测脱困不稳定家庭、边缘易致困家庭和突发严重困难家庭这三类群体，清除致困风险，做到早发现、早干预、早帮扶。制订困难群众心理服务计划，因地制宜地开展贫困群众心理测评、辅导答疑、团体辅导、心理咨询等服务，开展情绪调节、压力应对等心理健康主题宣讲；对存在不良心理倾向较严重的个人、家庭要集中优势资源给予重点关爱，切实改变其脱困心理资源匮乏的实际状况，实现有效脱困、脱困后不返困。

健全防止返困帮扶机制

相关职能部门要将产业帮扶、就业帮扶、综合保障、社会帮扶、扶贫扶智结合起来，根据监测对象的风险类别和发展需求开展精准帮扶。例如，对风险单一的，可实施单项帮扶措施，防止政策盲目叠加，防止陷入福利陷阱；对风险复杂多样的，可根据家庭实施落户综合性帮扶；对有劳动能力的，可坚持开发式帮扶方针，促进稳定增收；对无劳动能力或部分丧失劳动能力且无法通过产业就业获得稳定收入的，可纳入特困人员救助供养范围，做好兜底保障；对内驱力不足的，可持续扶志扶智，激发内生动力，增强发展能力。

家庭层面

转变理念，提升教育意识

困难家庭成员要积极学习相关的教育政策，提升教育意识，增加对教育的投资。尤其是家长要通过自学、参加培训等方式主动进行自我提高，树立积极的生活态度，建立正确的价值观，逐步形成积极的人格品质并在此基础上，鼓励孩子通过学习来改变家庭生活的现状。

普通帮扶与结对帮扶相结合

对边缘易致困户，可采取普通帮扶的方式（如通过开展夜校、困难家庭课堂等），丰富其心理资源。对心理资源特别贫乏的家庭，可采取一带一的"结对子"方式进行心理帮扶，选派家庭气氛积极向上、成员心理健康且有一定心理学知识的家庭与贫困家庭"结对子"，打破代际传承的影响，松动旧有观念，学习新的思维方式，建立新的行为模式。

个体层面

提升自身发展能力，预防返困

社会心理服务工作者可以针对不同年龄的脱困人员开展工作，激励已脱困群众致富。对儿童和青少年，可在学校通过榜样示范等手段引入预防返贫心理资源强化教育；新婚夫妇应接受新家庭建设计划、预防返贫致富规划等系统培训，以提升追求目标的心理品质；青壮年劳动力应定期进行预防返贫心理资源强化训练（如家庭心理建设、预防返贫目标建设、预防返贫致富规划、致富技能培训等）。对老年人，可建立详细准确的老年人返贫心理需求档案，定期开展预防返贫心理健康知识辅导和心理健康服务活动。

完善自我认知体系，提升自信心

困难家庭成员自我效能水平较低的问题可从短期和长期两个方面解决。短期方面，社会心理服务工作者有必要对困难个体进行心理疏导，作用不仅在于普及加深政策理解，更在于对困难个体造成身份认同偏差和自卑情结的症结进行开解，通过科学方式帮助其重新建立信心。长期来看，可通过积极心理教育帮助困难家庭建立积极的认知和较高水平的自我效能感，培养他们克服困难、努力拼搏的不竭内驱力。

案例分析与综合干预策略

案例分析

小鹏（化名），男，18 岁。童年时期父母外出打工，很少回家，因此小鹏跟姥姥在一起的时间比较多，姥姥有智力障碍。小学二年级，小鹏因不想上学而辍学在家。多年后，父母离异，父亲在外打工，小鹏与母亲一起生活，家中还有 11 岁的妹妹和患病的姥姥，一家四口的主要经济来源为母亲的工资。小鹏是家中唯一的男人，却不愿外出工作，不爱说话，也不愿学习。刚满 18 岁，小鹏跟父亲一起出去打工，但去了一个月就回家了，因为领导批评他而不想干了。几个月后，再次外出打工，但一个月后又回来了。回家后，每天都闷在家里，没什么朋友，和其他人也没有什么来往。

解析

小鹏自幼跟有智力障碍的姥姥一起生活，父母为忙于生计与其接触时间较少，唯一的妹妹又因为年幼而无法帮助他。从表面上看，小鹏童年期辍学，长大后无法长期在外打工，到后来畏惧外出、不愿与人交流、无法工作是因其缺乏人际交往能力、社会功能受损严重。然而，究其深层原因，其实是小鹏在成长的过程中缺少大人的教导，智力发展水平较低，不知道应该如何与人相处，导致了他在人际交往中的创伤性经历，从而产生恐惧心理和退缩行为。因此，提高认知水平、降低人际相处时的恐惧心理是社会心理服务帮扶中的两个首要目标。此外，由于小鹏与妹妹相处时很愉快，并且为无法帮助妈妈支撑家庭而内疚，这说明小鹏有积极向上的意向，只是不知如何去做，因此，社会心理帮扶中的第三个目标是帮助他找到自己的资源，看到自己的力量。要想恢复小鹏的社会功能，就必须鼓励他走出去、与人交流，因此，社会心理帮扶的第四个目标为通过心理行为训练，教小鹏人际交往的基本方法，使他形成良好的行为习惯。

困难家庭的干预步骤见表12-1。

表12-1　　　　　　　　　　　困难家庭的干预步骤

步骤	目标	内容		方法
了解情况，分析致困原因	确定困难家庭致困原因	了解困难家庭现状及其面临的主要问题		调查法、访谈法
精准扶困，实施干预	解决困难家庭目前面临的生活上的困难	致困风险单一的，精准实施具有针对性的应对措施；风险复杂多样的，因户施策，落实综合性帮扶	物质帮扶	危房改造；健康帮扶、（如医疗保险、参加居民医疗保险个人缴费补贴、大病保险等）、教育帮扶（如助学贷款、助学金等）；临时救助，救灾救济等
	改变困难认知和不良的行为习惯，学会调节消极情绪，实现心理脱困		心理帮扶	会谈技术、认知疗法、行为疗法等
	提高困难家庭的自我发展能力，实现持续增收		发展类帮扶	技能培训、就业帮扶、公益岗位帮扶、金融帮扶、产业帮扶等
效果评估，追踪指导	巩固服务效果，关注长期效应	对帮扶家庭进行追踪调查		访谈法、定期回访

干预措施

物质帮扶，解决基本住房问题

根据扶贫政策，小鹏家的房子几乎是全村最破的，符合危房改造政策。经过帮扶，小鹏家焕然一新，解决了实际住房问题。

心理扶困，提高自我发展能力

物质上的帮扶让小鹏家有了很大的变化，但只是外在的环境变化是不够的，人的认知、信念没有改变就仍存在致困返困风险。作为家里唯一一个有可能改善家庭状况的男人，社会心理服务者对小鹏进行了心理评估，发现他存在这样的问题：认知上，属于轻度智力障碍，医院诊断为智力五级；注意力能集中，思维有点迟缓，时间和位置概念模糊,很难回忆起以前的事,思维内容简单,语言贫乏;情感上,无抑郁情绪,有内疚感,自我意识较弱,自我价值感低;行为上,言语少、声音低、独处、畏惧社交、交流困难、行为较退缩,除家人外无社交活动,无自杀自伤行为,社会功能损害明显。

根据小鹏的心理评估结果,社会心理服务工作者制订了心理扶困方案,确定了以下干预方法。

采用沙盘游戏治疗法,提高认知和表达能力

小鹏智力残疾五级,属于轻度智力低下,具有可训练性和可教育性。沙盘游戏既可以提高认知能力,促进智力的发展,又能够建立一种沟通和交流的途径,表达和呈现游戏者的情绪和心理状态。这种方法对于小鹏的人际沟通问题会有一定的帮助,能提高他对环境的适应能力,还能促进其人格发展。

运用系统脱敏疗法,弱化不良情绪

系统脱敏疗法可以诱导来访者缓慢地暴露出导致其焦虑、恐惧的情境,并通过心理的放松状态来对抗这种焦虑情绪,从而达到消除焦虑或恐惧的目的。

童年辍学、父母离异、短暂的打工经历对小鹏来说都可能是创伤性经历,导致他产生恐惧心理和退缩行为。可以借助系统脱敏法,鼓励他多与妹妹交流,在妹妹的陪伴下多出门转转,逐渐增加人际交往。

运用焦点解决短期疗法,探索积极资源

焦点解决短期疗法强调如何解决问题,而非发现问题原因;以正向的、朝向未来的、朝向目标的积极态度促使改变的发生。

小鹏的人际退缩问题不只是一种心理问题,它也存在正向功能——保护他免受更大的伤害。如何帮助小鹏找到一种更好的方法改善闭门不出的问题行为,是问题解决的关键。小鹏愿意为母亲、妹妹多做一些事情,愿意承担起家庭的责任,这些都是他的资源,可与小鹏一起探索、寻找更多的方法,帮助他发现自己成功的模式,看到自己的力量。

进行心理行为训练,形成良好的行为习惯

情境心理行为训练法是创设能引起人的某种主观体验的环境和情况,以提高行为能力的训练方法。

要提高小鹏的人际交往能力,就必须促使他产生与人互动的需求和外出的需求。

他愿意与妹妹互动，也愿意尝试克服对外出的恐惧。行为的改变会促进认知的改变，当他发现出门没有那么可怕时就会形成新的行为习惯。

就业帮扶，促进稳定增收

在小鹏从自卑转变为自信、从依赖转变为行动、人际关系与社会功能已基本恢复后，帮扶干部帮小鹏找了一个夜间为超市卸货的工作，询问他是否愿意去做。小鹏了解并认可了自己的愿望和需求，愿意用积极的行为去实现自己的愿望，接受了这份工作。当挣到他人生的第一笔工作报酬时，他非常高兴，感受到了自己的价值。

效果评估

经过14次的心理辅导，小鹏的变化非常明显，智力水平有了很大提高，语言能力得到了较好的发展，基本不再畏惧外出。情绪表达丰富，自我效能感、价值感增强。能与他人正常沟通、交流，有正常的社会交往，参加工作获取了劳动报酬，承担起自己作为子女、哥哥的家庭责任，社会功能已经恢复。基本达到帮扶目的。后续还需进一步追踪指导，以巩固服务效果，进一步促进他社会交往能力的发展。

第 13 章

失独家庭的心理服务指导

失独家庭主要是指由于独生子女死亡不再生育、不能再生育或不愿意收养子女的特殊家庭。

过去一段时间，很多中国家庭均为独生子女家庭，由父母和一个孩子组成三角形，一旦丧失了孩子这个重要支点，家庭就很难继续维持平衡，父母极易产生心理危机。丧子之痛可谓人生中最深重、最难以承受的痛苦之一。

心理特点及表现

情绪痛苦

震惊与麻木

在刚刚接到孩子离世的消息时，父母通常是非常震惊的，尤其是离世是突发的、没有预期的。即便有预期，真正听到这个消息的那一刻也是十分震惊的。父母在此时可能会出现许多急性应激反应（如麻木、情绪隔离、晕厥）。他们常常用"天塌地陷""撕心裂肺""伤心欲绝"等词语来表达自己的心情。

愤怒

失独之后常常会感到愤怒。有些愤怒是合乎情理的愤怒（如直接指向导致孩子死亡的人），但更多的时候，愤怒来自没有办法防止死亡发生而产生的挫败感。有时，生者会将这种愤怒转向他人，希望能够找到为孩子死亡负责的人（如医生、做出重要治疗决策的家属等）。此外，许多失独父母对计划生育工作人员也存在强烈的愤怒情绪。

自责与愧疚

孩子离世之后，父母的自责情绪是一种很普遍的情绪。有时，孩子的离世或许与父母有某些联系，这会令父母极其自责，但即使没有直接关系，父母也会觉得是自己做错了或自己没有做好，这是一种角色性愧疚。如果孩子因生病离世，父母就会自责自己没有照顾好孩子才让孩子生病的，或者为自己做的某个医疗决策而感到愧疚；如果孩子是因抑郁症自杀离世，父母就会自责没能及时发现孩子的抑郁问题，没能及时帮助孩子疏导压力，也没能及时阻止孩子自杀的行动；如果孩子因意外离世，父母就会自责自己没有能力预期意外的发生并及时阻止。

不舍与可惜

孩子是父母的心肝宝贝，更何况是独生子女。孩子的离世会让父母非常地不舍、心疼、惋惜。

无奈与无助

父母为孩子倾注了大量的心血，孩子离世后，父母的心血白费了，希望也落空了，因此他们往往会产生深深的失望感，并由此感到无奈和无助。

焦虑

长期的身心压力与哀伤让许多失独者产生了焦虑和烦躁情绪反应，情绪的稳定性也受到了影响，表现出喜怒无常，有时候表现出易激惹。他们对于自己未来的担心也加剧了焦虑感。由于巨大的身心冲击，一部分人的注意力难以集中，记忆力也受到了损伤。

躲年躲节

失独父母害怕过节和团聚的日子（如中秋节、春节、父亲节、母亲节、亲朋好友的孩子的婚礼等），这不仅会刺激他们想到自己失去的孩子，还会让他们觉得不适合在此时表达哀思而痛苦。

孤独

随着时间的推移，失独父母的孤独感会与日俱增，尤其是迈入老年阶段时更加强烈。

认知紊乱

反刍

反刍本是指进食一段时间以后，将半消化的食物返回嘴里再次咀嚼。心理上的反刍是指各种反复性的、事件相关的思考等。孩子的离世使得失独父母在心理上有许多反刍,因为孩子离世极大地挑战了他们的常规认知,让他们感到困惑不解。

幻觉与认错人

由于对孩子的过度思念,失独父母可能会产生一些与孩子有关的幻觉(以幻视和幻听居多)。尤其是在孩子刚刚离世的一段时间,更容易产生这样的幻觉。

闯入性思维

闯入性思维指的是突然产生的与孩子有关的想法、冲动和画面。有时候,看到一些人、事、物,失独父母就会联想到自己的孩子,产生许多与孩子有关的闯入性思维。在孩子刚刚离世时,失独父母会经常产生闯入性思维,随着时间推移,闯入性思维会慢慢少一些,出现的时候也会温和一些,与回忆更为相似。

自我贬低

失独父母常常觉得自己是个失败者,他们的自我价值感和自我认同都受到了很大的冲击。因此,他们常常会自我贬低,并使用自我贬低的语言(如"我们这些人……你们这些人""正常人和我们")边缘化自己。此外,他们还常常会产生"我没有资格快乐了,我不值得好好活"的想法。

自杀倾向

在刚刚听到孩子死讯时,或是经历一段急性的哀伤期后,有的父母会产生自杀的念头,甚至付诸行动。如果能挺过这段时间,情况可能会有所缓解,但有时这种情况还会反复。尤其是失独父母步入老年后,身心的急剧变化和精神世界的空虚使他们产生无意义感,从而再次产生自杀的念头。

行为反常

社交退缩、沉默寡语

回避社交是失独父母中比较普遍的现象,尤其是在事情刚刚发生的阶段。有的是因为情绪痛苦而自我封闭;有的害怕进入社交场合,因为担心在别人无意提及孩子时自己不知如何应对;有的是把孩子离世作为家庭的隐私,不想让别人知道。

回避提醒物

丧亲者会试图回避与逝者生前共同经历的场景,回避能够引发回忆的场景。因为在曾与孩子共同经历的场景中,关于孩子的闯入性思维太频繁了,导致父母亲很痛苦，难以从哀痛中走出来，比如通过搬家、置换家具等。也有的是为了避免之前熟悉的邻居和朋友问起孩子的事情。

多话、过度活动与冲动行为

失独父母内心的痛苦、压力无处释放，内心无所适从，有的人也可能变得多话、过分活跃，甚至出现冲动行为或过度活动（如暴走、疯狂购物等）。这可能存在性别差异，有研究结果表明，女性表达欲望更强烈，男性通常更为沉默。

身体受损

失独父母常会出现失眠、食欲减退、耳鸣、眼部不适等生理反应，其中失眠最为常见。

信念困扰

孩子离世是对人们常规的认知"老人会先于年轻人死去""好人会有好报"等信念体系的冲撞，让失独父母感到失望、不公平。此外，他们还会因为觉得自己接下来的生活失去了意义而感到迷茫。

关系改变

孩子离世后，失独父母所处的社会关系系统（夫妻系统、家族系统、家外系统和社会历史系统）会发生巨大变化。亲子系统的断裂很可能会引发夫妻关系的震荡（夫妻一方患病、死亡、分居或离异）、家族系统的调整（祖父母哀伤，家族交流禁区）、家外系统的变化（切断旧关系、小心翼翼地互动），以及社会历史系统的改变（与社会脱节、历史延续割断）；反过来，社会也会影响家族、夫妻，这也是一个相互作用的过程。面对这些变化，他们需要重新适应。

形成原因

在中国的社会和文化背景下，失独之痛不是单一的痛苦，而是多重系统的舔痛。失独之痛既是丧子之痛，又是文化之殇。丧亲会引发情绪、认知、身体和行为各个方面的反应，失独与一般的丧亲相比，其反应更加强烈。

个人创伤

失独家庭具有社会脆弱性、家庭脆弱性。孩子离世之后,夫妻关系变得紧张,夫妻之间的交流减少,使许多夫妻选择离异。失独后,家庭生活受到严重影响,很多人几乎不主动进行任何社交和娱乐活动,约一半的失独父母在失独后经历过自杀和迁居。

传统家族理念

失独父母因为失去了唯一的孩子被贴上了"断子绝孙"的标签。这不仅是一句最恶毒的诅咒,也是最悲惨的一种境遇,这在家本位的大背景下显得尤为可悲。

预防策略

失独家庭的社会心理服务工作要注重预防,降低失独者罹患延长哀伤障碍和抑郁症的发病率。

失独家庭心理服务的三个层次

以下三个层次都能对失独家庭带来一定的帮助,且层次越高,专业性越强。

层次一:自助

社区和街道要为失独家庭提供手册式的信息,介绍失独者的哀伤经验模型,对失独者进行心理教育,让他们了解自己可能出现的状态,以便正常化自己的哀伤反应,同时还能利用自己的资源。

层次二:同命人互助

大部分失独者需要抱团取暖,同命人的支持对于失独者的精神康复是极其重要的,街道(乡镇)和社区(村)要给失独者提供同命人互助的场所和支持。

层次三:专业哀伤辅导

由接受过专业哀伤辅导训练的社会心理服务工作者为有特殊需要的失独父母提供哀伤辅导。

哀伤辅导

认知重构及意义重建

失独父母会存在许多不合理认知，如年轻人应该比老年人走得晚；好人不应该遭遇困难和厄运；我没有资格快乐了；没有了孩子，我就是一个失败者；孩子走了，都是我的错；我的人生已经毫无意义了……在哀伤辅导的过程中，可以协助他们看到自己不合理的认知，促进其认知重构。与此同时，社会心理服务工作者可以协助失独者进行意义重建，如，将死亡归因为外界、不可控的因素；接纳和面对死亡；找到死亡的益处，比如逝者生命的价值，逝者死亡带来的益处；恢复失独父母的自我认同，协助其确立新的人生目标，在准备好的情况下，鼓励其做一些利他行为。社会心理服务工作者和民间公益机构也可以参考找到意义感的途径来设计活动和服务框架，协助失独者重新找到生命的希望和意义。

寻找资源及复原力因子

做哀伤辅导时，不要忽略了失独父母的资源和其本身的复原力。失独父母大部分并没有得到心理学专业人士的协助，他们绝大多数是依靠自己的力量，调动自己的资源，这足以证明他们身上有许多资源（包括积极的个性特质、社会支持资源、家族的智慧和资源）。此外，个人的学识、社会经济地位也可以作为资源和保护性因子。

社会心理服务工作者可以协助失独父母看到自身拥有的资源，并利用自己的资源。同时，国家、街道、社区的社会支持是其应对失独之痛的非常有益的保护性因子。

重新联结

失独导致了失独者许多关系的断裂，他们感受到和世界、和他人失去了联结感，恢复联结感是恢复其意义感的重要一环。鼓励其与人建立联结，创造机会让他们恢复联结感。鼓励其与孩子建立积极的内在化的联结，比如把孩子作为内心的道德指引，按照孩子美好的心愿生活等。失独活动社群的设置对失独者的精神慰藉具有积极意义，让失独群体和外界重新建立联结。

信念重建

失独事件引发了失独者身心的多系统失落，目前不论是心理治疗还是社会工作领域都提出信念重建和人文关怀，注重身体层面和信念层面的修复，提供的关怀也应该包括身心的全面关怀。

案例解析与综合干预策略

案例资料

兰花（化名）阿姨，69岁，母子关系非常好。51岁时，刚中专毕业的独生子因患脑瘤去世，年仅20岁。退休之前，兰花阿姨是一名小学语文老师，爱岗敬业，和学生关系很好。退休之后，兰花阿姨照顾了生病的母亲八年，后来积极投身社区活动。她这样形容自己："文质彬彬一老妪，面含微笑露真诚。半世沧桑随梦尽，奉献文化为家园。"

案例解析

整体采取后现代取向的叙事疗法。兰花阿姨因独生子去世，自我认同降低，认为自己各个角色都是失败的。首先，通过安全岛技术让兰花阿姨看到教师角色的成功，从而意识到自己并不是所有角色都是失败的。其次，通过叙说故事、梳理，从而解构主流叙事"兰花阿姨是一个失独者"，通过重构发现隐而未现的支线故事"兰花阿姨是一位敬业奉献的教师"等。最后，通过"丰厚"故事，发现兰花阿姨身上的积极资源，如配偶、同命人的社会支持，合理哀伤应对等。工作步骤如表13-1所示。

表13-1　　　　　　　　　　　案例工作步骤

阶段	目标	处理
第一阶段建立关系、评估风险	与来访者建立积极的、互相信任的咨访关系；同时评估是否有风险	第一次工作时，先询问来访者的基本情况（并不是直奔主题，而是询问其一天的生活），社会心理服务工作者要认真倾听来访者的讲述
第二阶段安全岛技术	通过回顾来访者的教学经历，寻找其过去的生活中的积极资源	比如，询问来访者在教书时对自己做人和教学的要求，自己曾是个什么样的老师等。让来访者通过回顾曾经的经历来寻找积极资源

续前表

阶段	目标	处理
第三阶段叙说故事、解构、丰厚故事	邀请来访者讲述自己的故事，并通过寻找例外打开通往支线故事的大门	比如，询问来访者近些年来与学生的联络情况（如是否还有学生回来探望她、联系她等），让来访者体会到现在还有其他人在关心她、在乎她。随后，顺着这个支线故事让来访者回顾自己的教学经历、师生间的趣事等
第四阶段寻找应对资源和见证技术	对来访者的不易表示理解和钦佩，看到保护性因子，发现积极资源，帮助来访者发现见证者（其老伴）对其的促进作用	比如，帮助来访者回顾其老伴每天对她的关心、照顾，以及对她的评价，让其意识到老伴对她的促进作用，让其意识到老伴不仅是其经历的见证者，更是其现在生活中的宝贵资源

综合干预策略

安全岛技术

从来访者的日常生活切入，挖掘来访者生活中的积极资源，表达对来访者的欣赏、赞美等，给来访者建立一个安全、受保护的缓冲空间。

叙说故事、解构和丰厚故事

社会心理服务工作者在安全、不受干扰的情境下给予来访者尊重，邀请其讲述自己的故事，并通过寻找例外打开通往支线故事的大门。社会心理服务工作者协助来访者将其视而不见、被压缩成"薄片"的积极因素还原，由单薄到丰厚。在意识层面加深来访者的觉察，形成积极有力的自我认同。

见证技术和寻找资源

局外见证人要欣赏来访者的难得与不容易，并联系自己的生命经验，找出被来访者启发的地方，让来访者觉得其故事是有贡献的、珍贵的、能给人启发的。

第 14 章

严重精神障碍患者及家属的心理服务指导

精神障碍是一种思维、感知觉记忆、意志活动、情感等心理及精神活动表现异常的慢性疾病。严重精神障碍包括精神分裂症、分裂情感障碍、偏执型人格障碍、双相情感障碍、精神发育迟滞伴发精神障碍、癫痫所致精神障碍,这六类精神疾病具有高患病率、高复发率和高致残率的特点,给社会和家庭带来了严重的精神负担和经济负担。

严重精神障碍患者家属是指承担陪护、照料工作,协助严重精神障碍患者康复的主要家庭照顾者,是与精神障碍患者存在婚姻关系、血缘关系或抚养关系的监护人。通常包括患者的配偶、父母、成年子女、兄弟姐妹等近亲属。

研究发现,精神障碍患者家属的焦虑和抑郁发生率分别高达 46.77% 及 59.68%,心理健康状况较差。精神障碍患者如能获得家属的有效支持和照顾,就能有效预防严重精神障碍所致的肇事肇祸问题。因此,完善严重精神障碍患者服务工作机制,为患者及家属提供心理疏导、心理健康教育和精神疾病知识教育培训具有重要意义。

心理特征及表现形式

患病初期,家属不敢面对患者有精神疾病这个现实,有的甚至竭力否认;在患者治疗期间,家属又开始考虑患者以后的个人问题、工作前途会受到影响等,担心受到其他住院患者的伤害。由于精神疾病病程长、易反复发作,因此许多家属渐渐对治疗失去信心,认为康复希望渺茫,绝大多数家属都无法看到患者的潜能、资源及潜在的改变机会,担心药物不良反应对患者身体造成的伤害,易出现抑郁、绝望、倦怠、怨恨、偏执、敌对情绪及人际关系敏感等心理问题。

认知层面

家属作为患者的直接照料者和监护者，因缺乏相关的精神疾病知识以及社会的偏见和歧视，往往不能积极正确认知和应对。严重精神障碍患者及家属往往会产生病耻感，不愿面对事实，否认患病，认为是个性问题。

行为层面

患病初期，家属不认为患者有病或忌讳带患者到医院诊治，拖延病情，增加治疗难度。当患者症状加重，出现自残或攻击行为后，不得已才把患者送医院就医，又对治疗效果急于求成，希望根治。

情感层面

患者家属往往呈现出既抱有侥幸心理否认病情、又希望患者早日康复的矛盾心理，随着患者的病情变化呈现出以焦虑为主，伴有紧张、恐慌、担心的心理状态。

精神疾病需长期服药并易反复发作，导致患者不能正常工作，家庭经济收入来源减少，家属需长期照顾患者，照顾负担重，同时还需要支付医疗费用，对家庭是持续的压力源，影响家属的心理健康。

形成原因

社会层面

由于对严重精神障碍的误解和长期的妖魔化，大众存在很多歪曲认知，认为精神障碍是"中邪"或"遭报应"、道德问题、人格有毛病，是患者或患者的家族有问题，歧视患者，这些错误认知都在无形中加重了患者家属的心理负担。

大众媒体对严重精神障碍患者肇事肇祸的报道较多，对如何治疗、如何帮助改善患者的处境及后期康复宣传较少。

家庭层面

病耻感让家属远离以往的人际交往，负面情绪无法宣泄；长期照顾患者，还要兼顾正常工作、生活，消耗大量的精力和体力；患者长期服药又失去经济收入能力等都加剧了家属心理问题的发生。

个体层面

家属的性别、年龄、文化程度、患者病情的差异也会导致心理健康状况的差别。研究表明，女性家属比男性家属负担更重，更易抑郁；家属年龄越大、照料压力越大，心理问题越普遍；患者年龄小、治疗效果不理想及家属文化程度低的家属，更易产生恐惧、悲观、绝望的负面情绪。

预防策略

社会层面

要加强遗传病学和精神卫生知识的宣传普及教育，提高对严重精神障碍的认识和自我保健的能力。定期进行精神病学及流行病学调查，对容易患病的人群积极采取特殊的心理预防措施，努力从根源上减少严重精神障碍的发生率。加快精神专科医院建设，进一步提高收治能力；加强精神卫生人才队伍建设，提升救治救助水平。

家庭层面

家属科学对待病情

严重精神障碍与其他疾病一样，只是发病原因不像其他疾病那样明确。其异常表现（如行为、情感及思维的不正常）是疾病所致，不是"神鬼"作怪，也不是思想问题。患者同样蒙受病魔的折磨，只不过患者不认为自己有病，不主动求医，甚至会拒绝治疗，这就要求家属对精神病患者倍加关心和爱护。让巫医神汉算命、请"神仙"、喝"仙水"或不惜重金买假药，这样不仅使患者遭受精神和肉体上的折磨，而且钱财受损，更糟的是延误了病情，增加了疾病治愈的难度。应以科学的态度来对待（如请专科医生进行诊断和治疗），方能尽快控制病情。

家属理解和尊重患者

由于严重精神障碍是因大脑功能失调而出现的认识、情感、意志和行为等方面的异常，因此既要看到患者病态心理活动的一面，又要看到他们正常心理活动的一面。患者的很多言行、要求、想法都是合理的，应尽可能满足患者的要求，如因客观原因不能满足，应耐心解释，不能简单了事，更不能讽刺挖苦。对病情好转后或处于恢复期的患者更要多关心体贴、尊重和爱护，家庭要给患者提供正常的工作、学习和生活条件，尽可能让其保持良好的情绪状态。

做好家庭照顾

患者大部分康复生活是在家庭中度过的，所以做好患者的家庭照料是精神康复的首要任务。家属应监督其按时服药，照顾好饮食起居及个人卫生，使其生活有规律；鼓励其多参加一些力所能及的劳动及文娱活动；增强家庭的稳定性，营造良好的家庭氛围；增进情感交流，让患者感受到家庭的温暖与关怀。

个体层面

精神障碍的预防，贯穿人的一生。在备孕期，父母应注意优生优育；在儿童期，父母应提升自身的科学文化素质，要更好地陪伴、关爱儿童，注重儿童德、智、体、美、劳全面培育；在青少年时期，父母需要帮助青少年解决关系矛盾和冲突的问题，比如对自己的重新评价，对与父母关系的重新认识，以及恋爱；在青壮年阶段，个体要注意加强体质锻炼，保证充足的睡眠，注意身心健康，防止精神创伤和躯体疾病；在老年期，个体既要防止脑器质性的因素（如痴呆），又要丰富文化生活，这样才能老有所依、老有所养。

总之，家属要认识到精神疾病是一种长期性的疾病，家属需要逐步适应自己的新角色，也应该有打"持久战"的心理准备。

案例解析与综合干预策略

案例解析

病人，女，57 岁，幻听 30 余年。

22 岁在上学期间开始出现幻听，她自己也不清楚这是如何发生的。当时，她感到在学习中非常有压力，睡眠欠佳，注意力不集中，她像是听到有声音告诉她"你是个笨蛋""退学吧"等。起初，她尽力不去相信这个声音，因为她并没有觉得自己笨。然而，这个声音持续存在，她学习越来越困难，便确信这是真实的声音，后来不得不辍学回家。她在当地医院诊疗，诊断结果为"精神分裂症"，需要服用氟哌啶醇片最大剂量——10mg/日。服药一段时间后，病情有所改善，但这个声音从未完全消失过。病人出院回家后，家属觉得这很丢人，便把她藏起来，并把她的疾病当作一个秘密。他们总担心外人异样的眼光，非常小心地看护她。一年后，病人病情好转。

参加工作后，由于压力增加，病情加重，又听到"打他""骂他""掐死他"等声音，又感到孤独、绝望，需要服用利培酮片 6mg/日。

近些年，经过心理治疗师给予的"生理-心理-社会模式综合干预"，病人病情稳定，能独立自理生活，能从事简单的社会工作，如在儿子家看孙女等。

解析

精神分裂症属于严重精神障碍，有易复发、幻听等症状难以消除等特点。本案例中，病人的幻听一直存在，进而影响其社会功能的康复。家属往往难以理解，这不仅会加重病人的绝望孤独心理，还会激化家属与病人之间的矛盾。在病人治疗期间，如果家属对疾病缺乏了解，产生羞耻、回避等回避问题，或是认为治疗效果不好并产生绝望心理，都会让病人感到缺乏支持，影响其治疗效果。

因此，应将干预目标设定为：增加病人及家属对精神障碍的认识和了解，矫正不良认知，给予心理支持。工作步骤如表 14-1 所示。

表 14-1　　　　　　　　　　　　案例工作步骤

阶段	目标	处理
随诊管理	让患者家属学会自我监测，及时发现病情波动	• 耐心地向病人及家属说明服药可能出现的副作用和按时服药的重要性 • 叮嘱家属密切关注病人病情变化，不适随诊 • 定期复查以便及时了解躯体状况 • 对家属进行服药依从性的心理健康教育
心理干预策略	矫正错误认知	• 纠正病人及家属"服药对大脑有害"的错误观念 • 教会家属与病人的沟通技巧，掌握其心理动态变化，启发病人说出自己抗拒药物治疗的真实想法，帮助病人更好地配合治疗
心理干预策略	为病人和家属提供心理支持	• 为病人及其家属提供精神疾病相关知识。对疾病越了解，就越有助于他们树立信心 • 对于病人的绝望心理，家属要及时给予关注和支持，有助于缓解甚至消除其绝望心理 • 教会家属在严加防范的基础上多给病人一些关爱和理解，使其亲身体会到家庭和社会的温暖
社会层面	提高病人及家属对精神障碍的认识和了解	• 加强社区科普精神障碍知识宣传教育 • 对有羞愧心理的病人，要向其解释精神病和其他任何疾病一样，精神症状是精神疾病的病态表现，是不以人的意志为转移的，不应受到社会的歧视
社会层面	加强对严重精神障碍患者的分级管理和指导	• 配备接受过严重精神障碍管理培训的专（兼）职人员，开展健康管理工作 • 与相关部门加强联系，及时为辖区内新发现的严重精神障碍病人建立健康档案并根据情况及时更新 • 随访，包括预约病人到门诊就诊、电话追踪和家庭访视等 • 鼓励和帮助病人进行社会功能康复训练，指导其参与社会活动，接受职业训练

综合干预策略

随着医学模式和健康观念的转变，精神障碍的治疗目标不仅仅是缓解临床症状，更注重改善患者的生活质量，使其最终能够回归社会。综合干预策略如表14-2所示。

表 14-2　　　　　　　　　　　　　　　综合干预策略

阶段	目标	处理
第一阶段	澄清观念，正视现实	• 社会心理服务工作者先运用"寻找归属"游戏让大家从了解自己开始，逐渐关注同伴，最后融入团体，体验归属感 • 再运用"心有千千结"的游戏引导大家认识到在遇到看似复杂问题的时候，只要静下心来辨清情况，就可以顺利地解决问题
	• 正确认识精神障碍疾病 • 精神障碍疾病是可治的	• 组织讨论引导大家形成共识：精神障碍疾病和其他任何疾病一样，都是一种普通疾病 • 家属要先克服病耻感，学会用一颗平常心，勇敢地面对外人的议论，无须过多在意别人的眼光，丰富自己的家庭生活，让生活开心幸福 • 只要及时发现，及早积极配合医生，科学规范地进行治疗，就可以使病情得到良好控制，甚至有很多病人是可以康复的 • 家属要多与医护人员沟通，多了解心理康复过程中需要留意的事项，辅助病人早日康复
第二阶段	调整心态，接纳家人	• 借助"今天我放假"的心理情景剧，让大家体验不同的情绪来自自己对发生事情的观念和看法 • 借助"我是谁"游戏，帮助大家了解自己的特质，哪些是可以改变的，哪些是自己无法改变的，而这些不可改变的特质恰恰是和亲人联结在一起的。要想保持内心的健康平和，就要安然接纳那些自己所不能改变的事物 • 引导大家达成共识：家属是病人心理和精神的最后一道防线，要以积极的心态去面对病人；自己没有办法选择家庭，但是有能力改变自己的人生，也有能力改变自己和家人的生活
第三阶段	拓宽渠道，温暖陪伴	• 让家属在"信任之旅"游戏中体验"盲人"和"拐杖"的角色，理解自助与他助同等重要，感受信任与被信任、爱与被爱的幸福与快乐，提高家人之间的交流沟通能力 • 组织大家分享个人的感受，引导达成共识：家属的坚定是患者康复的保障；家属在照顾病人的同时，也要融入社会
第四阶段	效果评估	社会心理服务工作者的尊重、真诚、富有支持性能让家属备感轻松，也增进了家属对心理治疗师的信任感

第 15 章

医疗纠纷的心理服务指导

医疗纠纷是指患者及家属因与医疗单位对诊疗护理行为、不良后果及其产生原因认识不一致而引起的医患纠葛与纷争。医疗纠纷可分为两大类：医疗过失纠纷（医疗事故、医疗差错）和非医疗过失纠纷（医疗意外、并发症、伤病自然转归）。

心理特征及表现形式

患者与家属

认知层面

期望值过高

一切医疗的最终目的均应是激发患者天然的自愈潜能，从而达到扶正祛邪、治病救人的目的。由于患者或家属不理解目前治疗手段所能达到的客观效果是有限的，而对医疗效果抱有过高的期望值，因此，如果治疗达不到期望值，就很容易产生失望、愤怒、指责等行为。

缺乏医疗常识

患者或家属缺乏医疗常识，对医疗行为的高风险性和不确定性缺乏认识。他们认为只要进了医院，花了钱，就要得到等值的回报并达到期望的目的。一旦疗效不满意，或患者出现并发症、医治无效死亡时，他们就认为是医生没有尽职尽责所致，应该受到惩罚，从而引发医疗纠纷。

谋求不当利益

少数患者或亲属存有不良动机，坚持不认同医疗行为及诊疗结果，企图通过吵闹达到某种目的，动则以大额赔偿要挟，如不满足就天天到医院无理取闹，干扰医院正常的医疗工作，损害医院的声誉。

行为层面

在医疗机构内故意扰乱医疗办公秩序，采取在医院设灵堂、打砸财物、设置障碍阻挡患者就医，跟随医务人员，或者在诊室、医师办公室、领导办公室滞留，非法限制医务人员人身自由的；恐吓，拉扯横幅，侮辱恐吓医务人员；在医疗机构内故意伤害医务人员，对医务人员进行人身攻击，损毁公私财物；携带危险物品；教唆他人或以受他人委托为名实施涉医违法犯罪行为；利用自媒体发布不当言论。

情感层面

情绪冲动，极度焦虑、恐惧，甚至绝望，敏感、多疑、爱挑剔，甚至出现强迫性怀疑，对医院及医务人员的不满情绪造成其举动变得异常失控。

医务人员

认知层面

医疗体制改革滞后是医务人员公认的引发医疗纠纷的首要原因。当然，有些医务人员素质偏低、缺乏修养、服务意识不强，工作中缺乏共情和耐心，导致患者及家属产生不信任感。一旦医务人员言语不当、态度不良、指导失误，就易引发医疗纠纷。

行为层面

医患之间缺乏良好的沟通。医务人员忽视了医患信息不对称，只关注疾病治疗，往往不重视与患者的情感交流，造成很多误解。有研究显示，有50%的患者和48%的医师认为，医患纠纷是因缺少良好沟通所致。

工作繁重也导致一些医务人员疲于学习提升专业技术。他们缺乏临床经验，工作中容易漏诊、误诊；对一些药物的应用指征、方法、禁忌症及配伍禁忌等不熟悉，导致误治的严重后果，引起医疗纠纷。

情感层面

精神长期处于高压状态

由于医疗工作的高压力、高责任、高风险特点，加上医患关系日益紧张，使得医务人员的精神长期处于高压状态，甚至出现焦虑、失眠等问题。

职业倦怠情绪较重

相关研究结果表明，医务人员是工作倦怠的高发群体。因工作负担过重，时间压力、角色冲突、投入-回报失衡等因素，医务人员群体存在较重的工作厌倦情绪。

形成原因

社会层面

我国现行的医疗保障体系及相关的法律、法规不够完善

看病难、看病贵等问题集中反映在医院，使患者对医院产生了不满情绪，这也是造成医患矛盾、发生纠纷的原因。

医疗体制与经济发展速度不匹配

政府对医院的投入严重不足，医院自负盈亏现象突出，造成过度医疗的状况，因此导致医疗机构趋利行为越来越严重，这在无形中增加了患者经济负担，激化医患矛盾。

医疗资源分布不均衡

优质医疗资源往往集中于大城市、大医院，基层医疗资源不足，专业水平低，经常发生误诊的现象，都使得患者为寻求可靠的诊疗向大城市、三甲医院集中。

社会舆论误导

新闻媒体不够翔实的报道以及日益紧张的医患关系，加重了患者对医院、医务人员的误解和不信任。

医院层面

医疗服务存在缺陷

个别医护人员责任心不强，不按操作规范、常规办事，医疗水平不高，操作不规范等都是引发纠纷的重要因素。医务人员对发生的问题不能客观地分析、解释，没有认真履行告知义务，不尊重患者的知情权、选择权，容易引起患者对医疗过程及结果的不认同，发生纠纷后，不能及时地妥善解决。

缺乏自我保护意识

一些医务人员在医疗活动中不注意证据的保存，没有让患者签署相关的知情同意书，这些都为纠纷的发生带来了隐患。

家庭层面

患者及家属维权意识增强，对医疗服务要求增高，要求在医疗过程中得到平等、尊重，保证知情权，希望医务人员能够听取他们的意见或建议。发生医疗事故之后，事故鉴定费用高，造成维护权益成本高。对医务人员缺乏信任和尊重，也是造成医患矛盾的一个重要原因。

心理问题的预防策略

社会层面

健全管理保险机制

- 合理分配医疗卫生资源。推动"医疗联合体"建设，促进优质医疗资源、技术共享和流动，提升基层医疗机构的服务能力，减轻三甲医院的工作负荷，从而降低医疗纠纷发生的概率。
- 健全医疗保险种类，增强对疾病风险的抵御能力，减轻医疗负担；对特殊困难患者给予特别关爱，还要引导其争取政府相关部门的大病救助和红十字会、慈善机构及民间个人的捐助；建立适合我国国情的医师执业风险保险制度，为医务人员免除后顾之忧，在工作中全心全意进行诊治，提高服务质量。

推进平安医院建设

依据《中央政法委员会、中央社会治安综合治理委员会关于深入开展平安建设的意见》《全国"平安医院"创建工作考核办法及考核标准（试行）》精神，持续深入推进平安医院创建工作，探索创建"平安医院"长效机制。

加大依法治理力度

严厉打击"医闹"等违法行为。国家卫生计生委、中央综治办、公安部、司法部联合下发的《关于进一步做好维护医疗秩序工作的通知》指出，及时做好医疗纠纷调处工作，医疗纠纷责任未认定前，医疗机构不得赔钱息事。公安部门要有向前延伸的动作，健全警医联动机制。

正确引导社会舆论

政府相关部门要正确引导社会舆论和媒体宣传的导向，加强对医务人员奉献精神的宣传，不断改善医院和医务人员在患者心中的形象。建立网络评价系统，设置完善的网络平台，监测网络舆情，防止对医患纠纷和医疗事故的过度宣传。

医院层面

提升专业素质

医患关系体现在医疗服务的各个细节上，每个细节管理的好坏都将直接影响到医患关系。医院要从严格执行操作规范、确保医疗质量的不断提高、加强对医务人员服务水平和技巧的培训和提高服务标准等方面进行强化。全面推行质量管理体系，提升医疗服务质量。加强医务人员职业素养和业务能力培训，要利用"学习强国"网络平台、继续医学教育网络平台、线下培训平台等，以政治理论、法律制度、医疗技术、职业道德等为主要内容，组织开展多种形式的培训教育活动，提高医务人员的责任心、事业心以及业务水平。

加强医德医风建设

医院要生存、要发展，就必须以优质的医疗服务吸引更多的患者前来就诊。一方面，要坚持以人为本，建立医患互信，尊重患者、体贴患者、关爱患者，对患者进行人文关怀；另一方面，要结合医务人员在医德医风与医疗纠纷中突出的问题，不失时机地进行教育。杜绝因漏诊、误诊、误治而导致的医疗事故，或因患者对医疗服务不满意而诱发的医患纠纷。

在强化管理上下功夫，改进医疗服务流程

搭建网络平台，在医院内科学布设监控设备和安保设备等，应用先进的医务管理软件和医院安全管理软件，及时掌握医务人员在岗工作状态及医院进出人员安全情况。在医院入口处增设安检设备，对进入医院人员开展安全检查，严格落实医院安保措施。

同时，完善医务人员规章制度、工作流程和医疗技术操作规范，开展经常性工作督查和定期工作考评，保证医务人员严格遵守法律法规、医疗质量安全核心制度、医院规章制度和诊疗护理常规。实行医疗质量管理目标责任制，层层签订责任状。杜绝因医务人员失职、违规操作等行为导致医疗事故、引发医患纠纷。

健全医患沟通制度

- 尊重患者及其家属，有共情。
- 及时掌握患者的疾病发展情况、医疗费用情况和患者及家属的心理健康状况，留意患者及家属对疾病的认知度和期望值。
- 对患者在诊疗过程中提出的咨询、意见和建议，应当耐心解释、说明，并按照规定进行处理。
- 对患者就诊疗过程中的疑问，及时予以核实、自查，并指定有关人员与患者或者近亲属沟通，如实说明情况。
- 采取预防为主的针对性沟通，通过全方位、多层次的沟通，有效提高医疗卫生服务质量，及时化解医患矛盾，增强患者对医务人员的理解和信任。

家庭层面

加强医学常识的学习

通过参加社区培训、学校教育、广播电视等多种方式，加强医学常识的学习。提高对医疗诊治效果和医疗风险的认识，改善医患之间信息不对称的状况。

增进医患信任关系

要尊重医务人员。医患的目标和利益是完全一致的，医患之间的关系是完全平等的。作为运用专业知识为患者服务的医务人员，只有赢得患者的信任，才能使出自己的看家本领，才有信心去挑战高难度的治疗手段；作为心怀期待的患者，只有给予信任，才能更好地配合医务人员的诊治，获得理想的治疗效果。

加强医患之间的沟通

良好的医患沟通能促使医患双方充分、有效地表达对医疗活动的理解、意愿和要求，及时让家属详细了解医疗风险，从而达成共识，保证医疗活动的顺利进行，促进医患关系的和谐发展。

案例解析与综合干预策略

案例解析

李某，男，74岁，有长期高血压及脑梗死病史。因记忆减退四年，伴有行为紊乱，第二次入住某综合医院，入院诊断为阿尔茨海默病（混合型）、高血压Ⅲ期，予以内科护理常规，一级护理。三天后改为二级护理，李某此后病情处于稳定状态。

四个月后的一个清早，护理员在给李某梳洗后发现患者仍昏睡不醒，呼之不应，随即通知护士、医师。经医师检查患者意识丧失，处于昏迷状态，瞳孔大小不等，考虑脑血管意外，随即通知家属送B院，做头颅CT等检查。诊断为脑出血、自发性硬膜下血肿，立即行开颅血肿引流术，但李某仍因病情危重，半月后死亡。死亡诊断为"右额颞创伤性硬膜下血肿"。

李某家属异常激动并出现攻击行为。家属认为右额颞创伤性硬膜下血肿属于医院管理不当引起，属于医疗过错，要求医院赔偿；医方认为其诊断及时，处理及时，无不当过错，不同意赔偿。

医患纠纷心理干预团队认真详尽了解了施救细节和有关情况，并调取了全部病历认真了解真实情况，及时为李某家属提供心理服务。

解析

在本案例中，李某家属对医疗效果期待偏差，导致其出现异常激动情绪，造成医患关系恶化。出现攻击行为，可能是因为对医护人员的不信任、医患沟通不畅等所导致的冲突升级。

医院诊断及时、处理及时，无不当过错，且出于人道主义考虑，对李某家属的情绪、行为异常予以理解、共情。同时，还邀请医患纠纷心理干预团队介入，及时处理李某家属的情绪，有效促进了纠纷的最终解决。

心理干预工作步骤如表15-1所示。

表 15-1　　　　　　　　　　　　　　案例工作步骤

阶段	目的	处理
干预初期	缓解双方紧张情绪	• 对患方的干预：干预者以尊重、热情、真诚态度，建立良好关系的条件为前提，为患者及其亲属创造一个安全自由的氛围，营造良好的沟通环境 • 对医方当事人的干预：最好的支持方式是让他们在家休息，由家属和亲友陪伴、关怀、安慰他们，不责怪他们，鼓励他们把心里的感受说出来，以获得情绪上的纾解
干预中期	促进双方有效沟通	• 对患方的干预：主动与患方沟通，耐心倾听，对其愤怒和激动表示理解和同情；提高他们的认知度，纠正错误认知；如果医患双方出现过激行为，要保持理智、冷静，必要时终止沟通 • 对医方当事人的干预：如果患方情绪激动和愤怒，避免医方与患方直接接触，力求稳定双方的心理和情绪，以免双方发生过激行为。同时，也要引导医方当事人正确面对情绪激动的患方，接受患方合理要求
消除阶段	处理纠纷	• 对患方的干预：指导他们按照医疗纠纷处理程序接受处理 • 对医方当事人的干预：科室负责人和亲友应主动和医方当事人交流和沟通，给予他们情感支持，帮助他们树立自信心，让他们接受事实，积极配合患者进行治疗，鼓励他们直面社会现象，为将来做好计划

综合干预策略

充分发挥医疗纠纷调解中心的作用

完善医疗纠纷和安全隐患排查、调解机制。推动医疗纠纷调解中心等第三方化解医疗纠纷新机制、新事物的健康发展和日趋完善，充分发挥医疗纠纷调解中心在处理医疗纠纷中的作用。

完善医院绩效考核体系，激发医务人员的工作积极性

医院需要根据实际工作中的问题完善有关考核标准，为每位医务人员提供良好的发展机遇。构建相应的环境，确保医务人员可以积极工作，提升业务水平。

在营造和谐环境上肯投入，提升患者满意度

医院要在更新和添置先进的医疗设备、不断提高诊疗水平的同时，积极营造便捷、温馨的诊疗环境。比如，以方便患者为目标，开通网上挂号、预约就诊、排队叫号、电子支付等服务功能；开通就诊"绿色通道"，缩短患者排队等候时间，避免患者因长时间排队、有人插队等闹意见，从而引发医患矛盾。

加强心理干预在处理医疗纠纷中的作用

二级以上医院应开设心理咨询门诊，配备心理咨询师，加强对患者及家属的心理疏导，及时消除其不良情绪和过激反应，增进医患双方的沟通与信任。如遇突发事件，要及时做好对患者及其家属的情绪安抚工作，避免因事态升级而诱发医患纠纷。

当发生重大医疗事故（如死亡）时，应从人道主义的角度出发，妥善处置好患者的善后事宜，稳定好家属的情绪，做好家属安抚工作。各相关部门积极配合，不互相推诿，让家属心理得到安慰，充分采用相关的政策法规，不逃避推卸，主动承担相关责任。

第 16 章

信访群体的心理服务指导

信访是指公民、法人或其他组织采用书信、电子邮件、传真、电话、走访等形式，向各级人民政府、县级以上人民政府工作部门反映情况，提出建议、意见或者投诉请求，依法由有关行政机关处理的活动。采用以上规定的形式反映情况，以及提出建议、意见或投诉请求的公民、法人或其他组织，被称为信访人。

信访人的诉求主要是现实利益问题，但面对纠纷，常常会产生不满、委屈、焦虑等负面情绪。部分信访人因心理承受力较弱或心理困扰长期得不到疏导化解，极易产生心理问题，甚至形成心理疾病，进而增加信访问题化解难度，还可能引发严重的社会危害。因此，注重信访人的心理状况研究，及时对信访人进行心理疏导和干预，对信访事项的化解具有积极作用，是新时期信访工作的重要组成部分。

心理特征及表现形式

认知层面

一些信访人长期陷于负面情绪，往往是因为他们在认知层面存在偏差，有很多不合理的信念，且这些不合理的信念往往具有以偏概全、绝对化、外归因等特点。常见的不合理信念如下。

认为社会不公

用消极的心态来看待自己的得失，喜欢和他人攀比，认为社会充斥着腐败和不公，看不到生活中正面和积极的一面。

抵触公职人员

对公职人员缺乏信任，一旦相关部门做出的处理意见和行政行为与个人预期不符，就认为公职人员"以权谋私"。

只有我是对的

只相信自己看到的事，单一地从自己的视角和片面的政策依据出发，认为只有自己讲述的、理解的才是正确的。

只有……才能……

认为只有达成某个愿望才能实现人生幸福，一旦愿望无法达成，就陷入负面情绪无法自拔，看不到人生的多面性。

持续必能获益

认为无论自己的诉求是否合理，只要自己不断信访、制造社会影响，相关部门就会妥协，进而满足自己的要求。

情感层面

信访人会因感到自己利益受损、尊严丧失等，往往会产生悲伤情绪；会因个人诉求无法达成而脾气暴躁、易怒；会因在信访维权时感到来自社会、组织和他人的各种压力而感到恐惧；会因在信访维权的过程中宣泄了不良情绪而感到满足和愉悦。这些基本情绪组合在一起，会形成复合情绪体验。

行为层面

唯大

崇尚"大闹大解决、小闹小解决、不闹不解决"的思想，采取过激行为、扰乱公共秩序、制造社会舆论、扩大社会影响等来施压。

唯上

抱着"上面的政策是好的""上边才有包青天"的思想，反复给上级写信、拦截主要领导车辆、不断赴京或赴省越级上访。

从众

缺乏主见，听信少数人的煽动，通过群体性上访向政府施压。认为"法不责众"，相信群体信访即使行为过激也不会受到处罚。

反复

个别信访人通过信访满足了个人需求，甚至获得了超出预期的利益，遂以信访为职业；一些信访人的诉求已解决到位，但极难摆脱长期信访形成的思维和行为惯性，生活稍有不满就重新走上信访之路。

心理问题的形成原因

社会层面

随着我国改革的深化，一些涉及群众切身利益的问题（如国企改革、城市征迁、农村宅基地等）没有得到及时有效解决，使得一系列社会矛盾集中爆发，让一些人产生了被剥夺感和危机感，内心不平衡。

集体层面

一些单位法制观念淡薄、滥用职权，使人民群众权益受到侵害；个别部门办事效率不高、作风不好，造成干群关系对立；有些干部依然抱有"花钱买稳定"的思想，突破政策给予信访人不当利益，使信访人坚信只要持续信访就能持续获益，增加了让信访人彻底停访息诉的难度。

个体层面

易产生心理问题的信访人往往本身具有抑郁、敏感、多疑、偏执等特质，不能有效平衡自己的心理状态。

心理问题的预防策略

社会层面

坚持以发展为要务

着力解决好发展不平衡不充分问题，大力提升发展质量和效益，着力化解影响社会秩序和活力的新的结构性矛盾。

深入推进社会治理体制改革

致力于打造共建共治共享的社会治理格局，让改革发展成果更多更公平地惠及全体人民，使人民的获得感、幸福感、安全感更加充实、更有保障、更可持续。

坚持法治和德治相结合

着力于发挥好法律与道德各自的独特功能与作用，取长补短而达至相辅相成、相得益彰，最终实现法律与道德同频共振的社会善治。

集体层面

深入推进依法行政

按照《中共中央关于全面推进依法治国若干重大问题的决定》等相关要求，各级政府必须坚持在党的领导下、在法治轨道上开展工作，加快建设职能科学、权责法定、执法严明、公开公正、廉洁高效、守法诚信的法治政府。

进一步提升公务员素质

坚决落实中共中央办公厅《关于贯彻实施公务员法建设高素质专业化公务员队伍的意见》等文件规定，打造新时代有责任、敢担当、讲实干的具有全新面貌的公务员队伍，同时营造出清正廉洁，无私奉公的政治生态环境。

强化领导干部群众工作能力

能够成为群众的贴心人，切实解决群众"急难愁盼"的问题。特别是在处理社会矛盾纠纷上，要善于把握群众心理，讲究工作技巧，促进问题解决。

个体层面

坚决贯彻国家关于加强心理健康服务相关文件要求

加强心理健康服务、健全社会心理服务体系，改善公众心理健康水平、促进社会心态稳定，减少心理易感人群。

各级信访干部要坚持以群众满意作为工作的最高标准

以"群众利益无小事"的态度，诚心诚意为老百姓解难事、办实事。

将探索信访与心理服务相结合的工作模式

加强情感沟通，减少信访人的抵触情绪，减轻信访人的心理压力。

案例解析与综合干预策略

案例解析

信访人王某，男，60 余岁。因病请假后 10 余年未上班，期间也未向单位续假，60 岁向单位申请退休时被告知已按自动离职处理，无法办理相关手续。此后王某开始信访反映个人养老问题，并常常因为情绪激动破坏公共财物、辱骂工作人员。

（1）初始接访

初见信访人，社会心理服务工作者友好地请他落座，并倒上一杯热茶。在取得王某初步信任后，简单地了解了他目前的身体状况、精神状况和家庭状况等。

经过沟通，社会心理服务工作者认为王某知情意统一、人格心理相对稳定，只是因担心老无所养、长期信访处于高度紧张、委屈、愤恨、担忧等负面情绪中。因此，得出初步结论：王某面临的只是现实矛盾纠纷引发的情绪不良问题，暂无严重心理问题、心理疾病的倾向，工作重点应放在情绪疏导上。

（2）心理疏导和问题处理过程

通过几次家访，社会心理服务工作者耐心倾听了王某的抱怨，使其得以宣泄情绪，并通过谈话了解到其心结为：一是自己为单位做出过突出贡献，但这么多年来单位从没派人到家探望过，感到心寒，因此一直未主动跟单位联系；二是自己不能退休，单位应承担主要管理责任；三是妻子早逝，女儿远嫁外地，儿子赡养老人能力有限，对未来养老问题担忧。

在家访中，社会心理服务工作者对王某年轻时公而忘私的奉献精神表达了敬佩之情，对他面临的困境给予了共情，并教给王某一些放松技术来帮助其缓解日常的身心痛苦。

社会心理服务工作者又到王某的原工作单位了解了事情的全貌，然后通过摆事实、讲道理调整了他的认知，并指出王某长达 12 年不与单位联系，也有违反工作纪律的责任。当年王某患病期间，单位正在进行改制，人员变动大，管理不严格，因此没能关注到他。在单位改制过程中，工作组也曾多次探访王某，但因其搬家未能找到。当年工作组对王某按自动离职处理符合相关政策，未为其缴纳养老保险，且王某目前早已超过退休年龄，因此在现有政策条件下无法办理退休。

在社会心理服务工作者的耐心劝导下，王某理解了单位当年的情况，逐渐放下了愤恨之情，同时也逐步接受了在现有情况下相关部门无法为其办理退休的事实。

社会心理工作者积极帮助王某解决生活中的困难。一是通过相关部门和其原工作单位沟通，考虑到王某年老多病，本着"以人为本"的理念，为王某一次性解决了医疗费三万元；二是和社区沟通，定期安排社工对王某进行家访，帮助其解决一些实际生活困难，逢年过节为其申请一定救助；三是与王某的子女沟通，要求他们多关心老年人的日常生活，多回家看看；四是和王某约定，在其感到需要时，为其联系公立养老院入住，并为其减免部分费用。

最终，王某签下停访息诉保证书，此信访事件得到圆满化解。

（3）跟踪回访

在三个月及一年后，社会心理服务工作者两次对信访人生活现状、情绪状况进行回访，王某已住进公立养老院，对目前生活感到十分满意，情绪稳定，身体状况也有所恢复。

解析

在此信访事项的处置过程中，社会心理服务工作者主要做了以下几方面工作：一是对信访人的心理状况进行了初步摸底，排除其存在心理疾病、严重心理问题的可能性，将工作重心放在情绪疏导和矫正不良认知方面。二是通过倾听、共情等技术和信访人建立良好关系，使信访人放下戒备心理，能够听取他人的意见。三是在建立良好关系的基础上，对信访人的不良情绪进行有效疏导；帮助信访人认识到自己认知上的错误，放下心中的芥蒂，接受现实。四是在解决心理问题的同时，积极帮助信访人解决具体生活困难。五是通过回访，及时了解信访人的思想情绪和生活状态，防止因问题未解决到位引发再次信访。

综合干预策略

表 16-1　　　　　　　　　　信访综合干预策略流程

阶段	干预策略	工具及技术	处理	目标
第一阶段	初步评估	心理学基本原理	对信访人的心理状况进行初步判断，对可能存在严重心理问题或者心理疾病的信访人，及时安排专业筛查	按照心理状况对信访人分类，制订后续帮扶和干预方案

续前表

阶段	干预策略	工具及技术	处理	目标
第二阶段	建立关系	积极关注共情 真诚一致	带着人本主义的态度和信访人沟通，全面了解信访人及其反映的诉求	• 建立良好的工作关系 • 全面理解信访人 • 缓解信访人的不良情绪
第三阶段	疏导化解	洞察分析技术	洞察信访人的真实想法，帮助信访人分析问题，明确主次矛盾	• 明确诉求 • 表达清晰 • 沟通顺畅
		合理情绪技术	发现信访人不合理的信念并积极寻求化解不合理信念的方法	帮助信访人打开心结、面对现实
		生活帮扶	了解信访人的具体生活困难，联系相关部门尽量予以解决	解决信访人的现实需求
第四阶段	回访巩固	定期回访	全面了解信访人的生活、思想、心理状态	防止因工作不到位而引发的再次信访

第 17 章

房屋征迁对象的心理服务指导

房屋征迁是国家为了公共利益需要依法实施的国有土地房屋征收和集体土地征收行为。随着我国工业化、城镇化发展的不断推进，征迁问题也一直是社会长期关注的焦点。

在征迁过程中，涉及社会、家庭和个人等多方面因素相互作用，如果不分析和理解被征迁户的情绪、心理和思想动态而贸然进行征迁活动，往往会增加征迁难度，加剧矛盾和纠纷，形成社会不稳定因素。

心理特征及表现形式

认知层面

极端化思维

表现为看待事物极端化——要么好，要么糟糕；要么完美，要么彻底失败。如"要么按我的要求进行赔偿，要么政府就是故意欺负我们老百姓"。

以偏概全

表现为用片面的观点看待整体问题。例如，某被征迁户看到新闻报道，在征迁工作中，政府工作人员对"钉子户"进行暴力执法，就得出"所有政府工作人员在征迁安置工作中都会进行暴力执法，不讲道理"的结论。

选择性注意

表现为只关注事物或自身的消极的一面，忽视积极的一面。例如，某被征迁户一旦对政府工作人员做出负面评价，就会自动忽略多年来新闻报道对执法工作者的积极评价和正面事例。

预测未来

表现为在几乎没有证据的情况下，轻易得出结论或预测，并将之视为绝对真理。例如，一位被征迁户在还没有找政府工作人员积极沟通的情况下，就预言自己将永远不可能和工作人员好好沟通，或不可能在征迁安置工作中得到妥善的安置，且他坚定地认为这个预测将会成为事实。

绝对化

表现为坚持认为"你'应该'做什么"，或"你'必须'做什么"。例如，"政府应该给我们高额赔偿""政府必须把最好的资源给我们"。

行为层面

不配合

逃避

例如，某被征迁户听到政府要征迁他的房屋，舍不得离开给他带来大半生美好回忆的住处，但又感觉不配合政府工作，不是合法公民应该做的事情，于是干脆选择外出一段时间，甚至用不接电话的方式来回避。

推诿

例如，有一户被征迁家庭，本该是身为一家之主的父亲负责这件事，结果父亲说自己年龄大了，理解不了国家形势，家里的事情都交给儿子处理。然而，在工作人员见了这户家庭的儿子以后，儿子又说房产证上是父亲的名字，要听父亲的安排。

极端的过激行为

发泄

有的被征迁户会因认为利益分配问题而多次在办公场合吵闹，不积极配合相关部门工作，借机发泄自己心中的不满，以达到自己的目的。

威胁

有的被征迁户会通过就地撒泼、抓挠工作人员，甚至是试图以死相逼的方式逼迫工作人员，以达到阻挠征迁工作进程、多获得补偿款的目的。

情感层面

怀旧

怀旧情绪在征迁居民中具有普遍性，表现为对原居住小区的依恋和怀念。在征迁过程中，被征迁居民对长期生活的地方存有依恋和难忘情结。

焦虑

对大多数被征迁户来说，征迁是人生中的一个重大事件。征迁往往牵涉巨额金钱，容易引发压力。此外，被征迁户前途的不确定性容易使被征迁户感到茫然，进而产生焦虑。从心理学的角度讲，人对于熟悉的人际环境和社会环境往往会有依赖心理，换新环境容易加剧焦虑感。

恐惧

对于已经确定为被征迁户的居民，居住环境的改变意味着他们原有的社会支持系统被破坏。例如，原有的社会网络关系（邻里关系、社区关系）的解体、原居住社区经济资源优势的丧失，以及原居住社区公共资源便捷性的削弱。这都意味着被征迁人原有社会资本的丧失，多数被征迁人往往会产生恐惧和丧失安全感。

形成原因

社会层面

社会影响

社会舆论的失之偏颇。个别地方的违法强拆和不文明征迁，确实激化了社会矛盾。媒体和社会舆论过度报道时有发生的征迁事件，舆论导向的偏离使"征迁"在人们的心里逐步变成了贬义词。

社会关系

个别被征迁人复杂的社会人际关系给征迁工作也带来了较大的影响。往往相关政策或方案还处于研究或制定阶段，被征迁人就已经得到消息或者有了相应的对策，征迁方与被征迁方之间互打心理战、"间谍战"，甚至玩起了电影里的"无间道"。

经济收入和职业

被征迁户家庭的收入水平、挣钱的能力和渠道等信息，也是导致心理问题的原因。例如，如果被征迁家庭的主要劳动力为青壮年，且该家庭中有稳定的经济来源，那么该家庭在征迁安置工作中就会更积极配合一些；反之，如果某被征迁家庭的主要经济来源依靠目前住处对外出租来维持家庭开支，那么一旦被征迁，就意味着该家庭的经济来源被切断。

家庭层面

家庭结构对人的影响

夫妻家庭

夫妻家庭是指只由夫妻二人组成的家庭，包括夫妻自愿不育的丁克家庭、子女不在身边的空巢家庭，以及尚未生育的夫妻家庭。空巢老人容易产生孤独感和怀旧感，在做人生重大决定时容易在心理上产生落差，难以果断做决定。

核心家庭

核心家庭是指由父母和未婚子女组成的家庭。有未婚子女的家庭通常在征迁安置工作中存在功利的心理，认为可以借助征迁补偿投机取巧。

主干家庭

主干家庭是指有两代或两代以上夫妻组成的家庭，如父母和已婚子女组成的家庭。这类家庭在征迁安置工作中容易发生"踢皮球"的现象。不过，如果这个家庭的成员普遍素质较高，则会在征迁工作中起到积极的示范作用。

联合家庭

联合家庭是指家庭中有任何一代含有两对或两对以上夫妻的家庭，如父母和两对以上已婚子女组成的家庭或兄弟姐妹结婚后不分家的家庭。这类家庭最为复杂，会出现"一个人一个想法"的局面，增加了工作难度。

其他形式的家庭

其他形式的家庭包括单亲家庭、隔代家庭、同居家庭、单身家庭。单亲家庭的子女或其他成员的心理健康问题最为突出，在征迁工作中无疑也会增加难度。

家庭养育方式对人的影响

从现实情况来看，家长的过分溺爱和严厉粗暴这两种不良的教养方式对一个人的心理健康危害最大，这样的家庭养育出的孩子容易对周围的人和事产生敌意，难以沟通。

家庭教育内容对人的影响

每个家庭成员情况、素养不同，大家的想法、观念都会不同。因此，在征迁安置时，绝大多数群众力求最大限度地保障自身的合法权益；也会有一些别有用心之人，希望借此机会发财，谋取更多、更大的利益。

个体层面

每个人的认知、性格等都会因人而异，个人的生活方式、追求和理想，也都有所不同。一项调查分析表明，凡是有心理问题的成年人，其心理都有一定的易损性和对生活事件的负性评价。

预防策略

开展预防宣传

征迁（城区改造）科普宣传选题如表 17-1 所示。

表 17-1　　　　　　　　征迁（城区改造）科普宣传选题

宣传主题	宣传目标	宣传内容
思想政治教育在平衡被征迁人心理中的应用	帮助被征迁人达到心理平衡，实现和谐征迁	• 社会心理 • 非理性因素 • 态度 • 心理疏导
征迁改造期间居民的心理疾病分析	既能实现征迁方利益，又能维护被征迁户的合法权益	• 征迁 • 心理疾病 • 合法权益
征迁中，期望与现实落差大，如何改变	内心出现落差的原因与改变策略	• 心理有落差的原因 • 面对落差如何调整

建立预防性干预机制

预防性干预机制是指有针对性地采取降低危险因素和增强保护因素的措施。包括普遍性干预、选择性预防干预、指导性预防干预三种方式。

实施预防措施

社会层面

在这个层面上，可以采取普遍性干预措施。最常见的方法是进行团体心理辅导和干预，即在团体的情境下，通过团体内的人际交互作用让成员学习新的态度和行为方式，以促进良好的适应能力，发展出助人的过程。

预防目标

增进成员的心理健康与心理弹性，使其在团体中得到积极发展，预防征迁工作中被征迁户情绪化处理问题，做出过激行为。

实施主体和实施对象

预防的实施主体是心理服务者，在房屋征迁的心理指导过程中，往往由专业心理服务人员担任。

预防宣传的实施对象是被征迁人员，具体包括被征迁人及其家庭成员、近亲、朋友（在征迁活动中对被征迁人有影响的人员）等。

注意事项

- **场地**。室内或室外均可开展，安全第一。
- **方式**。团体中一至两名专业心理工作从业者为指导老师，运用心理学知识带领团体成员进行互动和分享。
- **时间**。团体心理辅导开展的最佳时间为一个半小时左右，时间不宜过长。

实施的流程

- **热身**。目的是为了让大家彼此熟悉和了解，同时消除陌生和紧张的感觉。此环节以心理游戏为主，通常30分钟左右。
- **团体项目**。每次活动主题项目为三个左右，具体时间控制在一个小时之内。每个项目都要注重分享，这个环节需要花更多的时间。

- **告别**。每次团体活动结束时，都要有一至两个关于告别的活动，多以告别的话语为主。此环节较为放松，但这个环节对每个团体成员的心理影响都很重要。

家庭层面

在这个层面，可以对情绪反应过激、行为过激的家庭成员采用选择性干预措施。在不影响其和其他家庭成员正常生活的情况下实施干预。具体流程是，针对不同的个体情况制定相应的心理干预方案，借助个体自身和家庭力量进行干预和辅导。

预防目标

增进某个成员的心理能力，有针对性地对其进行心理干预和疏导，避免其做出过激行为。

实施主体和实施对象

预防的实施主体是心理服务团队；实施对象是被征迁人员，具体包括被征迁人及其家庭成员等。

注意事项

- **场地**。选择在安静的室内进行，初期可有其他辅助人员在场，可以是被征迁户的家属或者征迁工作人员，最好为家属陪同。安全第一。
- **方式**。由专业心理服务者担任指导老师，运用心理学专业执业技能对其进行心理辅导或疏导。
- **时间**。最佳的开展时间为一个小时左右。

实施的流程

- **心理评估**。基于生物、心理、社会的评估，旨在了解被服务对象的基本情况，包括学历、工作、家庭支持、社会资源、人格特质和认知水平。
- **心理干预**。在和干预对象协商并确定干预目标后，运用短程心理咨询和治疗方法，从被干预者自身和家庭所拥有的优势出发，开展基于生物、心理、社会的心理干预。
- **总结**。专业从业者对本次干预进行总结和终止，被干预者在生活中执行干预建议的行动可能还会出现新的问题，可以约其在下一个阶段进行。

个体层面

这个层面为指导性预防干预。对于在征迁安置工作中，心理服务者认为有必要进行个体干预，或在前期进行心理预防工作时筛选出的有心理咨询需求的被征迁人员，可以根据当时具体情况，进行专业的有针对性的个体心理干预。

预防目标

提高个体成员的心理弹性，有针对性地对其进行心理干预和疏导，增强其社会适应能力。

实施主体和实施对象

预防的实施主体是心理服务团队；实施对象是被征迁人员，具体包括被征迁人及主要家庭成员（具有决策权）等。

注意事项

- **场地**。选择在安静的室内进行，可有其他辅助人员在场，可以是被征迁户的家属或者征迁工作人员，安全第一。
- **方式**。由专业心理服务者担任指导老师，运用心理学专业执业技能对其进行心理辅导或疏导。
- **时间**。最佳的开展时间为一个小时左右。

实施的流程

- **早期阶段**。与被干预者讨论干预目标，建立良好的关系。
- **中期阶段**。在对干预对象进行干预的阶段，在 10 种短程心理咨询技术和方法中，运用最常见的 5 种进行干预。
- **后期阶段**。被干预者后期可能会出现反复或压力下的问题重现。根据具体情况，可以约其下一个阶段进行干预。

案例分析与综合干预策略

案例分析

某地召开了"××棚户区改造搬迁动员大会"，项目工作组三名干部在李主任的带领下，协同专业的心理老师，赴××棚户区参与棚改工作。

知己知彼，方能对症施策，工作人员分别使用焦虑和抑郁两个量表对被征迁户们进行了心理筛查工作，将心理正常的被征迁户作为首要工作的对象。随后，由心理老师协同工作人员，对筛查出的心理异常的被征迁户进行了有针对性的干预措施。

郑某经营一家旧货市场，建筑面积较大，涉及补偿标准多。在心理筛查中，工作人员发现他有轻度的抑郁症，后经其家人证实，郑某平时在家时常情绪较为低落，平时没什么兴趣爱好，曾说过"不如死了算了"之类的话。他担心征迁补偿不合理，抵触情绪较大。针对郑某这一特殊情况，心理老师和工作人员为郑某量身定制了心理服务计划。

心理老师发现郑某这一情况后，第一时间和随行领导及郑某家属沟通，让其家属带领郑某去相关专科医院找医生寻求帮助。在郑某就医的同时，工作人员向其家属普及相关专业知识，并指导家属如何与抑郁症患者沟通。例如，当郑某表达"活着没意思"的时候，妻子可以鼓励他"在我感到累的时候，有时我也会这样想，但一想到我有老公和可爱的孩子，就觉得生活充满了希望"。此外，工作人员还了解到，郑某在年轻时乒乓球打得不错，于是鼓励郑某的两个孩子邀请郑某教他们打乒乓球。

经医生告知郑某病情稳定后，征迁工作还未完毕，心理老师对郑某进行了有针对性的心理干预工作。心理老师了解到，郑某年轻时喜欢唱歌，于是鼓励他重拾这个爱好并肯定了他乒乓球"高手"的身份。在征迁工作即将收尾的时候，心理老师又调整了郑某的认知。例如，郑某平时看问题的角度常常有些偏激，认为事情的结果不是最糟就是最好。就像在征迁安置工作中，他认为他家的面积不算小，政府要么会赔偿得极少，要么会让他家一下子达到小康水平。在心理老师的干预下，他也意识到了自己的这个问题，并愿意配合纠正自己的认知。此外，郑某门市货物多而杂，搬迁难度大。为了加快搬迁速度，工作人员又委派四名中青年干部，大家一起动手，帮助郑某搬家。

在一系列对郑某的干预和帮助下，工作人员不仅顺利地进行了征迁安置工作，还解决了困扰郑某家人已久的郑某的情绪问题。

解析

郑某平时没什么兴趣爱好，也没什么朋友，与家人缺乏情感联结，经常唉声叹气、长吁短叹。

从表面上看，郑某在征迁工作中表现得非常抗拒、极度不配合，但究其深层原因，可以看到大部分问题是因其不合理认知（如"活着没意思"）所致。这些不合理认知让他习惯于用消极的方式思考问题，逐渐让他变得情绪低落、低自尊。

此外，经过初步筛查，发现郑某患有轻度抑郁症。

在对其干预时，首先，要让郑某寻求专业医生的帮助。其次，待其病情稳定后，要运用认知行为疗法改变郑某的不合理认知，让他看到他所看到的或理解的都不一定是真的。同时，还要帮助他看到自身的优势。最后，结合药物和家人及拆迁中工作人员的支持和帮助，形成"生物-心理-社会"三管齐下的咨询目标。

综合干预策略

征迁（城区改造）综合干预策略如表17-2所示。

表17-2　　　　　　　　　征迁（城区改造）综合干预策略

干预目标	及时预防、疏导，有效干预，快速控制和减少被征迁户中可能出现的心理危机事件，减少因被征迁户心理危机带来的工作推动迟缓
具体实施步骤	鼓励被征迁户适量运动或听调节情绪的音乐
	认知行为调整，即阻断被征迁户的负性思维，帮助其消除负性心理
	家属及自身的优势和社会支持对促进有抑郁症的被征迁户早日回归社会有着极其重要的作用。这种干预策略是指，结合医生的诊断结果，在该被征迁户病情稳定的情况下告知其家属，需将其安置在易于观察的地方，请其家属密切关注该被征迁户的行为，发现动向立即给予心理支持

第 18 章

社区矫正对象的心理服务指导

社区矫正对象（以下简称"矫正对象"）是指被判处管制、宣告缓刑、假释和暂予监外执行的罪犯。社区矫正工作者根据《中华人民共和国社区矫正法》对矫正对象实施监督管理和教育帮扶等活动。然而，在实施矫正期间，矫正对象表现出日益增多的心理问题，直接影响了矫正效果，甚至对矫正对象重新走向社会产生了较大的阻力。因此，对矫正对象进行及时的心理服务指导具有重要意义。

心理特征及表现形式

认知层面

自我认同感低

自我认同是个体对自己的洞察和理解。在矫正期间，一些矫正对象不能清楚地、正确地、客观地认识自己，对自己的人生和将来没有规划，甚至出现破罐子破摔的心理。这是典型的自我认同感低、缺乏自信的表现。

认知偏差

矫正对象的认知偏差主要是指其刑法意识薄弱。刑法意识是指服刑人员对判罚及量刑的态度，对犯罪的过程和结果的认知情况，对自己在刑期间的角色认知，以及对社会的认知情况。一些矫正对象对社区矫正缺乏正确的认知，认为参与社区矫正代表自己并没有罪，不把社区矫正当作刑罚处罚的方式。

负性信念持续放大

一般来说，矫正对象防范意识强，无法信任他人。他们通常会封闭自己，不愿意与他人沟通交流，害怕自己因有过案底而受他人歧视、羞辱，认为自己的人生已被毁了，社区矫正也是自己人生的一个污点，缺乏对社区矫正的正确认识。

行为层面

反抗行为

有些矫正对象脾气暴躁，不尊重社区矫正工作人员，辱骂、殴打社区矫正工作人员，欺压积极接受矫正的社区服刑人员，妨碍矫正工作的正常进行。严重者甚至会产生破坏、逃跑、行凶等再犯罪行为。

抑郁和自杀行为

矫正对象，特别是性格内向、存在心理创伤障碍者，在社区矫正期间若遭遇负性事件，就会产生负面情绪，且负面情绪难以排解，进而增加了抑郁乃至自杀的风险。

疑惑、极度自我保护和拒绝交流

矫正对象对犯罪刑罚及改造的各种政策、法律持怀疑态度。他们不信任社区矫正工作人员，存有防范、戒备心理，拒绝与身边人和社区矫正工作人员交流。不愿袒露真实想法，做事缺乏主动性，行动懒散，存在极度的自我保护。

情感层面

自责与悔过

有些矫正对象在接受矫正过程中幡然醒悟，认识到自己因一时的冲动、仇视和嫉妒等犯下大错。自己的罪行给自己、他人带来了伤害，内心充满自责与悔恨，觉得自己对不起家人，对自己的行为感到后悔。过度的悔恨和自责会造成心理问题和心理疾病。

持续性的情绪低落

矫正对象的罪犯身份使其社会身份、地位和生活状态发生了改变。他们在参与社区矫正后又感到自己的自由和行动受限，从而产生持续性消极情绪体验。

抵触和不服情绪充斥

有些矫正对象认为自己的犯罪属于过失行为或对自己的犯罪行为存在侥幸心理,对判刑心存不满,当社区矫正工作人员与其交流询问时,他们通常敷衍了事或不予理睬。

疏远与社会脱离体验

矫正对象因犯罪受法律制裁,认为其身份有别于普通公民,不愿与人交往,逐渐与他人疏远。有些矫正对象进入社区进行矫正,存在社会脱离感,难以融入社会。

形成原因

社会层面

社会身份和经济限制

矫正对象的罪犯身份使普通公民对其产生了异常认知,把他们视为不适应社会生活的敌人加以排斥和拒绝。因此,矫正对象很难融入正常的社会关系,其社会关系节点断裂或被削弱,应有权利难以实现,从而成为社会中的弱势群体。

在社会关系中被弱化的矫正对象,获取社会资源的难度加大,经济来源偏少,受到的限制较多,从而加剧在社会关系中被进一步排斥。这些都是心理问题产生的诱因。

就业和择业困难

当前,社会整体的就业压力不断增加,解决矫正对象的就业问题更加艰难。矫正对象大多文化层次低、知识技能差,因此再就业竞争力低,他们生活无着落,经济无来源,对生活缺乏信心,忧郁悲观,反复无常,很容易导致重新违法犯罪。

家庭层面

家庭关系紧张

某些矫正对象因过去犯的错,给家人的心理造成了不同程度的伤害,导致部分家庭成员对他们缺乏思想和生活上的照料,甚至将其拒之门外。还有的矫正对象不体谅家中困难,暴躁易怒。家庭中人与人之间冷漠、沟通不畅、相互埋怨、不体谅他人,对任何事情都表现得事不关己,但内心痛苦孤独、冷漠消极。

家庭关爱缺失

大多数矫正对象，尤其是一些单亲家庭的矫正对象，缺少亲情的呵护和教导，心智发育不完全，对他人没有同情心和爱心。在经历矫正改造后又容易遭受社会歧视，产生了冷漠处事、消极无为的心理。

个体层面

消极的敌视认知

常见的敌视他人行为表现为对那些曾给自己带来不愉快、挫折、争执的人发泄怨恨和不满，因与他人心理不容而产生敌视、对抗他人的消极认知。

长期的权利丧失感

矫正对象的矫正期有长有短，尤其是被剥夺政治权利的矫正对象的矫正期更长。这样漫长的矫正期限使某些矫正对象感到心里没有底，对生活缺乏信心，心里压抑、恐慌。这些心理变化也会造成矫正对象的心理不健康，从而形成心理问题。

预防策略

社会层面

提高对心理服务指导的科学认识

矫正机构和相关人员应认识到开展心理服务指导是提高社区矫正质量和效果的重要手段。可以通过组织心理学相关的专业知识讲座、结合矫正人员情况进行业务培训、举办座谈会等，帮助他们树立科学的观念，强化其职能意识。

理解和支持心理服务指导工作

由于矫正对象的文化水平普遍较低，因此可以为他们编发一些浅显易懂的宣传资料，介绍一些心理学基础知识，解决常见的心理问题。也可以通过组织心理学讲座等方式，增加他们的心理学知识，帮助他们消除对心理服务的疑虑，营造良好的心理矫治氛围。

分类矫正与管理

矫正机构和人员应该将未成年人与成年人罪犯进行区分矫正，并分类管理。所谓分类管理，就是以人身危险性大小为分类标准，结合其回归社会的趋向程度，将矫正对象区分为几类，分别实施不同模式的管理方式。同时，有针对性地制定个别化的矫正方案，合理配置力量，加大对人身危险性较大的重点对象的监管，提高管控安全系数。

家庭层面

通过亲情纽带强化家庭防治

按照社会控制理论，纽带作用越弱，犯罪行为越多。研究表明，不良的家庭环境会降低矫正人员对家庭的依恋，导致亲情纽带呈弱化趋势，家庭对其控制力也会减弱，从而容易导致犯罪。

由于血缘和抚养关系，家庭对其成员所具有强大吸引力是其他因素都无法比拟的。家庭支持型社区矫正模式，即建立社区服刑人员与家庭的感情联结，旨在发挥亲情纽带的矫正作用，促进矫正对象恢复家庭关系并顺利回归社会。

通过亲情力量进行感化挽救

在社区矫正中合理地运用矫正对象对家庭的归属感，不仅能够恢复其家庭关系，而且家庭成员的鼓励还能增强当事人参加矫正的积极性，帮助矫正对象克服问题，使其重建生活信心，获得精神和心理满足，促进其尽快适应和回归社会。

通过亲情义务实现矫正目标

家庭的两项主要功能是初级社会化和人格稳定化。初级社会化，就是儿童学习自身社会文化规范的过程；人格稳定化，就是家庭在情感上对于成年家庭成员的协助。家庭对矫正对象最为了解，获得矫正对象家庭的支持，能够帮助社区矫正机构制定有针对性的矫正方案，及时获取矫正对象的矫正情况信息，随时应对矫正过程中可能出现的种种情况。

个体层面

正确处理人际交往中的矛盾

不良的人际关系和人际冲突是造成犯罪行为的主要原因之一。要让矫正对象学会尊重他人，懂得换位思考，遵循平等、互惠的交往原则。帮助他们建立和谐友好的人际关系，引导他们正确处理在生活中遇到的人际困扰，遵循法律法规。这样一来，矫正对象才能自觉抵制外界的诱惑，不再进行违法犯罪活动。

增强社会适应能力

矫正对象回归社会的问题是如何适应社会，而适应社会的能力与其心理健康状况有着密不可分的关系。因此，在社区矫正工作中，工作者要引导矫正对象重塑健康人格，勇敢面对过去；运用心理矫治激发矫正对象的潜能，使之顺利回归社会。

案例解析与综合干预策略

案例解析

小王，男，25岁，初中文化水平，家住B区，因抢劫被判处有期徒刑三年，缓刑三年，成为矫正对象。

小王生于农村，后举家搬迁，与父母、妹妹同住在不足15平方米的房子里。渐渐地，小王变得压抑、自卑。小王父亲是工人，母亲是钟点工，靠打零工贴补家用，维持日常开销。小王父母望子成龙心切，希望他通过读书出人头地。一旦成绩不好或做错事，父母就会通过打骂的方式教训小王。小王步入青春期后，其父母管教他时经常采用暴力，反而让小王厌恶学习，成绩一落千丈，甚至逃学，与社会上的不良少年厮混。

后来，小王恋爱多年的女朋友跟他提出分手。小王自责、懊悔，失恋后整日无所事事，沉迷于打游戏，封闭自己，精神颓废。其父母采用剪断网线的方法希望小王改变萎靡不振的状态，亲子关系处于冷战状态。案发前，小王整天泡在网吧，沉迷游戏，无法自拔。不久后，小王以非法占有为目的，唆使同伴，采用暴力胁迫的方法劫取他人财物，构成了抢劫罪。

在社区矫正期间，小王曾获得一份工作，但因其与同事、领导的关系紧张且遭到了不公平待遇，内心感觉他们看不起自己。后来因加班费的事情与领导发生矛盾冲突，实在待不下去了，就与公司解除了劳动合同。

在这期间，社区矫正人员也发现了其行为异常，如与社区矫正人员约好教育时间但不守时，且对自己的前途感觉无望。经测试后发现，小王具有中度抑郁、焦虑。小王也坦言，自己食欲减退、体重下降、失眠、自我评价低，经常处于悲观、沮丧、烦躁的状态，情绪控制能力差，甚至出现憎恶社会的心理。

解析

从犯罪事实看，小王抢劫是其一时的冲动行为，实际上却有着长期的深层根源和内外诱因。第一，他的家庭环境和教育方式存在一定的问题，具体表现在家庭居住在 15 平方米的小房子里，容易产生较多的冲突和矛盾；且父母的粗暴教育方式严重地损害了其自信心，缺乏情感满足，造成他在后天成长中缺乏直面困难的方法和勇气。第二，环境的诱发因素。与女友分手对小王的打击很大，而他又不能客观理性地看待，造成认知偏差。由于没有足够的应对方式，因此他只能沉迷游戏以逃避现实，试图减轻心理痛苦。当游戏也不能让他获得满足时，他选择了抢劫。第三，小王在矫正期间没有建立良好的人际关系，对人缺乏信任，对未来没有希望感，这也与其幼年时期的自卑、缺乏安全感、缺乏情感关怀、没有生存技能有关。因此，应对小王进行系统的社会心理服务，帮助他改善不正确认知，矫正不良行为，树立自信心，培养生活技能，以促进其回归社会、正常生活。

具体工作步骤如表 18-1 所示。

表 18-1　　　　　　　　　　　案例工作步骤

阶段	目标	处理
第一阶段 情感支持（资源取向的支持）	调整心态，恢复心理平衡，树立自信。改善亲子关系，实现家庭系统内部的积极互动	• **心理疏导**。矫正人员采用认知、情感干预和心理社会干预模式使矫正对象及其父母达到心理平衡、认知改变。让父母多看到孩子的闪光点，学会鼓励和支持孩子 • **焦点解决模式心理服务**。采用例外询问、刻度化询问等技术，干预矫正对象的偏差认知。同时，还要对矫正对象进行心理疏导，减轻其心理抑郁焦虑状况，使其能够客观地认识自己，树立自信心
第二阶段 重塑认知矫正行为	摆脱网络游戏，增强社会交往能力，积极融入社会	• **焦点小组心理服务**。开展健康上网小组活动。强调潜能、成功与赞美，重视未来导向，发掘自身资源，使这些资源变成成员有力的支持力量，使其正确认识网络作用。在小组互动和共同完成指定任务的过程中，使其学会自我控制的技巧及与人沟通的技巧，增强自信心，走出自我封闭的圈子 • **行为干预**。在具体操作时，采用认知行为矫正法强化良好行为的建立，帮助其正确认知重建；树立典型的矫正成功案例，开展模仿学习，达到行为矫正的目的
第三阶段 树立目标生涯规划	树立正确的就业观，尽快实现就业	**职业指导**。采用自我职业指导问卷，对矫正对象进行测试，了解其职业取向，引导其选择职业方向
第四阶段 建构积极人际关系	认清现实，努力改善生活环境，更好地融入社会，成为对社会有用的人	**社区参与**。鼓励矫正对象积极参与社区活动（如社区举办的篮球赛、公益活动等）。加强与外界的沟通交流，打破自我封闭，走出去与他人交往、与社会接触

综合干预策略

综合干预策略见表 18-2。

表 18-2　　社区矫正综合干预策略

阶段	目标	干预策略	工具与技术	处理
第一阶段	舒缓压力、获得温暖和安全感	情感干预	心理疏导，传统情绪宣泄方法、智能情绪宣泄方法	• 矫正人员对矫正对象进行心理疏导时，要与其平等、友善相处，了解其真实想法。通过解决矫正对象的心理困扰，消除其不良情绪，使矫正对象保持稳定、积极的情绪，能以积极的心态看待社会、看待生活，增强自身的情绪调节能力 • 采用传统的运动宣泄、发声宣泄、情境转移宣泄、正念训练、倾诉、分享等方法；智能的生物反馈法、智能宣泄设备（宣泄机器人、VR 心理干预）等
第二阶段	纠正不合理认知、重塑信心	认知干预	法制教育、心理健康教育、心理服务指导	• 加强对矫正对象的法律法规知识培训，进行全面的法律普及教育 • 注重心理健康基础知识教育，且教育内容要区分矫正对象的不同矫正阶段、不同犯罪类型 • 社区机构邀请专业心理服务机构为矫正人员提供心理服务方案
第三阶段	矫正不良行为，重建良好行为	行为干预	行为矫正法、模仿学习法、认知行为矫正法	• 通过建立新的条件反射来重塑矫正对象的良好行为，要注意积极强化、消极强化、间歇性强化、行为契约法和代币法等具体运用，要遵循行为的强化控制原理 • 依据班杜拉的社会学习理论，有意识地选择矫正对象所肯定的榜样人物或理想人物，或是自己周围的生活中具有成功典范的矫正对象作为其行动的榜样，让其进行模仿学习，以达到潜移默化的学习效果 • 矫正人员可以在认知重建、训练应对技巧、解决紧急问题等方面帮助矫正对象。在认知、情绪和行为总体上干预矫正对象的心理问题
第四阶段	建立良好认知和行为重建公民身份	资源取向干预	焦点小组解决模式，多资源支持	建立小组群体，增强沟通合作，开展健康上网小组活动，增强信心，提高交往能力鼓励参与社区活动，增强交往的范围和广度，努力整合各种外在资源和力量，构成一个联动机制

第 19 章

社区戒毒人员的心理服务指导

社区戒毒是指在社区的牵头、监管下，整合家庭、社区、公安、卫生、民政等力量和资源，让吸毒人员在社区里实现戒毒。开展社区戒毒有助于建立平等、尊重、合作的人际关系，增强戒毒者对社区的归属感和认同感，增强戒毒的责任意识；有助于运用和发挥社区在促进戒毒者再社会化、社会控制、社会参与方面的特殊功能，避免复杂的社会生活环境对戒毒者的干扰，保证戒毒训练的一致性和连续性，从而提高戒毒效率。社区戒毒将戒毒对象置于形成其意识、情感、行为的社会环境中，调动多方积极力量对戒毒对象进行帮助，以实现其重回社会的目标。

心理特征及表现形式

认知层面

主要表现为病理性的消极态度，主观意志色彩浓厚，是非不分，善恶不分，道德沦丧。社区戒毒人员在多次接受戒毒和多次复吸的长期恶性循环过程中，尽管对毒品产生了一定程度的憎恨心理，却因为自身有多次戒毒失败的既往经历，逐渐丧失了对成功戒毒的信心，继而在实际参与社区开展的戒毒活动中难以树立和秉持积极且合理的戒毒动机，在主观认知层面始终对吸毒行为存在罪恶感，无法集中精力关注自我内在感受，无法接受正确积极的心理引导，造成了一定程度的不良影响。未成年吸毒人员会呈现出诸多共同的特征，主要表现为自闭、冷漠、叛逆、自我中心、不愿意与人交流等。

行为层面

社区戒毒人员的冲动性和自我控制力之间存在显著的负相关，自我控制力较低的社区戒毒人员表现出更高的冲动性。社区戒毒人员与普通社会群体相比更倾向于及时满足，即在面对刺激时更易表现出冲动性。在行为习惯方面，社区戒毒人员多表现为生活慵懒、追求高物质享受、自律性差、做事敷衍、缺乏意志力、从众心强、好冒险、对后果考虑不足、生活依赖性强、喜欢独处等。

情感层面

吸毒人员大多脱离社会生活，无视家人、朋友的规劝，最后被他们厌弃，生活在孤独之中。吸毒人员常有悲观、抑郁、焦虑、紧张等情绪，大多存在成瘾后应激障碍与焦虑、抑郁共病现象。社区戒毒人员大多感情淡漠，对他人漠不关心，情绪起伏不定，易激惹，自卑感受强烈，对未来发展态度悲观，对社会环境和周边他人表现出敌意，在家庭社会责任感层面存在缺失。女性吸毒人员不仅心情抑郁苦闷、缺乏自尊，又因为想要摆脱吸毒行为而痛苦、悲观失望，缺乏对社会环境的归属感。

毒品对社区戒毒人员的意志力、注意力、记忆力、耐受力及持久力等方面均具有显著的破坏作用，吸毒人员通常会逐步丧失基本的效率、兴趣、责任感，继而逐步形成和展示出一定程度的反社会性、情绪不稳定性、容易冲动、防御机制缺乏、追求立即满足、羞耻感匮乏，以及伦理道德扭曲等表现。

形成原因

社会层面

社会歧视是阻碍吸毒人员回归社会的一个重要原因。社会对吸毒者普遍存在着种种成见，很多人认为吸上了毒就无法戒掉，加上吸毒确实对社会治安造成了很大的影响，从而又强化了社会大众对吸毒者的戒备和歧视心理。此外，吸毒与艾滋病恰恰又是一对孪生兄弟，人们因"恐艾症"而对吸毒人员唯恐避之不及。国内某戒毒所对复吸者的一项调查发现，当被问及复吸的原因时，有20%的人回答说是因为社会歧视，感到孤立，希望得到社会的接纳。

家庭层面

家庭不接纳吸毒人员回归，吸毒者多因此心灰意冷、无所寄托。在现实生活中，因吸毒而倾家荡产、妻离子散。吸毒者曾给其家庭造成了巨大的精神伤害和经济损失，因而不少亲人感到伤透了心，不得不与其一刀两断。在戒毒所有相当比例的吸毒者戒断毒瘾后主动要求留在所内，重要原因之一是家庭不接纳、回归不了社会。家庭是最重要的再社会化主体之一。家庭的关心、爱护和教育往往能激发吸毒者鼓起勇气重新做人，培养能力得以健康生存。

个体层面

大多数吸毒人员对于回归社会都存在心理障碍。原因在于：一是因吸毒给家庭和亲人造成经济上的巨大损失和情感上的严重伤害，使得吸毒人员感到自责、内疚；二是因遭到家庭的强烈反对和社会的孤立歧视，吸毒人员总是千方百计地掩饰过去的吸毒行为，把自己封闭起来，久而久之形成了孤僻的性格，拒绝融入社会；三是难以把握自己的前途、工作没有着落，从而对一切丧失信心、悲观失望，由此产生恐惧感、失落感；四是由于长期吸毒而变得自私、孤僻、报复心强且手段残忍，加之家庭反对、亲人谴责、社会排斥，使其形成了逆反心理。

预防策略

加强禁毒宣传教育

形成宣传合力

禁毒宣传涉及方方面面的工作，不是哪个单位、组织或个人的责任，而是全社会的共同责任，需要政府部门、司法机关、群团组织、新闻媒体、学校、社区、家庭的共同参与，从而形成禁毒宣传的合力。

丰富宣传内容

禁毒宣传的内容的核心是宣传普及毒品知识，让全社会了解毒品的危害，提高社会大众尤其是未成年人的毒品预防意识和能力。鉴于不少未成年人对新型毒品的认识存在误区，禁毒宣传工作要结合新型毒品发展的最新态势，重点加强对新型毒品传播途径及新型毒品危害性的宣传，从而预防新型毒品的逐渐蔓延之势。

创新宣传形式

结合信息技术发展的最新态势，同时充分考虑社会大众各个阶段独有的身心特征，采取大家认可和接受的方式开展禁毒宣传教育，避免机械的说教。一方面，要注重对典型案例的运用，发挥以案说法的积极效果，让人们对毒品及其危害形成直观的认识。另一方面，要充分运用新媒体技术，积极适应互联网和信息技术发展的实际，采用动画、短视频等人们喜闻乐见的形式，提高禁毒宣传的实际效果。

加强心理危机干预

吸毒的重要原因就是为了获得替代性满足。吸毒人员对于生活中所面临的困难挫折缺乏处理应对的能力，为了摆脱或者逃避现实的苦难而实施吸毒行为。因此，一定要积极加强心理危机干预，帮助他们理性认识和面对困难，引导他们乐观地走出现实困境的阴影，防止其在出现困境后实施吸毒行为。

加强娱乐场所监管

歌厅、酒吧等娱乐场所是滋生毒品违法犯罪行为的温床，不少毒品违法分子把娱乐场所作为毒品交易的地方，公然向吸毒人员提供或者贩卖毒品。因此，必须加强对娱乐场所的监管，严格执行未成年人禁入制度，加大法律规定的执行力度，一旦发现有娱乐场所接纳或允许未成年人进入，就给予严厉处罚。

加强网络空间管理

对人们吸毒行为的防治，必须充分注重互联网时代的特征。由于网络监管的难度较大，不少有害的毒品信息在网络空间流传。因此，必须加强网络空间管理，过滤和删除不良信息，净化网络空间，让有害的毒品信息在网络空间无立足之地。政府有关部门应加大扶持力度，支持有关企事业单位加强毒品有害信息过滤筛选系统的开发研究，为未成年人上网提供绿色、健康的防护软件。

阻断不良人际交往

未成年人在进入青春期后，同伴影响力的上升为未成年人的人际交往提出了新的考验，特别是不少未成年人在读书期间接触了一些具有吸毒等不良行为的社会青年，往往会产生模仿甚至是崇拜的心理，进而跟着实施吸毒行为。此外，适龄未成年人的辍学现象也在很大程度上促成了未成年人形成不良人际交往。

加大禁毒执法力度

为了提高禁毒效果，我国在《刑法》《治安管理处罚法》《禁毒法》《戒毒条例》等法律法规中均对禁毒问题做出了规定，但徒法不足以自行，法律的生命力在于执行，为了有效防治吸毒行为，必须加大禁毒执法力度，将法律的文本规定落实到具体的社会实践中。

案例解析与综合干预策略

案例解析

冯某，男，40余岁，汉族，未婚，小学未毕业，从事保安工作，无宗教信仰，现独居，有长达20余年的吸毒史。父母已逝，兄弟姐妹很多。

冯某第一次吸毒是在舞厅，冯某当时并不了解白粉的危害，在朋友的一再劝说和好奇心的驱使下，冯某吸食了第一口，从此，沉沦毒海，不能自拔。因为吸毒，冯某先后九次出入戒毒所接受强制隔离戒毒，家人逐渐对其失去信心，他与家人关系变得十分冷淡。他之前住在姐姐家，后来房子已出租给别人，他现在居无定所。

冯某从戒毒所解教出来后需要接受社区康复，社工和辖区民警进行了无缝对接，他成为社工所在社区康复工作站的一名服务对象。

解析

针对冯某的情况，社工需要掌握和运用相关理论知识（如需要层次理论），并通过就业帮扶、个案辅导、连接资源、社区宣传等方法去帮助戒毒人员戒毒康复，重新融入社会。工作步骤见表19–1。

表 19–1　　　　　　　　　　案例工作步骤

阶段	处理
评估需求	• **安居的需求**。居住是人最原始的需求。冯某现在居无定所，如果不能满足这个需求，他就很难再去考虑其他层次的需求（如戒毒康复的需求） • **就业的需求**。就业能帮助戒毒康复人员自食其力，让他们有精神寄托，不会有过多的时间去思考有关毒品的事情。还可以帮助他们融入新的社会圈子，结交新的朋友，减少负性交往

续前表

阶段	处理
评估需求	• **维持操守的需求**。有研究表明，吸毒者的复吸率高，易戒难守，是戒毒康复的客观规律。戒毒动机强化、定期尿检、预防复吸训练等能有效帮助他们维持操守，走出"吸毒－戒毒－复吸－戒毒"的怪圈子 • **身心康复的需求**。因为长期吸食毒品，吸毒人员的身体器官、脑部都遭到不同程度的损害，而且他们的心理、行为也出现了不同程度的偏差，自我效能感、责任心低下、自卑、懒惰等几乎成了他们的标签 • **社会支持系统修复的需求**。家人的关心、良好积极的人际交往对戒毒康复人员的戒毒康复是非常重要的。然而，大部分戒毒康复人员的家庭关系都已破裂，家人对他们大多都表示无能为力；长期的吸毒、反复出入戒毒所、社会歧视等导致他们经常接触的都是"道友"，难以结交新的正常的朋友，负性交往占据主要位置 • **良好的社会氛围的需求**。戒毒康复人员往往会被标签化，回归社会时，在交往、就业等方面很容易受到歧视，不被接纳。温暖、包容的社会氛围有利于他们的回归
制订服务计划	• **长期目标**。至少接受社工三年的服务，维持操守，自食其力，进行良好的人际交往，树立健康向上的生活态度 • **具体目标及服务计划**。先协助冯某找到一个临时的住所，然后协助冯某找到一份保安工作。在上岗前，冯某每个星期都要到社工站报到一次，社工随机进行尿检。上岗后，每个月至少要和社工面谈一次，并接受尿检，具体时间由社工来定
介入过程	• **无缝对接**。在冯某出所当天，社工与辖区民警进行无缝对接，三方共同签订了《社区戒毒社区康复协议》。冯某需要定期来到社工站尿检和面谈，这样能对冯某的戒毒康复起到监督作用，有利于其维持操守 • **满足其安居的需求**。社工要充当一名资源联结者。首先，通过搜寻一些租房信息，帮助冯某找到了住处，稳定了下来。之后，社工全程跟进协助冯某申请廉租房，使其可以真正地住有所居 • **就业帮扶**。冯某有较强的就业动机，根据冯某的意愿，社工为其介绍了几份保安的工作，但因喝酒等原因，几份工作都没有做得很长久。社工反复做辅导工作，并动用了同侪志愿者的力量，让其以过来人的身份去帮助冯某 • **个案辅导**。冯某因交友不善，经常被朋友怂恿来社工站闹事。社工反复对其做辅导工作，让其结交正能量的朋友去替代损友 • **社区宣传、连接资源**。戒毒康复人员很容易受到社会的歧视，不被接纳，社工通过社区宣传的方式，一方面宣传毒品知识，呼吁人们远离毒品，珍爱生命，另一方面号召人们包容、接纳戒毒康复人员，给予他们支持和关怀，帮助他们远离毒品。在社区宣传的过程中，往往会动员戒毒康复人员担任禁毒志愿者，积极参与宣传工作，有助于其融入社会、回归社会
效果评估	• 冯某现已有稳定的住所 • 协助冯某成功找到了一份保安工作 • 介入期间，冯某一直保持操守 • 人际关系得到改善，戒毒康复的信心得到增强，树立了健康向上的生活态度
反思总结	• 冯某与其家人的关系不太融洽，但在介入过程中，社工较少关注到冯某与其家人的关系，没有提供家庭关系辅导。在之后的工作中，社工需要增加这一方面的服务 • 在工作的过程中，因为戒毒者群体的特殊性，社工可利用的资源很少，如何争取更多的资源，是社工需要攻克的一大难题

综合干预策略

开通心理干预热线

心理热线能迅速有效地帮助处于危机中的人们处理危机、摆脱困境、恢复心理平衡、提高适应力。

开展心理援助服务

积极搭建心理服务平台，开展心理矫治和心理干预。根据不同人的需求，因时、因地、因人选用合适的治疗方案。

建立社会支持系统

固定的收入、温暖的家庭是重建戒毒康复人员心灵绿洲的必需品。一方面，要教会戒毒康复人员正确对待家人、同事的言行和情绪，调整自己的心态；另一方面做好戒毒康复人员家人和单位的工作，为戒毒康复人员创建较为舒适的工作和生活环境。

第 20 章

灾后心理援助的服务指导

灾难是指能够对人类及其生存的环境造成破坏性影响的事物总称。例如，2008年的"5·12"汶川大地震、2019年底起在全球蔓延的新冠疫情、2021年的"7·20"郑州特大暴雨等。

灾后心理援助是指帮助受灾者减轻由灾难性事件产生的直接心理压力，尽快形成应对心理压力的机制和能力，逐渐恢复正常的生活状态；同时，鉴别因灾害造成严重心理创伤的人员，并转介到相关专业机构接受有效的心理治疗。

灾后心理援助人群分为三级：第一级是亲身经历过灾难的幸存者和因灾难失去亲人的人，是灾难中心理受到严重创伤的群体；第二级是亲临灾难现场的一线救援人员（包括政府指挥人员、广大官兵、医护人员、社会工作者、心理学工作者、媒体人和其他志愿者等）；第三级是其他与灾难事件相关的人员，包括通过电视、网络、报纸等媒介了解灾难场面的普通民众。

重大灾难不仅造成了人们生命与财产的巨大损失，还给绝大多数重大灾难的幸存者与亲历者等带来了巨大的心理冲击与创伤。

心理特征及表现形式

认知层面

感觉过度反应

对于与灾害相关的声音、图像、气味等感觉反应过度。没有安全感，容易紧张焦虑，失眠、做噩梦，总是从噩梦中惊醒。

强迫性的重复回忆

想到灾难中失去的亲人，心里觉得十分空虚，无法做任何事情。闭上眼睛，令人感到恐惧、悲伤的灾难画面就在脑海中反复出现。

思念

不断地期待奇迹出现，却一次次地失望。思念死去的亲人，心如刀绞。

行为层面

易疲倦，没有精神；身体发抖、抽筋；呼吸困难，感觉憋气；喉咙及胸部感觉梗塞；失眠、多梦、易惊醒；注意力不集中、恍惚；记忆力减退、眩晕、头晕眼花；躯体疼痛，包括头颈背痛、内脏器官痛；心跳突然加快或反胃，腹泻；女性月经失调。

情绪层面

创伤后应激障碍

创伤后应激障碍是指由异乎寻常的威胁性或灾难心理创伤导致延迟出现的和长期持续的精神障碍，又称延迟性心因性反应。分为急性创伤后应激障碍，病程短于三个月；慢性型，病程三个月或更长；迟发型，创伤事件发生六个月之后才出现症状，最长的会持续十多年。核心症状如下。

闯入性症状

主要表现为灾难性的情景和内容在思维记忆或梦中反复出现，有的人常常在梦中尖叫并从噩梦中惊醒，且在醒后持续主动"延续"被中断的场景，产生强烈的情感体验（如恐惧不安等）。也可以表现为超出正常水平的触景生情，或者在接触与灾难性相关的情景线索时，诱发强烈的心理痛苦和生理反应。

回避和麻木的症状

主要表现为患者长期或持续性地极力回避与创伤经历有关的事件或情景，拒绝参加有关的活动，回避创伤的地点或与创伤有关的人或事，有些患者甚至出现选择性遗忘，不能回忆起与创伤有关的事件细节。

许多患者会出现情感麻木，对任何事情都兴趣索然，很少外出参加有意义的活动，与外界疏远隔离，很少与人交谈，有罪恶感，难以与别人建立亲密关系，与整个现实世界格格不入，甚至产生轻生的念头，严重的可能有自杀观念或自杀行为，显著影响个人的社会功能,难以维持正常的生活和工作。

警戒性症状

主要表现为过度警觉、惊跳反应增强,可伴有注意力不集中、激惹性增高及焦虑情绪。

恐惧和焦虑

包括灾难发生时的恐惧(发抖、尖叫甚至呼吸困难)和灾后的焦虑(即担心灾难会再次发生,担心自己或亲人会再次受到伤害,担心只剩自己一个人,害怕自己崩溃,极度缺乏安全感)。

无助感

无助感是指感觉到人类在自然灾害面前非常脆弱、渺小,感觉到无能为力、不堪一击,不知道眼下及将来该怎么办,有时会出现大脑一片空白、不知道自己在干什么的情况。

悲伤

大多数人会用号啕大哭或不断抽泣来宣泄或者疏解,少数人会表现得麻木冷漠、面无表情。

内疚感

内疚感就是觉得没有人可以帮助自己,恨自己没有能力救出家人,希望死去的是自己,而不是亲人,感觉自己是因为做错了什么才导致了亲人死亡。

愤怒

愤怒是指质疑上天为什么这样对自己,认为救灾的动作怎么那么慢,觉得别人根本不知道自己的需要,不理解自己的痛苦。

形成原因

社会因素

社会因素对灾后心理健康的影响很大,以汶川大地震为例,由于当时人们对灾后心理援助工作的认识不足，造成了震后心理援助工作的无序化。

心理援助工作无组织、无计划

心理工作者或个人或团队各自为政找灾民做心理援助，有些灾民一天要被动地做几次心理咨询，让部分灾民对心理援助产生了抵触。

有些咨询师不遵守心理咨询伦理

他们以自己的需要为出发点，不顾及灾民的心理感受，给灾民带来第二次的心理伤害。

有些心理工作者资质不够或本身有一定的心理问题

他们不仅不能为灾民提供心理服务，可能自己还存在心理问题。

家庭因素

灾难造成了家庭支持系统功能下降。主要表现为灾难可能会造成家庭结构不完整，有亲人遇难，使人进入哀伤期，这样心理创伤的叠加会加剧人们的不良心理反应，可能会导致人们产生创伤后应激障碍。

此外，灾难后，亲历灾难的家庭成员可能会产生灾难心理危机反应，失去了良好的家庭氛围，亲人之间的人际沟通减少，互相支持的能力及力度降低。

个人因素

人们在灾难发生前的心理状况，会影响其灾后心理健康水平。

受到严重创伤

对于第一级援助对象而言，有的人可能因灾难造成了身体的残疾，有的人可能因此失去至亲、至爱的人，他们还可能丧失了赖以生存的家园。对于所有援助对象来说，都会因为目睹了大量的死亡、伤残画面而在心理上受到极大的冲击。

精疲力竭

第一级援助对象会因在灾难中逃生或是寻找家人而精疲力竭，第二级援助对象会因为救援工作而精疲力竭，身体状况不良会导致情绪不佳。

受灾前的心理状况的影响

比如，有人在受灾前就常用消极的认知模式（如不合理信念、固化思维、消极的自动化思维等）对待事情，或是没有健全的人格（如退缩、易激惹、个人中心化等），或是没有良好的情绪管理能力，这些都会影响其灾后的心理健康水平。

预防策略

灾后出现身心反应是非常正常的，但如果不及时干预，可能就会对人们的身心造成持续影响、产生心理失衡和危机，甚至会导致自杀或精神疾患。

汶川大地震后，中科院心理所从绵阳地区不同中小学的学生中抽调6000余人进行调查。结果显示，大地震后半年，创伤后应激障碍发生率高达12.7%~22.1%，明显有抑郁症状者高达13.2%~21.5%，明显有焦虑症状者达20.2%~29.9%。玉树大地震灾后心理援助是在汶川大地震心理援助经验的基础上进行的，将玉树大地震几个月后有严重心理问题的人有效控制在5%，多数人没有出现严重心理问题。

心理援助的形式分为线下和线上两类，可以根据具体情况灵活运用，一般可以同步进行。

线下心理援助

专题心理援助讲座

主要是为灾区大众做心理健康知识讲座，帮助他们学会应对策略，尽快恢复心理平衡；帮助他们在睡眠、饮食方面恢复正常；尽快学会释放情绪，并能帮助身边的亲友发泄负面情绪。

团体心理辅导与咨询

主要是对幸存者与亲历者进行同质小组心理辅导和心理危机干预。

个体心理咨询

主要是对幸存者与亲历者有严重心理和精神问题的心理治疗和咨询。

线上心理援助（心理援助热线）

线上心理援助，又称心理援助热线，是指通过公布心理援助单位的电话、QQ号、微信号、公众号及直播号等，对不能直接见面沟通但需要接受心理援助的人提供服务。心理援助热线需要全天 24 小时开通，组织好心理咨询师轮流坚守各个心理援助热线平台。

案例解析与综合干预策略

案例解析

小敏（化名），41 岁，两个孩子的母亲。

早上出门时已开始下暴雨，小敏在送两个孩子上学后准备上班。此时，水已及腰，路两旁的灌木都已被淹没。她感到很害怕，便与几个路人一起拉着前行。水流很急，冲劲很大，摔倒数次，均被拉起。小敏感到精疲力竭，有好多次想要放弃，但一想到两个孩子，心中又充满了力量。被大水困住两个多小时后，一行人被铲车营救。

获救后，小敏全身脱力颤抖、惊恐不安。晚上睡不安稳，不断惊醒，空闲下来时有灾难回闪画面。吃不下饭，不想和人（包括家人）说话，无法集中注意力，看到小水坑就不敢迈步。

两天后，前往咨询室求助。咨询师对其初步印象是，身材纤细瘦弱，短发。衣服干净整齐，脸色苍白，目光有回避，双臂紧绷，双手握拳。语言表达清晰，有逻辑性。

解析

咨询师对小敏的初始心理诊断为急性灾后应激障碍，心理咨询目标为急性灾后应激障碍疗愈（摧毁回闪画面及疗愈恐水症）。

心理咨询分五次进行，工作步骤如表 20-1 所示。

表 20-1　　　　　　　　　　案例工作步骤

阶段	目标	方法
第一次咨询	心理诊断与情绪稳定	运用倾听、共情与情绪疏导，帮助她宣泄情绪，家庭作业为每天一次写出或画出自己的心情，并对其情绪命名
第二次咨询	创伤修复	眼动脱敏与再加工疗法、正念冥想，之后的家庭作业均为正念冥想

续前表

阶段	目标	方法
第三次咨询	建立恐惧水的等级	及时评估来访者的身体状况，并根据来访者的身体状况，尤其是心脏承受能力，选择系统脱敏或暴露疗法
第四次咨询	消除对恐水症	根据来访者的身体情况，选择系统脱敏与暴露疗法相结合的方法
第五次咨询	巩固与分离	心境检验，评估对恐水症的疗愈状况 用暴露疗法让小敏去面对洪水，巩固治疗效果 与小敏分离

综合干预策略

灾后心理援助者行为守则

- 心理救援人员需确定自己身心功能良好，并有充分的时间投入救灾工作。
- 一定要在党和当地政府的组织下，遵从科学规律，最大限度地利用好自己的专业知识和技能，科学、冷静、有计划、有组织地进行心理援助。
- 在职业伦理和科学的指引下，在心理援助工作中，相互支持、相互提醒、相互救助，避免和减少替代性创伤。
- 遵守职业伦理规范和保密性原则，尊重受灾者的隐私和各项权利。
- 心理援助人员需要有心理咨询和支持的专业团队，必要时可将求助者转介至当地合适的心理辅导机构。

综合干预策略流程

稳定情绪

利用稳定技术，稳定受灾群众的情绪（倾听、共情、放松训练、情绪宣泄）。

给予受灾群众无条件的接纳和积极关注

利用正常化技术，消除受灾者对灾后心理反应存在的困惑，保证灾后群众的心理安全。

引导挖掘积极资源，提高受灾群众的心理应对策略

可利用的积极资源包括环境支持，这是可利用的最佳资源，让受灾者知道过去或现在有哪些人能帮助自己；应付机制，即受灾者可以用来战胜目前危机的行动、

行为或资源；积极的、具有建设性的思维方式，可用来改变受灾者对现实的看法，从而减轻应激与焦虑水平。

评估灾后心理风险程度，确定重点人群

评估工具包括心理创伤身心症状评估表；儿童创伤经验身心症状评估表（分三组：婴儿 0~2.5 岁；幼儿儿童 2.5~11 岁；青少年 11~18 岁）；简易应对方式问卷；SCL-90 症状自评量表等。

制订重点人群心理干预方案与普通人群的心理干预方案

重点人群是经过筛查与心理评估后，确定有严重心理问题和严重心理障碍的人群，根据他们的心理状况，制订干预方案。

普通人群、严重心理问题人群、严重心理障碍人群的心理干预方案如表 20-2 所示。

表 20-2　普通人群、严重心理问题人群、严重心理障碍人群的心理干预方案

人群划分	心理干预方案
普通人群	• 专题心理健康知识讲座 • 同质团体咨询
严重心理问题人群	• 同质团体小组咨询 • 个体心理咨询
严重心理障碍人群	• 个体心理咨询 • 心理科或精神科治疗

实施心理危机干预

实施心理干预方案。

撤离灾区

心理援助结束后，尽快撤离灾区。

追踪回访

持续关注援助过的重点人群，定期回访，如果发现他们中间仍有严重症状者，需尽快将其转介到心理治疗或精神治疗的专业机构。

针对儿童的心理援助

儿童（尤其是六岁以下的儿童）在创伤后的身心表现与成人有所不同。针对儿

童受灾群体，不同时段的干预措施如下。

（1）灾难发生后的 72 小时内

这个阶段又被称为生命救援的黄金 72 小时，这个阶段的心理援助主要是安抚不稳定情绪。对于受身心创伤的孩子，他们可能表现为呆滞、木然、爱哭闹、依恋他人、失眠、梦魇、容易受惊吓等。此时，心理援助人员的重要任务在于让孩子相信你会保护他。

（2）灾难发生后三天至四周

这个阶段的儿童可能表现为故意惹大人生气、诉说意外发生的经过、玩耍游戏时重演灾害发生的情形等。心理救援人员应帮助孩子了解其恐惧和痛苦，让其诉说或用其他方式（如沙盘游戏、绘画技术）表达出来。

（3）灾难发生后的一个月至半年

这个阶段是从紧急的心理重建转入灾后恢复重建的过渡期。心理救助者应帮助儿童回归到灾难前的生活情境，如为重返校园做准备等。

第三部分

社会心理服务工具箱

工具 1

社会心理服务工作站功能室建设方案

接待室建设方案（选配）

适用

社会心理服务工作站接待室。

场地标准

一个房间，面积为 8~15 平方米。

功能说明

用于心理服务接待工作。向来访者普及心理健康知识，建立档案资料，预约心理咨询服务。

设备器材

分类	名称	基本配置	数量	备注
心理服务设备	心理健康资料	心理健康书籍和宣传资料	若干	必配
	心理挂图	规格：40cm×60cm 材质：PVC 板 种类：专业或者非专业	2 幅	必配
	心理自助查询一体机	产品组件：电脑主机、触摸屏幕、钢制机身、控制软件 功能：心理服务中心介绍、咨询室介绍、心理专家咨询，心理活动日程安排等	1 套	选配

续前表

分类	名称	基本配置	数量	备注
心理服务设备	健康检测仪器	人体成分分析仪、全自动血压仪、中医体质识别仪、身高体重测量仪、快速心电图机、血糖仪、胎心仪、LED视力表、额温枪、简易药箱和检测动脉硬化、肺功能、骨密度的检测仪、健康自测一体机	不限	选配
办公用品	沙发或者长椅	风格：温馨田园，有扶手 颜色：蓝色、浅绿等温馨轻松的颜色为主	若干	必配
	书架	样式有创意，数量不限	1个	必配
	饮水设施	不限，采购标准以满足日常办公需要为宜	1个	必配
	绿色植物	不限，采购标准以满足接待室装饰为宜	2盆	必配
	电脑	安装专业软件一套	1台	必配
	打印机	不限，采购标准以满足日常办公需要为宜	1台	选配
	档案柜	不限，采购标准以满足日常办公需要为宜	1组	选配
	办公桌椅	尺寸、色调按正常办公需求采购	1套	选配

咨询室建设方案（必配）

适用

社会心理服务工作站咨询室；社区（村）心理咨询室或社会工作室；机关、企事业单位心理健康辅导室。

场地标准

一个房间，面积15平方米左右。

功能说明

用于开展心理服务接待、咨询和心理疏导服务。心理咨询师和社区志愿者通过面谈、沙盘游戏等方式了解来访者的心理状况，普及心理健康知识，对特定人群开展测试筛查、建立档案，根据需要开展心理疏导和危机干预工作。

第三部分　社会心理服务工具箱

设备器材

分类	名称	基本配置	数量	备注
心理服务设备	心理沙盘	沙盘：1个，内侧尺寸为57cm×72cm×7cm，外侧尺寸为60cm×75cm×10cm 沙具架：4个，尺寸为160cm×80cm×30cm 沙具：1600个，种类分为18大类（宗教类、风车、灯塔等标志类，公共标识类，交通工具类，公共建筑类，桥栅栏类，日月等自然物类，贝壳山石类，现实中人物类，空想人物类，虚拟人物类，恐龙怪兽类，家具，日用品类，水生动物、野生动物类，家禽家畜类，草坪类，植物类，军队类） 沙盘管理软件：1套 操作说明书：1本 沙子：2袋，颜色分为白色或黄色	1套	必配
	心理健康资料	心理健康书籍和宣传资料	若干	必配
	心理挂图	规格：40cm×60cm 材质：PVC板 种类：专业或非专业	2幅	必配
	心理自助查询一体机	产品组件：电脑主机、触摸屏幕、钢制机身、控制软件 功能：心理服务中心介绍、咨询室介绍、心理专家查询，心理活动日程安排等	1套	选配
	健康检测仪器	人体成分分析仪、全自动血压仪、中医体质辨识仪、身高体重测量仪、快速心电图机、血糖仪、胎心仪、LED视力表、额温枪、简易药箱和测量动脉硬化、肺功能、骨密度的检测仪、健康自测一体机	不限	选配
办公用品	单人沙发	尺寸：标准单人沙发 风格：温馨田园，有扶手 颜色：蓝色、浅绿等温馨轻松的颜色为主	2个	必配
	茶几	形状：圆形 颜色：咖啡色、古黄色、米白色等暖色调	1个	必配
	书架	样式有创意、数量不限	1个	必配
	饮水设施	不限，采购标准以满足日常办公需求为宜	1台	必配
	绿色植物	不限，采购标准以满足咨询室装饰为宜	2盆	必配
	电脑	安装专业软件一套	1台	必配
	打印机	不限，采购标准以满足日常办公需求为宜	1台	选配
	档案柜	不限，采购标准以满足日常办公需求为宜	1组	选配
	办公桌椅	尺寸、色调按正常办公需求采购	1套	选配

音乐放松室建设方案

适用

社会心理服务工作站音乐放松室。

场地标准

一个房间,面积 10~15 平方米,可与阅览室、书画室等合用。

功能说明

通过音乐催眠、放松训练、电脑游戏等方式调节人体的紧张状态,帮助来访者放松心情,缓解疲劳,改善身心健康。

设备器材

分类	名称	基本配置	数量	备注
心理服务设备	智能音乐放松椅	产品组件:多功能音乐放松椅、控制器、智能反馈型音乐放松软件、配套组件(催眠设备)、音乐随动按摩 功能:采集生理指标五项(HRV、压力指数、PNN50、脉搏、心率)、音乐放松训练、图文报告	1~2套	必配
	心理挂图	规格:40cm×60cm 材质:PVC板 种类:专业或非专业	2幅以上	必配
	绿色植物	不限,采购标准以满足音乐放松室装饰为宜	不限	必配
	创意摆件	不限,采购标准以满足心理服务需要为宜	不限	必配
	智能拥抱引导系统	通过拥抱者的肢体行为主动进行分析,通过"赞美–提问–回答"模式,主动输出正向引导激励语,并和拥抱者通过语音系统进行亲切对话沟通,让拥抱者感受到悉心关怀、信心和激励	1套	选配

运动放松室建设方案

适用

社会心理服务工作站运动放松室。

场地标准

一个房间，面积 15~30 平方米左右，可与体育活动室等合用。

功能说明

通过运动击打、互动游戏等方式发泄负面情绪、转移注意力，实现心理的平衡调节、内心压力的宣泄与释放。

设备器材

分类	名称	基本配置	数量	备注
心理服务设备	基础宣泄设备	组成：宣泄人、表情脸谱、宣泄挂图、宣泄棒 宣泄人：2个 表情脸谱：8张 宣泄挂图：5张 宣泄棒：8根	1套	必配
	智能互动宣泄系统	外形尺寸：169cm（高）×90cm（宽）×46cm（厚） 训练显示屏：42英寸液晶屏幕，分辨率大于1024×768 训练机柜：钢材质，白色 游戏数量：不少于150个 功能：人机互动宣泄、无线智能感应技术、自主平衡训练系统等	1套	选配
	智能呐喊宣泄系统	尺寸：1900mm（高）×980mm（宽）×240mm（厚） 功能：智能闪烁LED灯柱，实时声音测定并显示呐喊程度，自动分析宣泄者呐喊持续的时间、频率、声压及其变化，与使用者实时地进行语言沟通	1套	选配
	宣泄地板	材料：EPV环保材料 尺寸：1m（长）×1m（宽），厚度不小于2cm 颜色：黄色，叶子纹、十字纹等 材料要求：经过特殊软化处理，保护宣泄者不会受伤、耐磨、防滑、安全	根据面积	必配

续前表

分类	名称	基本配置	数量	备注
心理服务设备	宣泄墙	软包尺寸：高 2m，厚度不小于 3cm 填充物：高密度海绵 颜色：红色或红蓝搭配等	根据面积	必配
	体育器械	跑步机、单车、综合训练器等	不限	必配

团体活动室建设方案

适用

社会心理服务工作站团体活动室。

场地标准

一个房间，面积 30 平方米左右，可与阅览室、文艺活动室、会议室等合用。

功能说明

以小组或小集体的形式开展有针对性主题的团体心理辅导、互动游戏、团体心理讲座、心理交流沙龙等活动，促进团体的互动交流与思考，帮助个体获得成长与提升。

设备器材

分类	名称	基本配置	数量	备注
心理服务设备	心理团体活动训练工具包	组成：3 个室内活动包（A、B、C 包）、1 个室外活动包（D 包）、1 个团体活动包软件 配套使用教学录像：教学录像以光盘形式发放，以便培训师能迅速掌握并开展团体训练 专用使用手册：包括每个活动的名称、目的、时间、道具、场地、程序及注意事项的详细介绍，并附有更为详细完整的教材	4 套	必配

续前表

分类	名称	基本配置	数量	备注
心理服务设备	团体活动桌椅	桌：6 张扇形桌，直径 160cm，桌子高 70cm。桌面为木制材质，面板为防火板，要求防划。桌腿为全静电粉末喷塑桌腿。颜色可为红、蓝、绿、黄、粉、橙、棕、白等。可将桌子拼成圆形、扇形、S 形、X 形、三角形、半圆形、平行等 椅：PP 材质，脚为木脚，椅面宽 46cm，椅高 42cm，含椅背高 83cm	4 套	必配
	心理挂图	规格：40cm×60cm 材质：PVC 板 种类：专业或非专业	4 幅	必配
办公用品	投影仪	不限，采购标准以满足日常办公需求为宜	1 台	必配
	多媒体屏幕	不限，采购标准以满足日常办公需求为宜	1 块	必配
	团体活动坐垫	不限，采购标准以满足日常办公需求为宜	50 个	选配
	绿色植物	不限，采购标准以满足团体活动室装饰为宜	不限	选配
	电脑	不限，采购标准以满足团体活动需求为宜	1 台	选配

工具 2

社会心理服务工作伦理规范

为规范社会心理服务工作，促进社会心理服务健康发展，推进自尊自信、理性平和、积极向上的社会心态形成，特制定社会心理服务工作者伦理规范（又称"十要十不要"）[①]。本规范适用于社会心理服务的专业人员（如心理咨询与心理治疗专业人员、精神科专业人员、社会心理服务工作者），以及其他相关人员等。

科学规范

要尊重科学，遵守国家法律及相关政策法规；不要用缺乏科学依据的方式提供服务。

助人关系

要以增进服务对象福祉为目的建立助人关系；不要利用服务对象为自己或他人谋取利益。

知情同意

要尊重服务对象的知情权，如实告知各种服务信息；不要未经服务对象同意进

[①] 社会心理服务工作伦理规范［J］．心理学通讯，2021（02）．

行录音、录像。

保护隐私

要尊重服务对象的隐私权，为服务对象保密；不要未经知情同意泄露个人隐私。

边界清晰

要在能力范围内以负责任的态度开展工作，必要时及时进行转介；不要超出服务范围提供心理咨询或治疗等服务。

提升能力

要保障服务质量，注重持续学习，及时接受督导，丰富实践经验；不要因循守旧、故步自封。

关系界限

要了解多重关系对社会心理服务可能造成的影响；不要接受服务对象的请客送礼，特别不要与服务对象或其家庭成员发生性或亲密关系。

谨防偏见

要以尊重的态度接待服务对象，尽量保持客观中立、不评判；不要因自身潜在的偏见、能力局限等导致不适当行为。

危机处置

要坚持生命至上的原则,发现服务对象有自杀或伤人等严重危险情况,应及时进行处置;不要因忽视不具备完全民事行为能力的人及未成年人被性侵或失能老人被虐待等情况导致伤害。

诚实守信

要对服务对象遵守承诺;不要做虚假宣传。

中国心理学会

临床心理学注册工作委员会

2021 年 4 月

工具 3

心理服务的危机评估与干预流程相关资料

危机评估

自杀自伤评估表

评估项目	程度		
	无	有（低）	有（高）
评估自杀、自伤计划	0	1	2
评估既往相关自杀、自伤经历	0	1	2
评估当前现实压力	0	1	2
评估当前支持资源	2	1	0
临床诊断	0	1	2

参照上表评分标准，通过以下步骤评估当事人的风险程度。

评估自杀想法和自杀计划

询问当事人是否产生过自杀的想法，当其承认有时，应探察自杀想法持续的时间、频率及强度；详细了解当事人是否有进一步的自杀计划，了解自杀计划的具体性（自杀计划的细节）、致命性（计划一旦实施，在多长时间内会导致死亡）及可行性（指当事人会在多快的时间内实施自杀计划，自杀行为成功实施的可能性有多大）。

评估既往及近亲属相关自杀、自伤经历

了解当事人的自我情绪调节能力（如"你是否害怕自己在某一个你感到抑郁 /

孤独的时刻可能不顾一切真的自杀"）；了解个案过去行为中曾出现的冲动控制问题；了解当事人过去是否曾威胁过或尝试过自杀（尤其要了解最近一次自杀行为的时间、方式、诱发原因、目的、后续处理等，曾实施过的自杀未遂行为时间越近，再实施自杀的风险就越高）；还需要询问当事人有没有亲密的朋友或家庭成员曾经尝试自杀或自杀身亡。

评估目前所经历的现实压力

主要评估丧亲或其他压力事件对当事人的影响和造成的压力，当事人是否认为自己有能力应对；如果难以应对，会导致怎样的后果。

评估目前支持资源

当事人是和家人或室友生活在一起，还是独自生活（如果是，有没有朋友或邻居在附近）？日常大多数时间是单独活动还是与其他人在一起？一般说来，当事人距离潜在的支持资源越远，自杀的危险越高。

是否符合某一种或多种精神疾病诊断

了解当事人的精神疾病史，评估其当下精神状态，是否存在可能导致自杀的精神病性症状（如抑郁情绪、妄想症状等）。

根据以上信息计算总分，确认风险等级。

中低自杀风险（1~4分）

当事人仅有自杀的念头，近期并无明确计划，更没有自杀准备与自杀未遂行为，且冲动可控制。

高自杀风险（5~10分）

当事人不久前才尝试过严重的自杀行为（自杀未遂）；流露出自杀意图，表明自己已经制订了成熟的近期自杀计划；已经为自杀做了工具或地点、写遗书或交代后事等其他准备；或有用计划好的、准备好的自杀工具进行比画、模拟或演练等行为；有自杀意念且无法控制的冲动要去实施；经评估，当事人可能有患高自杀风险的重性精神疾病的倾向。

伤害他人的风险

当事人有明确的杀人计划或杀人准备；自述已经确诊致命性传染疾病且有故意

或恶意传染他人的行为及风险；经评估，可能患有重性精神疾病且有伤人倾向。

危机干预流程

对于有中低自杀风险的当事人

对于有中低自杀风险的当事人，以提供心理支持、协助当事人寻找积极资源为主要方向。

提供心理支持

给予共情性倾听，协助当事人表达和梳理各种想法和感受，辅以情绪的稳定化技术。

寻找积极资源

协助当事人发现被其忽略的解决问题的方法或途径、拓展其人际资源（可以联系的重要他人有哪些）、应对策略（自己可以采取什么行动）和建设性的思维方式，帮助他们构建信心和希望。

制订安全计划

与当事人讨论以下内容，并在心理服务的最后邀请当事人一一复述以下几点：

- 当产生自杀念头时，尝试用更理性的认知进行自我对话；
- 复习与社会心理服务工作者讨论的内容；
- 花30分钟左右做些能控制自杀念头、让自己感觉好点的事情（与当事人讨论）；
- 确认自己目前可用的资源；
- 重复做上述几点。

如果当事人的自杀想法仍继续存在并逐渐具体，还准备做些事情，就需要给其紧急联络人打电话，或拨打心理援助热线寻求专业帮助。

联系紧急联络人

必要时，社会心理服务工作者可在心理服务结束后联系其紧急联络人，简要告诉其情况；若对方想进一步了解细节，则可进行一次会谈。

对于有高自杀风险的当事人

对于有高自杀风险的当事人，社会心理服务工作者需要有团队合作的意识，可随时寻求朋辈督导或督导师的协助。

方式

如果是热线，就要与当事人保持联络状态，通过其他方式联系朋辈督导或督导师，督导师以文字形式与社会心理服务工作者协同处理；如果是面谈，就要告知当事人，为了更好地帮助他，社会心理服务工作者需要寻求一些支持，希望能邀请另一位同行进行协同危机干预。

流程

- 直接称呼当事人的名字。
- 引导当事人放下自杀工具或让当事人移动至安全的地方。
- 反复向当事人传递出愿意帮助他的意愿，愿意和他一起渡过难关，寻找解决问题的方法。
- 由于当事人的自我控制能力下降，因此社区心理服务工作者可以给当事人更为直接的指导，以提高当事人的自我控制感；如果当事人情绪失控，那么可以先带领其做一些稳定化训练（如深呼吸）。
- 必要时，心理服务工作者应立即联系督导师协同处理；或由心理服务工作者联系其紧急联络人；或直接报警。
- 如果当事人已经实施了自杀行为，就要立即查询目前其身体状况、手边是否还有自杀工具等。立即拨打 120 就医并报警。
- 向当事人提供全国 24 小时心理援助热线电话等转介资源。

对于有伤害他人风险的当事人

对于有伤害他人风险的当事人，社会心理服务工作者的工作流程如下。

- 仔细探寻甄别当事人是仅有应激下的情绪反应，还是有实际的伤人行为与危险。
- 可参照自杀风险评估的思路了解当事人伤害他人的念头、计划、准备和可执行性等。
- 如确实有较高的伤害他人的可能性（有周密计划或准备），可在心理服务结束后寻求督导师的专业支持；如果情况严重，可直接报警（既可由社会心理服务工作者报警，也可由当事人报警）。

工具 4

全国危机干预心理热线与转介机构

如果一个人产生了想要伤害自己或是自杀的想法，那么这也不是什么丢人的事，既可以向身边的人求助（如家人、朋友、同学、老师），也可以前往专业的精神卫生机构寻求帮助。此外，还可以通过报警或向本地危机干预热线求助。

生命教育与危机干预中心：400-161-9995。

以下列出了部分城市的危机干预热线电话，可参考。

省、自治区、直辖市	地级市、地区	电话
北京市		800-810-1117（座机拨打） 010-82951332（手机拨打） 010-62715275
天津市		022-88188858
上海市		021-12320（选择语言后拨 5；周一、三、五、日 8:00—22:00；周二、四、六，全天 24 小时）
辽宁省	大连	0411-84689595
吉林省	长春	0431-89685000
江苏省	南京	025-83712977
	无锡	0510-88000999（24 小时）
浙江省	杭州	0571-85029595
福建省	福州	0591-85666661
	厦门	0592-5395159
山东省	青岛	0532-85669120 0532-85659516

续前表

省、自治区、直辖市	地级市、地区	电话
河南省	省精神卫生中心	0373-3373894 0373-3373995
	郑州	0371-58678856
	南阳	0377-12355
	许昌	0374-3361021 18539062538
	周口	0394-8368120
	新乡	0373-7095888
	焦作	0391-3698120
	驻马店	0396-2923456
	安阳	0372-2373300 0372-2077509 0372-3318000（24小时）
	信阳	0376-6526355
	平顶山	0375-6166125 0375-6166091
	开封	4001-096-096 0371-22783165
	漯河	0395-3701120
广东省	广州	020-81899120
	深圳	0755-25629459
四川省	成都	028-87577510

工具 5

心理热线服务相关资料

心理援助志愿者报名表

姓名		性别	
年龄		职业	
联系电话		工作年限	
微信号		邮箱	
职业资格		证书号	
其他相关资质		证书号	
特长与爱好			
学历背景	**专业学历** □博士研究生　　　□硕士研究生　　　□本科　　　□大专 **专业方向** □心理学　　　□教育学　　　□医学　　　□其他____			
专业能力	专业方法和流派： 咨询时长：　　　　　督导时长： 是否有危机干预经历　□是　□否 是否有心理热线执业经历　□是　□否			
志愿者经历				
可提供志愿服务的时间				
其他联系人	姓名		与本人关系	
	联系电话			

心理援助志愿者接线员协议[①]

甲方：×××心理援助热线

乙方：

甲方为×××社会心理服务中心的心理援助热线，是面向全国开通的公益心理倾诉热线。乙方认同甲方的公益事业理念，以志愿接线员的身份加入甲方，为甲方公益事业提供劳务，故双方依据相关法律法规，协商签订如下协议。

1.志愿接线员事项依据甲方公益事业计划，乙方认可甲方为乙方志愿接线员事项做出的任务安排，并遵守伦理守则。

2.志愿接线员服务期限由双方约定委托乙方提供志愿接线员服务期限为　　年，期满后若续签，则需签订续签协议；若期满后不再续签，则本协议自动终止。

3.志愿服务地点及履行方式

3.1 双方约定，由乙方以甲方指定的相关志愿接线员服务执行方式提供志愿服务。

3.2 甲方负责为乙方协调志愿接线员的接线时间与方式。

3.3 乙方在为甲方提供志愿接线员服务过程中，应当遵守甲方相关管理制度，不得损害甲方利益。因乙方故意或不当行为给甲方造成损失的，乙方应承担相应责任。

3.4 双方约定期限内，乙方如不能按照双方约定提供志愿接线员服务，需要提前终止本协议的，乙方应提前七日告知甲方。

4.其他

4.1 甲方与乙方签订的《承诺书》《心理热线接线员纪律》《心理热线服务原则》作为本协议附件，与本协议具有同等效力。

4.2 本协议未尽事项，双方可另行签订补充协议，补充协议与本协议具同等效力。

4.3 本协议一式两份，经双方授权代表签字之日起生效。

甲方：　　　　　　　　　　　　　　　乙方：

日期：　　年　月　日　　　　　　　　日期：　　年　月　日

[①] 根据奇才心理热线资料改编。

心理援助服务保密承诺书

本人系×××心理援助团队远程心理支持组（以下简称"心理组"）成员，自愿参与心理组组织的社会心理援助工作（如无偿为个人、团体提供心理应激干预服务等）。由于服务内容将可能涉及服务对象的秘密或隐私，为有效保护服务对象的合法权益，本人现郑重承诺如下。

1. 自觉遵守国家相关法律法规，恪守心理咨询工作者的职业道德。

2. 严格恪守保密原则，保守服务对象的秘密及隐私。有关服务对象的自然情况、谈话内容、个案记录、测验资料、信函、视听资料及其他与服务工作相关的信息，均依法严格保密。

3. 遇媒体采访需求，及时上报，由心理组的管理组负责人统一安排。未经管理组批准，不接受与服务内容有关的采访。

4. 无论服务工作是否完成，或本人是否退出心理援助服务组，均始终严格依法履行保密义务。

5. 若本人未履行或未完全履行保密义务，本人愿承担由此产生的民事、行政、刑事及其他责任。

承诺人签字：

身份证号：

执业资格：

时间：　　年　月　日

心理援助专业伦理要求[1]

在紧急心理援助过程中应遵守中国心理学会颁布的《临床与咨询心理学工作伦理守则》总则，包括善行、责任、诚信、公正、尊重，以避免伤害及维护其最大福祉为基本出发点。应注意以下基本的伦理议题。

1. 资格能力的伦理问题：不做超出个人专业胜任力的工作

具备适当的资格能力，主要包括基本专业训练及有关危机处理的专业训练。能

---

[1] 根据奇才心理热线资料改编。

够充分评估当事人的身心状况与个别差异，提供适合的情绪支持，促进当事人对身心健康的调适。

2. 专业关系的伦理问题：不强加个人和社会的价值观

建立良好、安全的专业关系，尊重当事人的尊严与价值，以平等、真诚、关怀、负责任的态度提供心理帮助，尊重当事人个人的、社会的与文化的价值观，不评判是基本的专业态度，不以外界标准指责和要求当事人。

3. 保密及保密突破的伦理问题：兼顾个人的和公众的利益

在当事人涉及自我伤害、伤害他人或法定的通报责任时，应即刻进行危险性评估并妥善处理，在保障当事人最大福祉的同时兼顾他人与社会大众的权益，并考虑相关法律的规定。如果发现当事人出现传染病或疫情等疑似症状，在与当事人充分共情处理焦虑的基础上鼓励就医，并讨论为避免可能的影响而要采取的防护措施。

4. 结束及转介相关的伦理问题：不以转化为长期咨询为目的

紧急心理服务工作的重点在于帮助当事人渡过危机，它不同于常规的心理咨询，因此应不过度催化、不贴问题标签。尽管当事人因公共危机诱发应激反应与其既往经验有关，但做紧急心理服务时应不强化疾病观念，在当事人确有需求时提供转介专业资源，尊重当事人的自主决定。

5. 紧急援助的伦理问题：提供力所能及的基本心理支持

咨询师在擅长领域之外提供紧急服务时，应尽可能谨慎保守，并且尽快提高自己在该领域的胜任力，必要时寻求督导，紧急情况一结束或一旦有人提供适当的服务，这种咨询服务就要立刻终止。

6. 专业人员的社会责任：自我关照是基础前提

承担社会责任是对专业人员的伦理要求之一。对专业人员的自我照顾有这样的要求：（1）要自我情绪调整，维持敏感的自我觉察，避免反向移情；（2）要注意劳逸结合，维持良好的身心状态，避免职业倦怠。这是专业人员提供专业化服务的基础保障。

心理援助接线员纪律要求[①]

1. 值班时，接线员需要在安静、封闭、安全的房间接听来电；能够保证一旦接

---

① 根据奇才心理热线资料改编。

到危机热线就能联系到相关负责人。

2. 因事不能值班者，应至少提前 24 小时通知热线管理员，以得到回复为准。

3. 值班期间，不得拒接来访者电话。

4. 值班期间，接线员不得从事与服务内容无关的事情（如接待朋友、吃饭、聊天、打私人电话等）。

5. 要求使用普通话，吐字清晰。

6. 充分尊重来电者自由选择的权力，不把自己的观点强加于人。

7. 严禁辱骂、讽刺、挖苦、威胁来电者以及任何带给来电者伤害的言行。

8. 接线员应严格遵守保密原则，不得将电话内容对外泄露。接线结束后，必须认真、如实填写咨询记录。热线记录仅在平台提供的记录表中记录和保存，严禁在其他任何地方进行记录和保存。除了督导和案例研讨之外，不得向外界透露来电者的情况；对咨询记录妥善保存，不得泄密和遗漏，同时对来电内容做保密处理。

9. 接线员不得与来电者建立任何非工作关系，不得将私人通信信息（如电话、微信、QQ、地址等）告知来访者；不得泄露其他工作人员的私人信息和联系方式，保证工作人员的安全；未经许可不得在其他场合与来电者见面。

10. 不利用咨询关系谋求利益。

11. 接线员在接线中遇到自杀、有伤人倾向等危机事件时，需及时进行干预，做好报备和记录工作，有必要时向有关机构汇报。

12. 接线员应认清自己的能力限制，在接线中遇到精神疾病或其他难以处理的事件时，需及时负责任地转介或申请督导。

13. 接线员必须具备个人成长的意识，充分认识继续教育的意义，参加专业培训，在必要时寻求督导，不断提高自己的专业水平和能力。

14. 接线员需要遵守国家法律法规和职业伦理，当职业伦理与法律法规不一致时，以法律法规为准。

15. 与心理咨询无关的事项（如业务咨询、商业合作、寻找咨询师等），请让来电者拨打相关的对接电话。

心理援助热线服务原则[①]

热线咨询是向来电者提供以人为中心的、非指导性的、助人自助的专业帮助。

以来电者为中心

来电者不论有什么样的价值观、宗教信仰、处事原则、个性特征等，都给予对方无条件的积极关注。咨询过程中始终以来电者为主，信任他所说的一切，设身处地地去理解他、关心他、帮助他。

非指导性

对来电者处理自己的问题的愿望、理性、潜能等给予充分的信任；不向来电者强加自己的价值观、方法，平等、尊重、信任来电者自己的选择。

无条件积极关注

这是对来电者的基本态度，指把来电者视为具有自我价值的人并给予无条件的尊重、关怀、依赖、接纳等，不对来电者进行价值判断。

助人自助

每个人都是解决自身问题的专家，每个人都有潜能。电话咨询的目的是发掘来电者自身的资源和潜能，让其能够自己帮助自己。在帮助来电者的同时，接线员也获得了成长。

专业帮助

接线员要有专业的助人理论和技巧，向来电者提供专业帮助。这有助于向来电者提供有效的帮助，也可以避免接线员自身的枯竭。

本人已经认真阅读《心理热线伦理要求》《心理热线纪律要求》和《心理热线服务原则》并将严格按照其要求完成接线工作。

请将以上文字抄写并签字：

接线员：
日 期：   年 月 日

[①] 根据奇才心理热线资料改编。

心理援助督导保密协议

姓名（实名）		微信		微信昵称		照片
手机号		职业		邮编		
身份证号						

为保证来电者（咨客）的个人隐私及老师的知识产权，我承诺以下内容。
1. 督导过程中涉及来电者（咨客）的个人身份信息应当做匿名处理。
2. 督导期间，未经老师允许，不准任何人旁听本次培训。
3. 课程中，老师与学员论及的任何涉及个人隐私的内容，绝不在培训之外向他人提及。
4. 未经书面允许，不得私自录音、录像，不得将课件及视频资料传给其他非本次培训的人员。
5. 本次培训中所谈及的人物事件，仅限本次教学活动与技术研究，不涉及任何侵权行为。
6. 本次培训中谈及的案例仅限本次教学范围，不得在其他场合使用。
7. 督导期间产生的文字/音频/视频内容及案例，不得随意复制，不得随意传播。
8. 认真听讲，遵守课堂纪律，按时完成作业，积极参与演练，和同学们一起营造良好的学习氛围，顺利完成本次培训学习。
9. 自觉遵守群规。
10. 本协议适用于本人在本次心理援助所接受的所有督导。签署新的督导协议后，以新协议为准。
11. 若违犯本协议，本人将承担所产生的后果。

请把以下内容抄写一遍：
本人已经阅读《心理援助督导保密协议》，会严格遵守协议内容。

本人签名：　　　　　日期：　　年　月　日

心理援助热线日常记录表

接线员姓名：　　　　　　　　来电日期：　　年　月　日

来电者姓名		性别	
年龄		职业/学业	
所在地	省　市　区（县）　镇（乡）　村		
身体状况	□已确诊患者　　　　□疑似患者　　　　□就诊发热患者 □有轻微症状　　　　□其他		
来电者状态	□住院隔离病房　　□住院一般病房　　□隔离区医学观察　　□居家独住 □居家与家人合住　□宿舍或单位公寓　□出差或旅游　　　　□其他		

续前表

来电者身份	一级 □住院重症患者　　□一线医护人员　　□疾控人员和管理人员 □二级一线医护人员
	二级 □疑似患者　　　　□密切接触者　　　□就诊的发热患者
	三级 □一二级的亲属　　□一二级的朋友　　□一二级的同事 □参加疫情应对的后方救援者
	四级 □受疫情防控措施影响的疫区相关人群　　□易感人群　　□普通公众
	其他身份 _____
求助问题	
主要工作内容与方法	

心理援助热线详细个案记录表

接线员姓名：　　　　　　　　　　　来电日期：　　年　月　日

来电者姓名		性别	
年龄		职业/学业	
所在地	省　市　区（县）　镇（乡）　村		
打入热线的原因			
接线员处理方式			
来电结果			
备注			

心理援助热线危机个案记录表

接线员姓名：　　　　　　　　　　　　来电日期：　年　月　日

姓名		性别	
年龄		职业／学业	
所在地	省　市　区（县）　镇（乡）　村		
自杀评估分数	自杀自伤评估表			

项目	程度		
	无	有（低）	有（高）
评估自伤、自杀计划	0	1	2
评估既往相关自伤、自杀经历	0	1	2
评估目前现实压力	0	1	2
评估目前支持资源	2	1	0
临床诊断	0	1	2

总分数越高，风险越大。

接线员工作内容	
危机干预相关负责人意见及危机干预处理结果	
备注	

危机事故报告表

心理服务人员姓名：　　　　　　　事件发生时间：　　年　月　日　时　分

服务对象信息	姓名			性别		年龄
	家庭住址	□城市　□农村 具体地址：			单位	
	联系方式	手机： 微信： QQ：		家人或其他联系人姓名及联系方式	1. 2. 3.	
	心理健康检查情况				有无心理咨询	
	经济状况	□富裕　　□一般　　□贫困　　□特困				
	家庭结构	□双亲家庭　□单亲家庭　□重组家庭　□离婚家庭　□孤儿 其他需要说明的：				
	亲子关系	□良好　　□不好 其他需要说明的：				
	父母关系	□良好　　□不好 其他需要说明的：				
是否危机干预		干预措施				
直接诱发危机的事件						
当事人危机爆发前的心理状态						
详细心理危机表现及事故经过（可附材料）						

工具 6

心理服务常用测评量表

气质类型自评量表

本问卷共 60 道题，可大致确定人的气质类型。

请认真阅读每一题依次回答，看懂问题的意思后，根据你最近一周的实际感觉迅速在后面的空格处打"√"，不要花很多时间去思考。计分方式如下：

- 2 分：很符合；
- 1 分：较符合；
- 0 分：不符合；
- −1 分：较不符合；
- −2 分：很不符合。

项目	分数				
	2	1	0	−1	−2
1. 做事力求稳妥，一般不做无把握的事					
2. 遇到可气的事就怒不可遏，只有把心里话全说出来才痛快					
3. 宁可一人做事，也不愿很多人在一起					
4. 很快就能适应一个新环境					
5. 厌恶那些强烈的刺激，如尖叫、噪音、危险镜头等					
6. 和人争吵时，总是先发制人，喜欢挑衅					
7. 喜欢安静的环境					
8. 善于和人交往					
9. 羡慕那种善于克制自己感情的人					

续前表

项目	分数				
	2	1	0	−1	−2
10. 生活有规律，很少违反作息制					
11. 在多数情况下，情绪是乐观的					
12. 碰到陌生人会觉得很拘束					
13. 遇到令人气愤的事，能很好地自我控制					
14. 做事总是有旺盛的精力					
15. 遇到问题时常常举棋不定、优柔寡断					
16. 在人群中从不觉得过分拘束					
17. 情绪高昂时觉得干什么都有趣；情绪低落时觉得干什么都没意思					
18. 当注意力集中于某一事物时，别的事物很难让自己分心					
19. 理解问题总比别人快					
20. 碰到危险情况时，常有一种极度恐惧感					
21. 对学习、工作、事业抱有极大的热情					
22. 能够长时间做枯燥、单调的工作					
23. 符合兴趣的事，干起来劲头十足，否则就不想干					
24. 一点小事就会引起情绪波动					
25. 讨厌做那种需要耐心、细心的工作					
26. 与人交往不卑不亢					
27. 喜欢参加热烈的活动					
28. 爱看感情细腻、描写人物内心活动的文学作品					
29. 工作、学习时间长了，常感到厌倦					
30. 不喜欢长时间谈论一个问题，愿意实际动手干					
31. 宁愿侃侃而谈，不愿窃窃私语					
32. 别人说我总是闷闷不乐					
33. 理解问题常比别人慢					
34. 疲倦时只要短暂的休息就能精神抖擞，重新投入工作					
35. 心里有话宁愿自己想，不愿说出来					
36. 认准一个目标就希望尽快实现，不达目的誓不罢休					
37. 学习、工作一段时间后，常比别人更疲倦					

续前表

项目	分数				
	2	1	0	−1	−2
38. 做事有些莽撞，常常不考虑后果					
39. 老师或他人讲授知识、技术时，总希望他讲慢些，多重复几遍					
40. 能够很快忘记那些不愉快的事情					
41. 做作业或完成一项工作总比别人花的时间多					
42. 喜欢运动量大的剧烈的体育活动，或者参加各种文艺活动					
43. 不能很快地把注意力从一件事转移到另一件事上去					
44. 接受一个任务后，就希望把它迅速解决					
45. 认为墨守成规比冒险强些					
46. 能够同时注意几件事物					
47. 当我烦闷的时候，别人很难使我高兴起来					
48. 爱看情节跌宕起伏、激动人心的小说					
49. 对工作抱认真严谨、始终一贯的态度					
50. 和周围人的关系总是相处不好					
51. 喜欢复习学过的知识，重复做已经掌握的工作					
52. 希望做变化大、花样多的工作					
53. 小时候会背的诗歌，我似乎比别人记得清楚					
54. 别人说我"出语伤人"，可我并不觉得这样					
55. 在体育活动中，常因反应慢而落后					
56. 反应敏捷，头脑机智					
57. 喜欢有条理而不麻烦的工作					
58. 兴奋的事常使我失眠					
59. 老师讲新概念，常常听不懂，但是弄懂后就很难忘记					
60. 假如工作枯燥无味，马上就会情绪低落					

请将上表中的结果填入下表。

胆汁质		多血质		黏液质		抑郁质	
题号	得分	题号	得分	题号	得分	题号	得分
2		4		1		3	
6		8		7		5	

续前表

胆汁质		多血质		黏液质		抑郁质	
题号	得分	题号	得分	题号	得分	题号	得分
9		11		10		12	
14		16		13		15	
17		19		18		20	
21		23		22		24	
27		25		26		28	
31		29		30		32	
36		34		33		35	
38		40		39		37	
42		44		43		41	
48		46		45		47	
50		52		49		51	
54		56		55		53	
58		60		57		59	
合计		合计		合计		合计	

结果分析如下。

- 如果某一类气质得分明显高于其他三种（均高出4分以上），则可定为该类气质。如果该气质得分超过20分，则为典型；如果该气质得分为10~20分，则为一般型。
- 如果两种气质类型得分接近（差异低于3分），而且明显高于其他两种类型（高出4分以上），则可定为这两种气质的混合型。
- 三种气质得分均高于第四种，而且接近，则为三种气质的混合型。

抑郁自评量表

请认真阅读每一题依次回答，看懂问题的意思后根据你最近一周的实际感觉迅速在后面的空格处打"√"，不要花很多时间去思考。计分方式如下。

- 1分：没有或很少时间（过去一周内，出现这类情况的日子不超过一天）。
- 2分：小部分时间（过去一周内，有1~2天有过这类情况）。
- 3分：相当多时间（过去一周内，有3~4天有过这类情况）。
- 4分：绝大部分或全部时间（过去一周内，有5~7天有过这类情况）。

项目	分数			
	1	2	3	4
1. 我觉得闷闷不乐，情绪低沉				
2. 我觉得一天之中早晨最好				
3. 我一阵阵哭出来或觉得想哭				
4. 我晚上睡眠不好				
5. 我吃得跟平常一样多				
6. 我与异性密切接触时和以往一样感到愉快				
7. 我发觉我的体重下降				
8. 我有便秘的苦恼				
9. 我心跳比平时快				
10. 我无缘无故地感到疲乏				
11. 我的头脑跟平常一样清楚				
12. 我觉得经常做的事情并没有困难				
13. 我觉得不安而平静不下来				
14. 我对将来抱有希望				
15. 我比平常容易生气激动				
16. 我觉得做出决定是容易的				
17. 我觉得自己是个有用的人，有人需要我				
18. 我的生活过得很有意思				
19. 我认为如果我死了，别人会生活得好些				
20. 平常感兴趣的事我仍然感兴趣				

日常自测可用如下方法计算分数，初步判断情绪的程度。

把各题的得分相加为总分，总分乘以 1.25，四舍五入取整数即得到标准分。

- 标准分 < 50 分，无抑郁；
- 50 分 ≤ 标准分 < 60 分，轻微至轻度抑郁；
- 60 分 ≤ 标准分 < 70 分，中度至重度抑郁；
- 标准分 > 70 分，重度抑郁。

此量表作为辅助评估的工具，可以帮助评估抑郁程度的轻重，观察抑郁的变化，作为疗效指标的参考。此量表不能用来判断抑郁症的病因及进行疾病诊断分类。测出有抑郁状态之后，应及时到精神科门诊进行详细的检查、诊断及治疗。

焦虑自评量表

请认真阅读每一题依次回答，看懂问题的意思后根据你最近一周的实际感觉迅速在后面的空格处打"√"，不要花很多时间去思考。计分方式如下。

- 1分：没有或很少时间（过去一周内，出现这类情况的日子不超过一天）。
- 2分：小部分时间（过去一周内，有1~2天有过这类情况）。
- 3分：相当多时间（过去一周内，有3~4天有过这类情况）。
- 4分：绝大部分或全部时间（过去一周内，有5~7天有过这类情况）。

项目	分数			
	1	2	3	4
1. 我觉得比平常容易紧张和着急				
2. 我无缘无故地感到害怕				
3. 我容易心里烦乱或觉得惊恐				
4. 我觉得我可能将要发疯				
5. 我觉得一切都好，也不会发生什么不幸				
6. 我手脚发抖打战				
7. 我因为头痛、颈痛和背痛而苦恼				
8. 我感觉容易衰弱和疲乏				
9. 我觉得心平气和，并且容易安静坐着				
10. 我觉得心跳得很快				
11. 我因为一阵阵头晕而苦恼				
12. 我有晕倒发作，或觉得要晕倒似的				
13. 我吸气呼气都感到很容易				
14. 我的手脚麻木和刺痛				
15. 我因为胃痛和消化不良而苦恼				
16. 我常常要小便				
17. 我的手脚常常是干燥温暖的				
18. 我脸红发热				
19. 我容易入睡并且一夜睡得很好				
20. 我做噩梦				

此量表的结果给出的是标准分,分数越高,表示越严重。划界分为 50 分。

- 50~59 分:轻度焦虑。
- 60~69 分:中度焦虑。
- 69 分以上:重度焦虑。

SCL-90 项症状自评量表

请认真阅读每一题依次回答,看懂问题的意思后,根据你最近一周的实际感觉迅速在后面的空格处打"√",不要花很多时间去思考。施测时间建议为 15~30 分钟。计分方式如下。

- 1 分:没有。
- 2 分:很轻。
- 3 分:中等。
- 4 分:偏重。
- 5 分:严重。

项目	分数				
	1	2	3	4	5
1. 头痛					
2. 神经过敏,心中不踏实					
3. 头脑中有不必要的想法或字句盘旋					
4. 头昏或昏倒					
5. 对异性的兴趣减退					
6. 对旁人责备求全					
7. 感到别人能控制你的思想					
8. 责怪别人制造麻烦					
9. 忘性大					
10. 担心自己的衣饰整齐及仪态的端正					
11. 容易烦恼和激动					
12. 胸痛					
13. 害怕空旷的场所或街道					

续前表

项目	分数				
	1	2	3	4	5
14. 感到自己的精力下降，活动减慢					
15. 想结束自己的生命					
16. 听到旁人听不到的声音					
17. 发抖					
18. 感到大多数人都不可信任					
19. 胃口不好					
20. 容易哭泣					
21. 同异性相处时感到害羞不自在					
22. 感到受骗，中了圈套或有人想抓我					
23. 无缘无故地突然感到害怕					
24. 自己不能控制地大发脾气					
25. 怕单独出门					
26. 经常责怪自己					
27. 腰痛					
28. 感到难以完成任务					
29. 感到孤独					
30. 感到苦闷					
31. 过分担忧					
32. 对事物不感兴趣					
33. 感到害怕					
34. 我的感情容易受到伤害					
35. 旁人能知道我的私下想法					
36. 感到别人不理解我、不同情我					
37. 感到人们对我不友好，不喜欢我					
38. 做事必须做得很慢以保证做得正确					
39. 心跳得很厉害					
40. 恶心或胃部不舒服					
41. 感到比不上他人					
42. 肌肉酸痛					

续前表

项目	分数				
	1	2	3	4	5
43. 感到有人在监视我、谈论我					
44. 难以入睡					
45. 做事必须反复检查					
46. 难以做出决定					
47. 怕乘电车、公共汽车、地铁或火车					
48. 呼吸有困难					
49. 一阵阵发冷或发热					
50. 因为感到害怕而避开某些东西、场合或活动					
51. 脑子变空了					
52. 身体发麻或刺痛					
53. 喉咙有梗塞感					
54. 感到对前途没有希望					
55. 不能集中注意力					
56. 感到身体的某一部分软弱无力					
57. 感到紧张或容易紧张					
58. 感到手或脚发沉					
59. 想到有关死亡的事					
60. 吃得太多					
61. 当别人看着我或谈论我时感到不自在					
62. 有一些不属于我自己的想法					
63. 有想打人或伤害他人的冲动					
64. 醒得太早					
65. 必须反复洗手、点数目或触摸某些东西					
66. 睡得不稳不深					
67. 有想摔坏或破坏东西的冲动					
68. 有一些别人没有的想法或念头					
69. 感到对别人神经过敏					
70. 在商店或电影院等人多的地方感到不自在					
71. 感到任何事情都很难做					

续前表

项目	分数				
	1	2	3	4	5
72. 一阵阵恐惧或惊恐					
73. 感到在公共场合吃东西很不舒服					
74. 经常与人争论					
75. 单独一人时神经很紧张					
76. 别人对我的成绩没有做出恰当的评价					
77. 即使和别人在一起也感到孤单					
78. 感到坐立不安、心神不宁					
79. 感到自己没有什么价值					
80. 感到熟悉的东西变成陌生或不像是真的					
81. 大叫或摔东西					
82. 害怕会在公共场合昏倒					
83. 感到别人想占我的便宜					
84. 为一些有关"性"的想法而很苦恼					
85. 认为应该因为自己的过错而受到惩罚					
86. 感到要赶快把事情做完					
87. 感到自己的身体有严重问题					
88. 从未感到和其他人很亲近					
89. 感到自己有罪					
90. 感到自己的脑子有毛病					

按全国常模结果，满足以下任一标准可考虑筛查阳性，需进一步检查（也可参考标准分进行分析判断）：

- 总分超过 160 分；
- 阳性项目数超过 43 项；
- 任一因子分超过 2 分。

如果大于 250 分则比较严重，需要进行医学上的详细检查，很可能要做针对性的心理治疗或在医生的指导下服药。

因子均分的意义：

- 1~2，心理健康；
- 2~3，亚健康心理状态；
- 3~4，有心理健康问题；
- 4~5，有严重的心理健康问题。

由于SCL-90项症状自评量表内容量大，反映症状丰富，因此较能准确评估症状特点，可帮助了解来访者心理卫生的状态。

此量表共包含10个因子（也可称为10个分量表），含义如下。

躯体化

躯体化因子主要反映身体不适感，包括心血管、胃肠道、呼吸和其他系统的不适，以及头痛、背痛、肌肉酸痛，还有焦虑等躯体不适表现。

该分量表的得分为12~60分。得分在36分以上，表明个体在身体上有较明显的不适感，且常伴有头痛、肌肉酸痛等症状。得分在24分以下，躯体症状表现不明显。总的说来，得分越高，躯体的不适感越强；得分越低，症状体验越不明显。

强迫症状

强迫症状主要是指那些明知没有必要但又无法摆脱的无意义的思想、冲动和行为，一些比较一般的认知障碍的行为征象也在这一因子中得以反映。

该分量表的得分为10~50分。得分在30分以上，强迫症状较明显。得分在20分以下，强迫症状不明显。总的说来，得分越高，表明个体越无法摆脱一些无意义的行为、思想和冲动，并可能表现出一些认知障碍的行为征兆。得分越低，表明个体在这种症状上表现得越不明显，没有出现强迫行为。

人际关系敏感

人际关系敏感主要是指某些人际的不自在与自卑感，特别是与其他人相比较时更加突出。在人际交往中的自卑感、心神不安、明显的不自在，以及人际交流中的不良自我暗示、消极的期待等，都是导致这方面症状的典型原因。

该分量表的得分为9~45分。得分在27分以上，表明个体人际关系较为敏感，人际交往中自卑感较强，并伴有行为症状（如坐立不安、退缩等）。得分在18分以下，表明个体在人际关系上较为正常。总的说来，得分越高，个体在人际交往中表现的问题就越多，越自卑，自我中心越突出，并且已表现出消极的期待。得分越低，个体在人际关系上越能应付自如，人际交流自信、胸有成竹，并抱有积极的期待。

抑郁

苦闷的情感与心境为抑郁的代表性症状，并以生活兴趣的减退、动力缺乏、活力丧失等为特征，并表现出失望、悲观及与抑郁相联系的认知和躯体方面的感受，另外，还包括有关死亡的思想和自杀观念。

该分量表的得分为 13~65 分。得分在 39 分以上，表明个体的抑郁程度较强，生活缺乏足够的兴趣，缺乏运动活力，极端情况下可能会有想死的思想和自杀的观念。得分在 26 分以下，表明个体抑郁程度较弱，生活态度乐观积极，充满活力，心境愉快。总的说来，得分越高，抑郁程度越明显。得分越低，抑郁程度越不明显。

焦虑

焦虑一般指那些烦躁、坐立不安、神经过敏、紧张，以及由此产生的躯体征象（如震颤等）。

该分量表的得分为 10~50 分。得分在 30 分以上，表明个体较易焦虑，易表现出烦躁、不安静和神经过敏，极端时可能导致惊恐发作。得分在 20 分以下，表明个体不易焦虑，易表现出安定的状态。总的说来，得分越高，焦虑表现越明显。得分越低，越不会导致焦虑。

敌对

敌对主要是通过思想、情感及行为这三个方面来反映。其项目包括厌烦的感觉、摔物、争论，直到不可控制地发脾气等各方面。

该分量表的得分为 6~30 分。得分在 18 分以上，表明个体易表现出敌对的思想、情感和行为。得分在 12 分以下，表明个体容易表现出友好的思想、情感和行为。总的说来，得分越高，个体越容易敌对，好争论，脾气难以控制。得分越低，个体的脾气越温和，待人友好，不喜欢争论、无破坏行为。

恐惧

恐惧的对象包括出门旅行、空旷场地、人群或公共场所和交通工具。此外，还有社交恐惧。

该分量表的得分为 7~35 分。得分在 21 分以上，表明个体的恐惧症状较为明显，常表现出社交、广场和人群恐惧。得分在 14 分以下，表明个体的恐惧症状不明显。总的说来，得分越高，个体越容易对一些场所和物体产生恐惧心理，并伴有明显的躯体症状。得分越低，个体越不易产生恐惧心理，越能正常地交往和活动。

偏执

偏执主要是指投射性思维、敌对、猜疑、妄想、被动体验和夸大等。

该分量表的得分为 6~30 分。得分在 18 分以上，表明个体的偏执症状明显，较易猜疑和敌对。得分在 12 分以下，表明个体的偏执症状不明显。总的说来，得分越高，个体越易偏执，表现出投射性的思维和妄想。得分越低，个体思维越不易走极端。

精神病性

精神病性反映各式各样的急性症状和行为，即限定不严的精神病性过程的症状表现。

该分量表的得分为 10~50 分。得分在 30 分以上，表明个体的精神病性症状较为明显。得分在 20 分以下，表明个体的精神病性症状不明显。总的说来，得分越高，精神病性症状和行为表现得越多。得分越低，这些症状和行为表现得越少。

其他项目

一些附加项目或其他，作为第 10 个因子来处理，以便使各因子分之和等于总分。

工作倦怠感量表

仔细阅读每一项，然后根据最近一个月的实际情况，在后面的空格处打"√"。要求：独立的、不受任何人影响的自我评定。计分方式如下。

- 0= 从未有过；
- 1= 极少数时候（一年中有几次或更少）；
- 2= 少数时候（一个月一次或更少）；
- 3= 稍多时候（一个月中有几次）；
- 4= 多数时候（一周一次）；
- 5= 几乎每天（一周中有几次）；
- 6= 每天。

项目	分数						
	0	1	2	3	4	5	6
1. 我感到自己在工作中投入了过多的感情							
2. 下班时，我感到自己的精力全部都被耗尽了							

续前表

项目	分数						
	0	1	2	3	4	5	6
3. 早上醒来时想到又要面对一天的工作,我感到很累							
4. 我能轻松地理解患者或同事的感受							
5. 我感到自己用一种冷漠的方式对待某些人							
6. 工作一整天对我来说很紧张							
7. 我能非常有效地解决工作中的问题							
8. 我的工作使我疲惫不堪							
9. 我感到自己的工作对别人的生活来说很重要							
10. 自从事这项工作以来,我变得对人更冷淡了							
11. 我担心这项工作使我感情冷漠							
12. 我感到精力非常充沛							
13. 我的工作使我有挫折感							
14. 我觉得自己工作得太辛苦							
15. 我不太关心发生在某些患者身上的事情							
16. 从事直接与人打交道的工作给我带来了巨大的压力							
17. 我能毫不费力地营造一个轻松的工作氛围							
18. 能从事与人密切接触的工作使我很愉快							
19. 我在自己的工作中完成了许多有价值的事							
20. 我感到自己已经到了忍受的极点							
21. 在工作中,我能非常冷静地处理情绪问题							
22. 在工作中,我感到别人因为他们自己的某些问题而责备我							

用三个分量表测量工作倦怠的三个维度,即情绪疲惫感、工作冷漠感和无工作成就感。所有条目均采用0~6分评分,通过累加来计算每一方面的得分。

情绪的疲惫感包括九个条目(1、2、3、6、8、13、14、16、20),主要评估工作压力引起的情绪反应,得分范围为0~54分。

工作冷漠感包括五个条目(5、10、11、15、22),主要评估工作压力引起的对服务对象的态度和感觉,得分范围为0~30分。

以上两个方面的条目为正向计分,即得分越高,工作倦怠越严重。

无工作成就感包括八个条目(4、7、9、12、17、18、19、21),主要评估工作压力引起的对自己工作的看法,得分范围为0~48分。这个方面的条目为反向计分,即得分越低,工作倦怠越严重。

工具 7

一般群体心理服务相关资料

访谈相关资料

预约登记表（志愿者）

编号：						年　月　日	
姓名		性别		年龄		婚姻状况		电话	
学历		职业			地址		

主要问题：
期望达到的目标和时间：
介绍人或转介机构：
是否曾经看过：心理咨询师□　　　　精神科医师□　　　　其他□

紧急联络人与电话 女/配偶：_____ 电话：_____	来访者若是未成年人，父母或监护人姓名与电话： 母/监护人：_____ 电话：_____	其他想说明的情况：
可预约咨询的时间段（至少三个，每个时间段一小时）：		

初次访谈登记表(专业人员)

人口学资料	姓名:　　　　性别:　　　出生年月日:　　年　　月　　日　　联系电话:
	家庭所在地:□大中城市　　□小城市　　家庭经济状况:□富裕 □一般 □贫困 □农村
	父亲年龄:　　岁　　健在/去世　　职业:　　　学历:
	母亲年龄:　　岁　　健在/去世　　职业:　　　学历:
	父母婚姻状况:□良好 □一般 □失合 □离婚 □再婚 兄弟姐妹情况:
对来访者观察	(外表:衣着、气色;情绪状态;一般行为观察;与咨询师沟通特点等)
来访者主诉	
精神病史及诊疗史	(是否有家族遗传史)
重大事件	是否发生过对你有重大意义的事情(如亲人、好朋友的死亡,法律诉讼,失恋等)
个人史	家庭: 1. 家庭背景、早年经历: 2. 成长中的重要事件: 3. 目前家庭状况: 学习娱乐: 1. 学业及工作表现: 2. 兴趣爱好: 社会交往:
咨询印象	(从认知、情感、思维及行为四方面描述)
评估结果	

续前表

危机评估	
后续咨询建议及咨询计划	

社会心理服务工作者：

年　月　日

知情同意书

为了保护您的权利、提高咨询质量，请仔细阅读下列事项，并签名确认已经知悉、认可和接纳本协议书所列项目，谢谢！

一、关于服务

我明白：社会心理服务中心从事的是非药物的专业心理咨询与治疗工作，我们的工作流程与方式有别于传统的医疗模式，社会心理服务工作者会运用专业的心理咨询技术与方法对来访者进行咨询。

我愿意：接受＿＿＿＿＿＿＿＿＿＿为我的社会心理服务工作者，我愿意对自己的选择和行为负责，愿意与社会心理服务工作者一同努力，制订并达成合理的咨询或治疗目标。

我了解：社会心理咨询服务第一次是免费的，若需长程则需付费。

二、关于保密

我了解：咨询中所涉及的我的个人隐私及相关资料，都将受到严密保护，不会透露给中心以外的非专业人员，不会在任何场合公开。

下列情况例外：（1）经过我的书面同意；（2）涉及法律问题，司法部门调查；（3）涉及自杀、他杀等危急状况；（4）对个人的隐私做严格技术处理后、不涉及具体人物的个案讨论或申请督导，但仅限专业场合。

我了解：社会心理服务工作者为了更好地帮助我，有时会对咨询过程进行录音、录像（□我拒绝 □同意 由社会心理服务工作者与我商量后决定：□录音 □录像）。

三、关于设置

社会心理服务通常一周一次，每次服务时间为50分钟，会谈次数由来访者与社会心理服务工作者共同协商。请按约定的时间提前到达咨询室。如果来访者迟到，服务仍在原定时间结束；如社会心理服务工作者迟到，将补足迟到的服务时间。

如果双方确实因不可抗因素导致违约（如台风、水灾等），则双方可进行协商，以双方协商为准，并确保双方均知晓、同意，并及时告知工作人员。

来访者需根据约定的时间，准时赴约并确保自己在约定的时间内处于一个适合心理咨询的状态。如果来访者有要事且与咨询时间冲突，那么至少需提前24小时联系社会心理服务工作者告知需要变更或取消预约，由双方协商处理。否则，服务仍会按照约定时间开始。

来访者需提供除本人之外的一位紧急联络人的姓名和联系方式，并保证所提供的信息的有效性，这些个人资料只用于心理服务中的管理，不会透漏给其他任何单位和个人。

社会心理服务工作者所提供的联系方式，仅用于来访者与社会心理服务工作者沟通预约时间、地点等事务性内容。

四、来访者的责任、权利与义务

以积极的态度对待咨询，坦诚地向咨询师表露自己，不掩饰或伪装。

自愿。来访者有权决定中止或结束咨询，可以自主选择社会心理服务工作者，与社会心理服务工作者协商修正咨询的方向及方法。

自主。努力实现自我成长，为咨询负责，不期待社会心理服务工作者帮来访者做决定。

尊重社会心理服务工作者。

坚持按设置接受社会心理服务。这是需要有一个过程的，不要希望接受一次服务就"根治"。

遵守约定的服务时间。

五、社会心理服务工作者的责任、权利和义务

真诚。热情诚恳地接待每一位求助者，耐心倾听，建立互相信任的咨访关系。

保密。对来访者的咨询访谈内容严格保密，妥善保管有关资料，不在咨询室以外的地方随便谈论来访者的事情。

尊重。尊重来访者的思想和意愿，接受来访者的情绪情感。

当社会心理服务工作者个人能力有限时，坦诚地告诉来访者并及时转介。

避免双重关系。社会心理服务工作者不得接受来访者的礼物，且不在服务之外与来访者进行咨询性质的面谈。

我确认：我已经读过、也明白和同意以上全部内容（请签名、写上日期，并保留一份）

来访者签名：_____ 　　　　社会心理服务工作者签名：_____

　　日期：_____ 　　　　　　　　　　日期：_____

访谈相关资料

心理访谈报告书

(专业人员使用)

社会心理服务工作者：_____

辅导时间：____年__月__日至____年__月__日

首次咨询时间		末次咨询时间			咨询次数	
一、访谈对象基本资料						
姓名		性别		出生年月		文化程度	
婚姻状况		职业状况		地址			
二、咨询结束原因 正常结案□　无故脱落□　转介□　当事人个人生活事件□　咨询师个人生活事件□　其他□） 咨询结束原因补充说明：						
三、主诉问题（访谈对象个人陈述）						
四、是否进行心理测试		测试时间、地点				
测试内容		测试结果				
五、重要他人对其问题的评价（包括亲人、跟进人员、邻居等）						
六、既往史（既往躯体疾病和心理疾病的诊断、治疗经历）						
七、家庭基本情况（包括断奶、分床、分房时间）						

续前表

八、个人成长史（包括婴幼儿期、童年期、少年期、青年期）
九、重大事件及重要关系
十、当事人社会适应情况
十一、咨询师的观察及心理评估
十二、咨询目标
十三、咨询方案
十四、咨询过程
十五、咨询师的反思及建议
十六、后续跟进情况
十七、咨询效果 1. 咨询师对咨询效果的评估： 2. 当事人对咨询效果的评估与反馈：
十八、当事人重要他人对咨询效果的反馈（如有请填写）
十九、其他

注：本表适用于一般人群和重点人群。针对不同人群可增减相关内容。如，针对社区矫正对象可增加社区矫正期限、刑罚执行类别、危险性评估、给司法（局）所的意见和建议等相关内容。

心理服务回访登记表（专业人员）

回访咨询师：　　　　　　　　　　　回访日期：　　年　　月　　日　　时　　分

回访对象		回访方式	
联系方式及家庭住址			
回访内容			
回访对象的反馈			
对咨询效果的满意程度	□满意　　□一般　　□不满意 其他需要说明的：		
备注			

社会心理服务工作者接受督导相关资料

受督导者个人信息表

姓名		性别		心理服务人员级别		
年龄		最终学历		最终学位		
毕业院校		毕业时间		所学专业		
联系电话		邮箱				
已修课程						
心理服务经验	□是　参加了____小时 □否		精神科见习经历	□是　共参加了____周 □否　拟____月____日开始		

续前表

心理咨询相关资格证书	□有 □无	个人体验经历	□是 ____小时 □否
接受个体督导经历	□是 ____小时 □否	接受团体督导经历	□是 ____小时 □否
擅长/倾向工作的当事人群体			
期望主攻的领域			
心理咨询类课程的学习经历			
心理咨询相关的实践活动			
对督导师的期待			
督导目标			

咨询师胜任力水平自评量表[1]

咨询师，你好，请根据你在最近一段时间自己与当事人工作表现的平均水平及督导中的表现，如实填写以下题目。

本测试共有49道题目，每个题目后面有6个选项，分别用0~5表示。0表示在咨询中没有涉及相关问题，该问题不适用；1表示非常不符合；2表示不符合；3表示基本符合；4表示符合；5表示非常符合。请在"咨询师自评"一栏填写，符合你情况的数字。

序号	题目/选项	0 不适用	1 非常 不符合	2 不符合	3 基本 符合	4 符合	5 非常 符合	咨询师 自评
1	和当事人工作时，建立了安全的非评判的氛围	0	1	2	3	4	5	
2	和当事人工作时，建立了有效的治疗同盟	0	1	2	3	4	5	

---

[1] 改编自雷德兰兹大学（University of Redlands）胜任力量表。

续前表

序号	题目/选项	0 不适用	1 非常不符合	2 不符合	3 基本符合	4 符合	5 非常符合	咨询师自评
3	在咨询过程中，能够识别并指出与当事人的关系张力	0	1	2	3	4	5	
4	在咨询过程中能够灵活运用自我	0	1	2	3	4	5	
5	面对当事人提到的各种各样的感受和问题，都能表现得比较自如	0	1	2	3	4	5	
6	能谨慎地使用自我表露技术，只在时机适合的时候使用	0	1	2	3	4	5	
7	当事人的脱落率，低于或与所处同一阶段咨询师的平均脱落率相似（新手咨询师、实习咨询师）	0	1	2	3	4	5	
8	在咨询中，会与当事人一起讨论和商定咨询目标，并且会回顾和确认这些目标的进展	0	1	2	3	4	5	
9	在咨询中，能识别当事人的人际模式	0	1	2	3	4	5	
10	能意识到自己在咨询中的局限，并且能恰当地处理转介	0	1	2	3	4	5	
11	清楚了解自己的人际模式以及它在咨询中可能对当事人产生的影响	0	1	2	3	4	5	
12	在咨询中所使用的干预方法，是与自己的所属的理论流派是一致的	0	1	2	3	4	5	
13	对于有自杀意念的个案能够恰当处理	0	1	2	3	4	5	
14	对危机情境能够恰当干预	0	1	2	3	4	5	
15	能够意识到并恰当地表达文化、种族、民族（文化、地域、民族）问题	0	1	2	3	4	5	
16	能够识别并恰当地表达性别相关问题	0	1	2	3	4	5	
17	能够识别并恰当地表达当事人的信仰问题	0	1	2	3	4	5	
18	能够在咨询中考虑虐待相关议题	0	1	2	3	4	5	
19	能够在治疗中考虑当事人的性行为相关议题	0	1	2	3	4	5	
20	能够恰当地总结咨询会谈	0	1	2	3	4	5	
21	能够恰当地主张当事人权利	0	1	2	3	4	5	

续前表

序号	题目/选项	0 不适用	1 非常不符合	2 不符合	3 基本符合	4 符合	5 非常符合	咨询师自评
22	能够恰当地终止咨询关系	0	1	2	3	4	5	
23	在个案概念化时,能够将家庭情况及个人发展阶段加入考量中	0	1	2	3	4	5	
24	了解DSM5中各类心理疾病的症状表现及诊断标准,并能运用到实践中	0	1	2	3	4	5	
25	能识别影响到当事人的环境问题	0	1	2	3	4	5	
26	能够使用恰当的评估方法	0	1	2	3	4	5	
27	能够准确识别问题,并基于此进行咨询	0	1	2	3	4	5	
28	能够帮助当事人找到可及的家庭和社区的支持系统	0	1	2	3	4	5	
29	能够定期准时地参加督导	0	1	2	3	4	5	
30	在督导前,能够为督导会谈做好准备	0	1	2	3	4	5	
31	在督导会谈中积极参与	0	1	2	3	4	5	
32	为督导师提供录音/录像,个案记录以及其他的材料,以方便督导师了解和观察自己的实际工作情况	0	1	2	3	4	5	
33	能将督导师或同事的建议有效地运用到自己的咨询过程中	0	1	2	3	4	5	
34	在讨论咨询过程中自己移情与反移情的识别与管理时,能对督导师保持开放	0	1	2	3	4	5	
35	能反思自己的咨询工作	0	1	2	3	4	5	
36	能够寻求并运用督导师的反馈	0	1	2	3	4	5	
37	能够识别并采用恰当的方式来指出并讨论伦理和法律相关的问题	0	1	2	3	4	5	
38	能够在恰当的时候请教同事	0	1	2	3	4	5	
39	能够对自己的行为负责	0	1	2	3	4	5	
40	即便是情况很麻烦的时候,也能表现得很诚实	0	1	2	3	4	5	

续前表

序号	题目/选项	0 不适用	1 非常不符合	2 不符合	3 基本符合	4 符合	5 非常符合	咨询师自评
41	在咨询中能够注意自己的个人卫生和着装	0	1	2	3	4	5	
42	能够使用得体的语言和行为举止	0	1	2	3	4	5	
43	能够按照机构/学校的规章制度行事	0	1	2	3	4	5	
44	能够尊重非心理咨询行业的从业者同事，并与他们开展合作	0	1	2	3	4	5	
45	能够完整并准确地按照机构或学校的要求做个案记录	0	1	2	3	4	5	
46	当涉及自己的个案转介时，能够恰当地与转介资源及专业人员联络	0	1	2	3	4	5	
47	能够与当事人讨论收费并执行收费	0	1	2	3	4	5	
48	能够及时并恰当地完成文本工作	0	1	2	3	4	5	
49	能以文本形式向当事人披露自己的专业信息（包括但不限于费用，专业训练背景，专业性、流派取向、督导安排、工作规章等）	0	1	2	3	4	5	

接受个体督导协议书（个体/团体）[①]

督导目的

1. 监督和保护受督导者的当事人的利益和安全。

2. 提升受督导者对所报告咨询个案的理解与咨询能力。

3. 促进受督导者职业认同和专业发展。

4. 为受督导者提供持续性的评估性反馈。

督导安排

1. 本项目提供的个体督导师是：＿＿＿＿＿＿＿＿＿＿＿＿。

---

① 此协议由湖北东方明见心理健康研究所拟定。

督导形式为：_____。

共包含_____次督导。

2. 督导会谈的结构

（1）第一次督导

督导师与受督导者建立督导关系，讨论和签订个体督导协议，确保受督导者对胜任力评估表中的每个项目的评定内容与打分依据理解正确，讨论督导目标（需要提升哪几项的胜任力），商定后续督导事项，遭遇困难如何处理，答疑解惑。

（2）督导过程

督导师需要实际观察受督导者每一次的咨询工作（可以通过听录音、看录像、实时观察咨询、协同咨询等方式），并在构建督导同盟的同时，给予受督导者充分的反馈，以促进其提升胜任力。本轮督导完成时，督导师与受督导者需要合作完成一次胜任力评估，并讨论督导师与受督导者双方评分之间的差异。每次督导结束后，学员须填写并成功提交《督导效果反馈表》。

（3）最后一次督导

主要用于督导总结、对督导者进行正式反馈、答疑解惑，以及确定是否进行下一轮督导。

（4）重要提醒

如果受督导者严重违反伦理准则或违犯法律，或者完全无法达到胜任力标准，就需要督导师与受督导者谈话，共同制订补救计划，如果实在不符合胜任力的标准，建议其退出咨询工作。督导师对受督导者的评估结果需在督导结束后，以书面形式反馈给受督导者。

3. 出席要求

督导时间由督导师与受督导者共同商议确定，确保督导总时长能够被完成。

4. 督导工具

督导采用远程视频督导的方式进行，使用"瞩目"或"微信"等软件平台。

5. 督导材料

受督导者参照《督导内容记录表》撰写督导报告，并根据要求尽量准备相关督导材料（如录音/录像材料、逐字稿等）。所有督导材料需至少提前一天发送给督导师（材料撰写、发送和分享请严格参照伦理要求中的相关规定处理）。

6. 督导反馈

督导期间，督导师和受督导者有任何问题均可以在督导内解决。每次督导结束后，受督者须填写并成功提交《督导效果反馈表》。

督导师的责任和义务

1. 承担为受督导者提供督导服务的责任和义务。

2. 真实介绍自己的专业资质、受训经历、咨询实务经验、接受督导和提供督导的经验等，帮助受督导者了解督导师的专业背景。

3. 在受督导者专业能力、人格特质有差异的情况下，努力与受督导者建立和发展出一段良好、合作性的督导关系。督导期间尽量主动避免与受督导者有损害督导关系质量的其他来往与交集。

4. 按时提供督导。如果因特殊情况需要调整督导时间，需要提前告知受督导者，协商新的督导时间。

5. 督导正式开始之前，让受督导者了解督导的基本设置与伦理要求，明白督导师和受督导者各自的责任和义务，确定督导目标，帮助受督导者做好督导前的准备。

6. 每次督导前认真阅读受督导者提交的督导材料，督导开始时协助受督导者设定合理的督导目标，督导时将在心理服务人员胜任力督导模型的框架下展开督导，并警惕不要为受督导者提供心理咨询/治疗和个人成长体验。督导中若涉及受督导者个人议题，督导师将以提升咨询胜任力为重，个人议题点到为止，不进行深入探讨。必要且仅限必要时，建议受督导者就相关个人议题寻求个人心理服务人员的帮助。

7. 对受督导者在督导中反映出来的咨询行为有监督责任，督促受督导者遵守基本道德、法律与专业伦理守则，能按照心理咨询最基本的专业规范提供咨询服务。同时对受督导者的专业实践能力进行评估与反馈，监督受督导者对当事人的个案概念化、干预策略及反移情等，并对咨询过程中的多元文化因素保持敏感。当个案涉及危机时，监督受督导者对个案的危机评估与处理。

8. 维护与增益当事人的福祉，如果发现个案问题已经超出了受督导者咨询能力可以应对的范围，应建议受督导者转介给有胜任力的心理服务人员；当受督导者因个人问题明显影响咨询工作时，应建议暂停咨询或接受个人体验/心理咨询；当受督导者没有达到相应的专业能力水平时，督导师应建议暂停咨询工作或参加学习与训练。

9. 定期报告对受督导者的评估结果，如果受督导者未能达到下一阶段胜任力的基本要求，或者有可补救的违反伦理准则的行为，督导师就需要为该受督导者制订相应的补救计划。

10. 如果受督导者有严重违反伦理且不可补救的行为，督导师就有义务处理该行为。

受督导者的责任和义务

1. 理解和执行督导师的指令，当临床问题、关注点和错误出现时，主动与督导师探讨。

2. 如果受督导者必须取消或错过一次督导会谈，受督导者就要重新安排时间以确保遵守法律标准和本协议。

3. 熟悉了解《中国精神卫生法》《中国心理学会临床与咨询心理学工作伦理守则》，咨询实践行为须遵守法律法规及相关专业规定。

4. 理解督导师对受督导者专业实践的责任和义务（直接的和间接的），努力与督导师一起建立良好、合作性的督导关系与氛围。

5. 尽可能选择有录音/逐字稿的个案进行督导。按照要求准备和提交督导材料，如果必须调整督导时间，则需提前24小时与督导师协商重新安排时间。

6. 尽量坦诚如实地报告当事人的临床相关信息及咨询过程信息，客观陈述自己在咨询实践中的行为表现、关注点、临床困境、风险情景、自我觉察与反思等，并向督导师提供督导反馈。

7. 受督导者应执行督导师的要求，并将督导师的反馈整合到专业实践中，在后期督导中应简略报告督导后的咨询进展情况。

8. 每次督导后的第二天请把《督导内容记录表》和《督导效果反馈表》发到督导师邮箱。

我已经仔细阅读以上内容，同意遵循本督导协议中所描述的条款，并且保证我的行为符合法律规范和《中国心理学会临床与咨询心理学工作伦理守则（第2版）》。

受督导者签名：_____　　　　　　督导师签名：_____
日期：_____　　　　　　　　　　日期：_____

督导内容记录表（个体/团体）

个案基本情况	简要描述个案的基本信息，如性别、年龄、职业、家庭背景、咨询主诉问题、咨询目标等。 个案1 个案2
咨询基本情况	简要描述督导前咨询进展，如咨询次数、过程、主要内容、咨访关系。 个案1 个案2
关键情境	提供几段你认为很重要的会谈录音录像，请标注录音录像起止时间。 第一段 录像起止时间：至 _____ 选取这段录音录像的原因： 第二段 录像起止时间：至 _____ 选取这段录音录像的原因：
个案概念化	根据心理咨询与治疗理论，结合目前所有信息对来访者的问题进行概念化。
督导问题	本次督导，你希望在哪些方面得到帮助？
督导师反馈与建议	

心理服务人员		日期	
督导师		日期	

下次督导安排	时间： 地点：

受督导者成长反思报告

1. 对行业发展和心理服务人员成长的思考

2. 对个人成长的思考和规划

3. 对督导的理解和期待

工具 8

重点关注对象心理服务相关资料

重点关注对象排查登记表

乡（镇）村（社区）组网格长：

时间：　年　月　日　时

姓名		性别		年龄		身份证号	
婚姻	□未婚　□已婚　□分居　□离异　□再婚　□丧偶							
心理状态	A 类表现 □情绪低落　□容易伤心，经常哭泣　□暴躁，容易被激怒　□敏感 □情绪阴晴不定，有时低落，有时兴奋　□性格孤僻，不与人交流，不出门 □为人狭隘，斤斤计较　□性格忽然转变，由好到坏的转变 □焦虑、焦躁不安　□恐惧，经常担心害怕　□失眠　□头痛 B 类表现 □自伤、自残　□伤害或攻击他人　□胡言乱语　□偷窥他人 □行为异常，无缘无故大笑、哭泣　□自言自语，别人无法理解 □偷盗他人物品，不是为了卖钱，而是心理异常 □偏执行为　□强迫行为 □反社会行为，经常打架斗殴，偷盗他人财物 C 类表现 □精神障碍　□幻想、幻觉，能看到和听到别人看不到听不到的事物 □其他情况：							
重大生活事件	□离婚　□丧偶　□交通事故　□失业　□重大疾病　□亲人过世 □子女休学、辍学　□自己休学、辍学　□失恋　□财产损失 □其他情况： □没有出现重大生活事件							
社会矛盾	□土地纠纷　□债务纠纷　□邻里纠纷　□婚恋纠纷 □子女纠纷　□拆迁纠纷　□工资纠纷　□干群纠纷 □其他情况：							

重点关注对象汇总表

单位：　　　　　　　　　　　　　　　　　　　　　　　　　　　日期：

序号	姓名	身份证号	性别	年龄	预警级别	关注情况	干预情况	备注
1	张三	412824*******	男	40	□红 □黄 □绿	□一般关注 □重点关注	□未干预 □正在干预 □已干预	

重点关注对象回访登记表

回访时间		回访次数		负责人	
回访对象			联系方式		
回访形式	□电话回访　　□网络回访（微信或QQ）　　□见面回访					
回访场所	□回访对象家中　　□野外　　□办公室　　□其他					
回访内容	心理状态有无异常 □无 □经常哭泣　　□特别容易发脾气 □敏感　　□突然间不与人说话，不愿意出门 □烦躁不安　　□恐惧，经常担心害怕　　□失眠　　□头痛 □攻击他人　　□胡言乱语　　□行为异常　　□幻想、幻觉，总认为别人在害他 是否恢复正常劳动或工作 □未从事劳动或工作，状态不好　　□未从事劳动或工作，状态良好 □已从事劳动或工作，状态不好　　□已从事劳动或工作，状态良好					
回访对象 目前状态	□问题基本解决，状态基本稳定 □问题正在处理中，状态基本稳定 □问题正在处理中，状态不稳定 □问题处理完毕，状态基本稳定 □问题处理完毕，状态不稳定					
回访对象 的意见	总体评价： □非常满意　　□满意　　□一般　　□不满意　　□非常不满意					
跟进计划	□问题解决，本人稳定，无须继续关注 □问题解决，本人不稳定，需要继续关注 □问题未解决，本人稳定，需要继续关注 □问题未解决，本人不稳定，需要及时关注，同时上报					

社区矫正对象心理服务资料

社区矫正对象基本信息登记表

序号	姓名	性别	年龄	罪名	类别	期限	起止日	执行单位
1	××	男	48	诈骗	缓刑	五年	2014.1.20—2019.1.19	××社区
2								
3								
4								
5								
6								

社区矫正对象半结构化访谈提纲

1. 您好，我叫××，我是学校的××老师，目前被办事处抽调到这里，帮忙做些工作。（自我介绍）

2. 您贵姓？怎么称呼？家里几口人，都有谁？孩子多大了？都结婚了吗？有孙子还是孙女？您的父母身体怎么样？（建立关系）

3. 姊妹几个？你在家排行老几？出了这件事后，最关心您的是谁？您第一个想到找谁帮助您？（评估关系）

4. 您与家里的哪个姐妹或兄弟最像？（评估关系）哪些地方比较像？（怎样看自己）

5. 您有什么爱好？您每天都参加什么活动？喜欢去哪些地方？最近半个月时间心里感觉咋样？（评估心境）

什么时候感觉开心？什么时候不开心？和谁在一起开心？在哪里开心？在哪里不开心？（评估关系、差异）

6. 当遇到烦心事时，你是怎么调整的？

7. 刚出这件事的时候，您是怎么看这件事的？（评估认知）心里有什么感受？您觉得是怎么发展成这样的？（评估内、外归因）家人怎么看？亲戚怎么看？朋友

怎么看？邻居怎么看？同事是怎么看待这件事的？（多元思维方式）

他们的态度或看法对您有什么影响？（评估认同）

这件事有多长时间了？现在发展得如何？是如何发生这样的变化的？对以后有什么打算？

8. 今天的交流非常轻松愉快，这里还有一份问卷想麻烦您来完成。

9. 在您的成长过程中印象深刻的事情是什么？当时的感受是怎样的？

10. 您现在想到这件事时还会有什么感受？对您现在的生活有什么影响？

困难家庭心理服务资料

困难家庭基本情况统计表

村名	困难家庭信息		帮扶责任人信息		社会心理服务工作者信息	
	姓名	心理问题	姓名	电话	姓名1	姓名2

1. 咨询师联系帮扶责任人了解贫困户的基本情况，说明帮扶时间安排。

2. 熟悉来回路线，保持访谈距离，注意保护个人安全。

3. 收集会谈反馈表，做好完整记录，及时填写个案报告书，记录工作反思。

困难家庭心理健康体检统计表

工作小组	参测单位名称	应测评人数	实际参测人数	初步筛查需要工作的人数及情况说明	未测量人数及情况说明			
				精神疾病__人 心理健康问题__人 智力障碍、残疾__人	未测量__人			
					精神疾病__人	智力障碍、残疾__人	未达年龄__人	待排查__人
				精神疾病__人 心理健康问题__人 智力障碍、残疾__人	未测量__人			
					精神疾病__人	智力障碍、残疾__人	未达年龄__人	待排查__人
				精神疾病__人 心理健康问题__人 智力障碍、残疾__人	未测量__人			
					精神疾病__人	智力障碍、残疾__人	未达年龄__人	待排查__人
				精神疾病__人 心理健康问题__人 智力障碍、残疾__人	未测量__人			
					精神疾病__人	智力障碍、残疾__人	未达年龄__人	待排查__人

填表人：

填报日期：　年　月　日

留守老人心理服务资料

留守老人基本情况登记表

序号	姓名	性别	年龄	联系方式	家庭住址	自理情况	困难情况	所属社区
1								
2								
3								
4								

留守老人心理访谈提纲

访谈对象

留守老人和失独老人。

活动性质

活动是以心理支持和关怀为主的心理访谈。

结构性访谈的内容

（1）基本情况

- 身体健康状况：身体健康状况如何？有什么疾病？
- 家庭基本情况：有几个子女？他们分别在哪里工作？

（2）家庭关系

这一年来，你遇到什么困难了吗？如果遇到困难了，谁最关心你？或者说你给谁第一个打电话？

（3）社会支持系统

- 遇到困难了，身边有谁来帮助你呢？
- 你会第一个找谁来帮忙（邻居、社区干部、朋友）？
- 你们平时怎样出去活动？和哪些朋友一起？到什么地方活动？（能外出活动的老人）

（4）访谈结束

留下彼此的联系方式，以便长期做心理关怀和心理支持工作。

访谈目标和策略

访谈目标是促进人际交往和功能恢复，给予心理帮扶和支持。

访谈总结与反思

- 每次活动结束后主动做好访谈内容的记录，以便跟踪回访。
- 每次写一篇访谈后的感悟、体验和总结。
- 每次访谈后及时参与团体督导，并记录督导反思与觉察。

严重精神障碍患者家属心理服务档案资料

严重精神障碍患者家属心理服务计划

心理服务对象访谈评估

心理服务对象访谈评估是指由社区工作人员配合,筛选出符合条件的服务对象,建立微信或QQ群,形成同质性团体。根据工作人员人数与服务对象人数结成一对一或一对多人的工作模式。

开展心理测试评估

开展心理测试评估,旨在建立严重精神障碍患者家属心理健康档案。心理健康测试工具为自编问卷和SCL-90项症状自评量表。自编问卷主要涉及性别、年龄、教育程度、家庭经济情况、家庭成员间关系、患者发病次数以及与患者关系、家庭的实际需求等基础信息。

心理健康知识宣传

向患者家属每人发放宣传手册、宣传单,由上门服务的志愿者督促其阅读,并与其交流手册内容,确保每位服务对象阅读了手册内容。宣传单内容涉及精神障碍患者的护理要点和保持心理健康的小技巧。

心理健康教育知识科普教育

心理健康教育知识科普教育是由社区工作管理人员联络精神科医师专业人员充分准备讲座内容,旨在提高严重精神障碍患者家属的心理健康理念与水平,增强严重精神障碍患者家属心理上的自立程度的心理辅导。讲座的主题及提纲应涉及重症精神障碍的发病原因及治疗、精神障碍患者的家庭护理知识、精神障碍患者家属的自我心理保健。每月一次,每次约为1.5~2个小时。地点由社区负责提供。

团体辅导服务

团体辅导服务是将有相似或相同经历的人(如都是有严重精神障碍患者的家庭)组成一个6~8人的同质性团体,通过讲座、公共活动的方式面向团体普及严重患者照顾的知识与应对策略，以团体的方式进行心理辅导。每月一次，每次约为 1.5～2 个小时。地点由社区基层管理人员负责提供。

个体辅导服务

个体辅导服务是由心理服务人员为需要个体心理服务的患者家属开展的有针对性的心理疏导服务。每周一次，地点由社区提供，要求地点固定，封闭安全，内配备电脑、沙盘等必要的硬件设备。

严重精神障碍患者监管系统

严重精神障碍患者监管系统是为适合重症精神障碍患者家属人群而开发的心理服务软件，旨在增强家庭支持系统。此软件集心理测试建档、心理咨询、心理健康知识、心理社区等心理服务为一体，利用现代信息技术、计算机技术为重症精神障碍患者家属人群搭建一个心理服务信息化平台。

个体辅导服务计划

访谈提纲

访谈的具体形式不定，因人、环境、情景不同而临时确定，尽量采取开放式提问，每人每次访谈约 40～60 分钟，采用笔录方式，认真忠实记录，并注意其表情的变化。

- 亲人患病后，对其生活有何影响？
- 亲人患病后，其周围环境有何改变？
- 亲人患病后，对其心理有何影响？
- 亲人患病后，使其对命运、今后生活发展有何想法和安排？

访谈方法

采取电话访谈、家庭随访、约请个案面对面访谈，访谈以半结构、深度访谈等方式收集资料、跟踪随访，每名个案平均访谈 10 次以上。

访谈前向个案解释本访谈的目的、方法，签署知情同意书。在访谈过程中与个案建立信任、保守秘密的关系。

个案访谈服务流程

（1）第一至三次建立关系，第一次由社区干部介绍进门。每周一次，提供一对一心理服务，建立安全稳定的关系。

（2）第一次通过问卷调查进行心理健康的筛查，以后可以口头询问。

（3）整理评估报告，针对不同的个体情况制定相应的辅导方案。以人本主义心理学理论为指导，运用尊重、共情、积极关注、合理情绪疗法等技术，有针对性地对服务对象开展心理疏导，帮助其摆脱孤单和无助。

回访跟踪并做好记录

可根据实际需要确定回访频率、期间和方式。频率可按月、季度或半年。回访期可为一至三年。回访方式可为面谈或电话回访。回访要了解当事人当前的身心状况、困难，并给予支持。

团体辅导服务计划

第一阶段：澄清观念、正视现实

在这一阶段，由心理咨询师设计心理游戏让大家融入团体，体验归属感。引导大家认识到在遇到看似复杂问题的时候，只要静下心来、辨清情况，就可以顺利地解决问题。

第二阶段：调整心态，接纳家人

心理咨询师设计心理情景剧、心理游戏，让大家理解要想保持心灵健康平和，重要的原则就是安然接纳我们所不能改变的事物，这不是消极的宿命，而是积极的达观和智慧。

第三阶段：拓宽渠道，温暖陪伴

心理咨询师设计角色扮演，以帮助家属实现以下目的：

- 理解自助与助人同等重要，感受信任与被信任、爱与被爱的幸福与快乐；
- 在照顾病人的同时也给自己留出空间；
- 学会灵活机动处理困难事件。

严重精神障碍患者家属团体心理辅导方案（参考）

次数	单元名称	单元目标	活动内容
1	风雨中相遇	1. 相互认识，相互熟悉 2. 介绍团体的内容和目标 3. 共同制定团体规范	1. 让组员选择自己的象征物并说明原因，同时简单地介绍自己 2. 介绍团体的内容和目标 3. 让组员谈谈对小组的预期，并做澄清和调整
2	风雨中相识	进一步了解和接纳自己	1. 玩"小小动物园"的游戏，让组员将家人患病前后自己不同的感受、行为用不同的动物代表，并说明原因 2. 充分表达感受 3. 音乐治疗（冥想：草原）
3	风雨中相扶	对精神障碍疾病的认识及对康复的信心，以及面临的困境	1. 谈谈自己面临的困难及对策 2. 合唱《我们是一家人》
4	风雨中面对 1	发现患病家人现在所能做到的事	1. 用"花开几朵"游戏分组，讨论患病家人能做到的事，发现家人的资源 2. 音乐治疗（冥想：大海和海鸥） 3. 神秘嘉宾：由状态好的成员分享自己
5	风雨中面对 2	看到自己所能做到的事和自己的限制	1. 用拼图法分组，讨论自己能做到和做不到的事，发现自己的资源和局限 2. 音乐治疗（冥想：山的冥想） 3. 神秘嘉宾：由状态好的成员分享自己
6	风雨中搏击 1	我们可以为自己做一些微小的事，让自己感觉到被喜欢、被重视	1. 用"粘泡泡糖"游戏分组，四人一组，探索自己的行为模式，自己的需求 2. 成员反馈自己所看到的对方，增进对自己与他人的理解
7	风雨中搏击 2	我们可以为患病家人做一些微小的事，让其感觉到被喜欢、被重视	1. 角色扮演，感受患病家人的需求，以及怎样做会更有建设性 2. 分组讨论
8	雨过天晴 1	关于患病家人新的生活规划	1. 借助"青蛙三级跳"游戏，分两组讨论自己现在的位置和能到的位置，并讨论这样选择的原因 2. 音乐治疗（如《明天会更好》）
9	雨过天晴 2	关于自己新的生活规划	1. 头脑风暴。你可以实现的更好的生活 2. 冥想（如"自我关怀"）
10	又见彩虹	处理离愁别绪，增强离团后继续挑战生活的勇气	1. 分享自己的感受和收获 2. 互赠祝福卡 3. 借助"天池"游戏，让组员理解自己可以抛掉什么、获得什么 4. 合唱《真心英雄》

失独家庭心理服务资料

失独家庭心理访谈记录表

个案编号：		服务日期：		服务者：	
案主基本信息	姓名：		性别：	年龄：	出生年月：
	原工作单位：			文化程度：	
	电话号码：			家庭住址：	
	健康状况：			既往病史：	
	收入状况：			婚姻状况：	
	备注				
案主家庭关系	姓名	关系	年龄	文化程度	职业	备注
案主问题概述	生理	
	心理	
	社会环境	
	家庭环境	
	其他	
案主对服务的预期目标	
咨询师活动后的感受和体验： （附经过处理的、无法看出工作对象形象的访谈图片）	

失独家庭心理援助评估系列问卷

您好！首先非常感谢您愿意抽出时间参加项目调查。您提供的信息非常有意义，我们非常感谢您的参与。

调查主要内容

- 了解国内失独家庭的生存现状；
- 评估国内失独家庭的心理健康状况；
- 评估国内失独老人的认知功能，并进行核磁扫描。

调查遵循原则

- 所有参与者均为**自愿参加**，如调查过程让您感觉不适，请及时告知施测人员；您有权在研究的任何阶段随时退出调查。
- 对您提供的所有信息**完全保密**，我们只用于科学研究，请放心如实填写；只有上级管理部门、伦理审查委员会按规定才可以查阅参加调查的被试资料。
- 您对此项调查及其结果享有**知情权**，如您想了解，请联系我们；我们将为有需要的被试提供**评估结果**和**您所需的知识及专业的信息资源**。

首先，我们希望了解您的一些基本资料。请根据您的实际情况在相应的地方打"√"或填空。

（1）性别：□男　□女

（2）年龄（只填写数字，如59）：_____。

（3）家庭所在地：□农村　□县镇　□城市

（4）宗教信仰：□没有　□有

（5）受教育程度：□文盲/半文盲　□小学　□初中　□高中/中专　□本科/大专　□硕士　□博士

（6）职业状况：□无业　□在职（工作中）　□退休

（7）除去政府补助金，您老伴的月收入（只填写数字，如1250）：_____。

（8）除去政府补助金，您自己的月收入（只填写数字，如1330）：_____。

（9）您自己每个月获得的政府补助（只填写数字，如350）：_____。

失独家庭自尊与孤独感问卷

指导语：仔细阅读以下每项描述，看看它们在多大程度上符合您现在的情况，并在相应的框中打"√"。

计分方式

- 1分：很不符合；
- 2分：不符合；
- 3分：符合；
- 4分：非常符合。

项目	分数			
	1	2	3	4
1. 我感到我是一个有价值的人，至少与其他人在同一个水平上				
2. 我感到我有许多好的品质				
3. 归根结底，我倾向于认为自己是一个失败者				
4. 我能像大多数人一样把事情做好				
5. 我感到自己值得自豪的地方不多				
6. 我对自己持肯定态度				
7. 总的来说，我对自己是满意的				
8. 我希望我能为自己赢得更多尊重				
9. 我确实时常感到自己毫无用处				
10. 我时常认为自己一无是处				
11. 我感到被冷落				
12. 我感到和其他人疏远了				
13. 我没有人可以寻求帮助				
14. 虽然身边有人陪，但没人关心我				
15. 我缺少别人的陪伴				
16. 我因为很少与别人来往而感到伤心				

失独家庭哀伤问卷

指导语：选择最能描述您最近一个月的感受和想法，看看它们在多大程度上符合您现在的情况，并在相应的框中打"√"。

很抱歉这些问题可能会让您产生情绪，但也希望您能理解，我们并非故意去揭开伤疤，而是想通过了解您及同命人的真实想法和客观现状，进而努力去做出一些改变。感谢您的认真配合。

计分方式

- 1分：从不；
- 2分：每月至少一次；
- 3分：每周至少一次；
- 4分：每天至少一次；
- 5分：每天至少数次。

项目	分数				
	1	2	3	4	5
1. 我常想起孩子或者孩子对我说过的话，这让我难以进行日常事务					
2. 关于孩子的回忆让我心烦意乱					
3. 我觉得自己很难接受孩子离开的事实					
4. 我渴望见到孩子或者思念孩子					
5. 我对与孩子有关的地方和事情感到格外亲切					
6. 孩子离世让我感到生气或愤怒					
7. 我不相信孩子已经离世了					
8. 孩子离世让我感到惊讶、茫然和震惊					
9. 孩子离世后，我就很难信任别人了					
10. 我觉得自己很难去关心别人，或疏远了我爱的人					
11. 在我身体的同一部位体验到了与孩子相似的疼痛和症状，或我觉得自己出现了一些和孩子相同的行为和特征					
12. 我觉得没有孩子的生活是空虚的、毫无意义的					
13. 我可以听到孩子对我说话的声音					
14. 我可以看到孩子站在我面前					
15. 我觉得孩子离世了而我还活着，这是不公平的					

续前表

项目	分数				
	1	2	3	4	5
16. 孩子离世让我感到痛苦					
17. 我嫉妒那些没有失去挚爱的人					
18. 自从孩子离世后，我就觉得自己很孤单					

请根据您现在的感受，在"同意"或"不同意"对应的框中打"√"。

项目	同意	不同意
1. 孩子离世后，我也变得没有价值		
2. 我变成了一个弱者		
3. 我会为自己感到羞耻		
4. 我变得贬值了		
5. 我会消极地看待自己		
6. 我对任何人来说都不再重要了		
7. 我的生活没有目标了		
8. 生活已经不能再给予我什么了		
9. 我的生命变得毫无用处		
10. 我的生活变得毫无意义		
11. 我在以后也不会更开心		
12. 我对未来失去了信心		
13. 我的愿望将永远都不会实现了		
14. 我以后再也不会获得真正的幸福了		
15. 我对未来总是持消极的态度		
16. 如果任由自己悲伤、难过或痛苦，我将会疯掉		
17. 如果认真去想孩子离世对自己的意义，我就会疯掉		
18. 一旦我开始哭泣，就会失去控制		

社会支持评定量表

以下问题用于反映您在社会中所获得的支持，请按各个问题的具体要求，根据您的实际情况填写。除特殊标记外，均为单选。感谢配合。

1. 您有多少个关系密切、可以帮助和支持您的朋友？

A.一个都没有　　　B.1~2 个　　　C.3~5 个　　　D.6 个或 6 个以上

2. 近一年来，您与谁同住？

A. 远离家人，且独居一室

B. 住处经常变动，多数时间和陌生人住在一起

C. 和同学、同事或朋友住在一起

D. 和家人住在一起

3. 您与邻居的关系如何？

A. 相互之间从不关心，只是点头之交　　　B. 遇到困难可能稍微关心

C. 有些邻居很关心您　　　　　　　　　　D. 大多数邻居都很关心您

4. 您与同事的关系如何？

A. 相互之间从不关心，只是点头之交　　　B. 遇到困难可能稍微关心

C. 有些同事很关心您　　　　　　　　　　D. 大多数同事都很关心您

5. 您的家庭成员给予您的支持和照顾如何？

夫妻（恋人）方面

A. 无　　　B. 极少　　　C. 一般　　　D. 全力支持

父母方面

A. 无　　　B. 极少　　　C. 一般　　　D. 全力支持

子女方面

A. 无　　　B. 极少　　　C. 一般　　　D. 全力支持

兄弟姐妹方面

A. 无　　　B. 极少　　　C. 一般　　　D. 全力支持

其他成员（如嫂子）方面

A. 无　　　B. 极少　　　C. 一般　　　D. 全力支持

6. 过去，在您遇到急难情况时，曾经得到的经济支持和解决实际问题的帮助来源有哪些？（可多选）

A. 无任何来源　　B. 配偶　　C. 其他家人　　D. 亲戚　　E. 朋友

F. 同事　　　　G. 工作单位

H. 党团工会等官方或半官方组织　　I. 宗教、社会团体等非官方组织

J. 其他（请列出）：_____

7. 过去，在你遇到急难情况时，曾经得到的安慰和关心的来源有：（可多选）

A. 无任何来源　　B. 配偶　　C. 其他家人　　D. 亲戚　　E. 朋友

F. 同事　　　　G. 工作单位　　H. 党团工会等官方或半官方组织

I. 宗教、社会团体等非官方组织　　J. 其他（请列出）：_____

8. 你遇到烦恼时，通常采用哪种倾诉方式？

A. 从不向任何人倾诉

B. 只向关系极为密切的一两个人倾诉

C. 只有当朋友主动询问，你才会说出来

D. 主动向他人倾诉自己的烦恼，以获得支持和理解

9. 你遇到烦恼时，通常会采用哪种求助方式？

A. 只靠自己，不接受别人的帮助

B. 很少向别人请求帮助

C. 有时向别人请求帮助

D. 遇到困难，经常向家人、亲友、组织求援

10. 对于团体（如党团组织、宗教组织、工会、学生会等）组织活动，你的参与情况如何？

A. 从不参加　　　　　　　　B. 偶尔参加

C. 经常参加　　　　　　　　D. 主动参加并积极活动

测验的实施

测验材料

此社会支持评定量表由尚水源于 1986 年编制。

适用范围

了解受测者社会支持的特点及其与心理健康水平、精神疾病和各种躯体疾病的关系。

施测步骤

实施测验时，请受测者按各个问题的具体要求，根据实际情况填写，并要求其合作。

测验的记分

条目记分方法

- 第 1~4 条，8~10 条为单选，选择 A、B、C、D 项分别记 1、2、3、4 分。
- 第 5 条，选项 A、B、C、D 分别记 1、2、3、4 分，然后统计该条总分。
- 第 6、7 条如回答"无任何来源"则记 0 分；如回答"下列来源"，则有几个来源就记几分。

量表的统计指标

总分

总分就是 10 个条目评分之和。

维度分

- 客观支持分：第 2、6、7 条评分之和。
- 主观支持分：第 1、3、4、5 条评分之和。
- 对支持的利用度：第 8、9、10 条评分之和。

概念解释

社会支持评定量表共有 10 个条目，包括客观支持（3 条）、主观支持（4 条）和对社会支持的利用度（3 条）三个维度。

- 客观支持是指客观的、可见的或实际的支持，包括物质上的直接支援，社会网络、团体关系的存在和参与等。
- 主观支持是指个体在社会中受尊重、被支持、被理解的情感体验。
- 对社会支持的利用度是指个体对社会支持的利用存在差异，有些人虽然可获得支持，却拒绝别人的帮助。其实，人与人的支持是一个相互作用的过程，一个人在支持别人的同时，也为获得别人的支持打下了基础。

注意事项

评定的时间范围应考虑每个条目的具体要求，通常应根据受测者本人惯用的方式和情况进行评定。

失独家庭创伤后成长问卷

指导语：至亲离世后，人们的生活会由于受到重大影响而发生一些变化。请阅读以下表述，然后根据自己现在的生活中发生的类似改变，在相应的框中打"√"。

计分方式

- 1 分：完全没有；
- 2 分：一点点；

- 3分：一小部分；
- 4分：中等程度；
- 5分：比较大；
- 6分：非常大。

项目	分数					
	1	2	3	4	5	6
1. 我更加能够珍惜生命的价值了						
2. 我对于精神层面的事物有更好的理解，对人生、社会和世界的认识也比以前更深刻了						
3. 我为自己的人生之路确立了新的方向						
4. 我的生命目标发生了积极的转变						
5. 我觉得与别人更亲近了						
6. 我能够把自己的生活变得更好						
7. 对于一些可以改变、可以控制的事情，我会更努力去改变、去掌控						
8. 过去我认为自己不能承受一些事，但在孩子离世后，我发现我比想象的要更坚强						
9. 我强烈地意识到，我身边的人是多么好						

参考文献

著作类

[1] 辛自强. 社会治理心理学与社会心理服务 [M]. 北京：北京师范大学出版社，2020.

[2] 林崇德. 心理学大辞典 [M]. 上海：上海教育出版社，2003.

[3] 魏礼群. 中国社会治理通论 [M]. 北京：北京师范大学出版社，2019.

[4] 托尼·罗斯莫尼尔. 心理治疗师的刻意练习 [M]. 魏宏波，译. 北京：人民邮电出版社，2019.

[5] 克拉拉·E. 希尔. 助人技术：探索、领悟、行动三阶段模式（第3版）[M]. 胡博，等译. 北京：中国人民大学出版社，2013.

[6] 中国社会工作协会社会心理健康服务指导中心. 灾变心理援助与社会工作 [M]. 长沙：湖南科学技术出版社，2011.

[7] 张侃，张建新. 灾后心理援助名家谈 [M]. 北京：科学出版社，2009.

[8] 颜农秋. 灾后心理援助小组工作：理论与实务 [M]. 广州：中山大学出版社，2008.

[9] Judith S.Beck. 认知疗法：基础与应用（第二版）[M]. 张怡，孙凌，王辰怡，等译. 北京：中国轻工业出版社，2013.

[10] 刘翔平. 学校心理学（第2版）[M]. 北京：中国人民大学出版社，2021.

[11] 江光荣. 大学生心理健康素养 [M]. 长沙：湖南师范大学出版社，2020.

[12] 韩嘉玲，朱琳，刘月. 流动儿童蓝皮书——中国流动儿童教育发展报告（2019–2020）[M]. 北京：社会科学文献出版社，2020.

[13] 李晓凤. 社会工作——理·法·实务 [M]. 武汉：武汉大学出版社，2008.

[14] 樊富珉，何瑾. 团体心理辅导 [M]. 上海：华东师范大学出版社，2010.

[15] 陈若璋. 儿少性侵害：全方位防治及辅导手册 [M]. 台北：张老师文化. 2001.

[16] 龙迪. 综合防治儿童性侵犯专业指南 [M]. 北京：化学工业出版社，2017.

[17] 美国精神医学会. 精神障碍诊断与统计手册（案头参考书）（第五版）[M]. 张道龙，等译. 北京：北京大学出版社，2015.

[18] 陆林.沈渔邨精神病学（第6版）[M].北京：人民卫生出版社，2018.

[19] 巴塞尔·范德考克.身体从未忘记：心理创伤疗愈中的大脑、心智和身体[M].李智，译.北京：机械工业出版社，2016.

[20] 马桂佳.青少年学习障碍及其调整[M].北京：教育科学出版社，1997.

[21] 唐红波，陈俊，刘学兰.中小学生学习心理辅导[M].广州：暨南大学出版社，1997.

[22] 范德章，王德全.新编学习方法[M].重庆：西南师范大学出版社，1998.

[23] 陈美锦.拖延心理学[M].北京：天地出版社，2018.

[24] 何丽，王建平.哀伤、挣扎与超越：失独者的丧子应对[M].北京：知识产权出版社，2021.

[25] 罗伯特·内米耶尔.哀伤治疗[M].王建平，等译.北京：机械工业出版社，2016.

[26] 罗琳·海德克，约翰·温斯雷德.哀伤的艺术：用美的方式重构丧失体验[M].吴限亮，何丽，等译.北京：机械工业出版社，2020.

[27] 王建平，刘新宪.哀伤理论与实务：丧子家庭心理疗愈[M].北京：北京师范大学出版社，2019.

[28] 中国就业培训技术指导中心，中国心理卫生协会.国家职业资格培训教程：心理咨询师（三级）（修订版）[M].北京：民族出版社，2012.

[29] 张昱.社区矫正社会工作案例评析[M].上海：华东理工大学出版社，2013：91–108.

[30] 张道龙.整合式短程心理咨询[M].北京：北京大学出版社，2013.

[31] 贾宁·M.伯纳德，罗德尼·K.古德伊尔.临床心理督导纲要（第六版）[M].北京：中国轻工业出版社，2021.

[32] 樊富岷.团体心理咨询[M].北京：高等教育出版社，2005.

[33] 钱铭怡.《中国心理学会临床及咨询心理学工作伦理守则》解读[M].北京：北京大学出版社，2021.

论文类

[1] 辛自强.社会治理中的心理学问题[J].心理科学进展，2018，26（1）：1–13.

[2] 任程远.构建新时代社会心理服务体系问题研究——以河南省为例[J].农村·农业·农民，2021（6）：30–32.

[3] 许燕，伍麟，孙时进，等.公共突发事件与社会心理服务体系建设（笔会）[J].苏州大学学报（教育科学版），2020（2）：1–31.

[4] 黎昕.关于新时代社会治理创新的若干思考[J].东南学术，2018（5）：124–131.

[5] 谢斌. 我国精神卫生工作的挑战及主要立法对策探讨 [J]. 上海精神医学, 2010, 22（4）: 193–199.

[6] 中华医学会神经病学分会, 中华医学会神经病学分会睡眠障碍学组. 中国成人失眠诊断与治疗指南（2017版）[J]. 中华神经科杂志, 2018, 51（5）: 324–335.

[7] 韩黎, 袁纪玮, 龙艳. 苔花盛开如牡丹？农村留守儿童负性生活事件与心理健康的关系 [J]. 心理发展与教育, 2021, 37（2）: 266–274.

[8] 陈晶晶, 任玉洁. 父母教养方式对留守儿童学业成就的影响: 未来取向的中介作用 [J]. 中国健康心理学杂志, 2021, 29（5）: 721–726.

[9] 王宁, 马莲尼. 目标导向与代际社会流动: 一个能动性的视角 [J]. 山东社会科学, 2019, 284（4）: 50–60.

[10] 郝文, 吴春侠, 余毅震. 中国农村留守儿童与非留守儿童攻击行为及影响因素比较 [J]. 中国公共卫生, 2020, 36（8）: 1132–1138.

[11] 孟筱, 张铁军. 农村留守儿童情绪特点及心理健康问题研究 [J]. 中共合肥市委党校学报, 2010（2）: 51–54.

[12] 李亦菲, 张海燕. 农村地区小学阶段留守儿童的情绪状态研究 [J]. 中小学心理健康教育, 2016, 2: 4–7.

[13] 李丽. 农村小学留守儿童不良行为的成因与对策 [J]. 本刊视线, 2021, 5: 4–8.

[14] 徐礼平. 流动儿童、留守儿童和随迁儿童的界定及其关系 [J]. 践, 2017（2）: 29.

[15] 叶宝玉. 当前随迁子女的成长关怀问题研究——以上海部分学校为样本 [D]. 上海: 华东师范大学, 2012.

[16] 李斌. 社会工作介入随迁儿童社区融入研究—以长沙市Z社区为例 [D]. 长沙: 湖南师范大学, 2020.

[17] 乔金霞. 随迁儿童的社会融合与家庭影响 [J]. 学前教育研究, 2015, 248（8）.

[18] 傅小兰. 加强社会心理服务体系建设 [J]. 人民论坛, 2017, 31.

[19] 杭伟华, 谢伟. 家校合作: 从问题取向到资源取向——以浙江省长兴中学为例 [J]. 中小学心理健康教育, 2020年, 425（6）.

[20] 莫翊凯. 未成年人恶逆变成因及控制对策 [J]. 犯罪及改造研究, 2020（12）: 32–38.

[21] 黄垣成, 赵清玲, 李彩娜. 青少年早期抑郁和自伤的联合发展轨迹: 人际因素的作用 [J]. 心理学报, 2021, 53（5）: 515–526.

[22] 李瑶, 况利. 青少年非自杀性自伤的神经生物学机制 [J]. 四川精神卫生, 2019, 32（4）: 371–374.

[23] 胡兰. 青少年自杀的识别与干预 [J]. 教育家, 2020, 48: 42–43.

[24] 汪永强. 青少年非自杀性自伤行为的科学应对 [J]. 心理与健康, 2021 (1): 14–15.

[25] 温宇娇, 徐一凡, 乔丹, 等. 青少年非自杀性自伤行为的社会心理因素解释模型及干预研究 [J]. 国际精神病学杂志, 2020, 47 (5): 885–888.

[26] 陈敏, 张晓波, 罗玉珍, 等. 运动锻炼改善抑郁症的神经生物学相关机制研究进展 [J]. 中国体育科技, 2021, 57 (4): 89–96.

[27] 王雪华. 浅谈青少年拒学心理的表现、原因及对策研究 [J]. 金田 (励志), 2012 (09): 143–149.

[28] 董莹莹, 张若舒. 拒学症的临床表现及诊疗 [J]. 昭通师范高等专科学校学报, 2009, 31 (3): 34–37.

[29] 王敏, 汪玲华. 情绪安全感理论: 青少年拒绝上学现象成因的讨论 [J]. 心理医生, 2017, 23 (10): 269–271.

[30] 张力元. 谈高职大学生亲子冲突及心理应对方式 [J]. 才智, 2020, 7 (20): 45–46.

[31] 马志国. 亲子战争背后的隐情 [J]. 健康生活, 2020 (6): 20–23.

[32] 樊兆锋, 俞国良. 青少年的亲子冲突及其应对策略 [J]. 天津师范大学学报 (基础教育版), 2008, 9 (4): 36–39.

[33] 张杉, 刘雅慧, 金灿灿. 原生家庭父母冲突、夫妻冲突解决模式与婚姻质量的关系: 基于主客体互倚模型的分析 [J]. 心理技术与应用, 2021, 9 (4): 202–210.

[34] 邹鑫, 梅泳涵, 吴艳红. 婆媳冲突成因的混合方法研究——质性与量化的结合 [J]. 北京大学学报 (自然科学版), 2015, 51 (1): 187–193.

[35] 冀侠. 如何化解夫妻间的冲突 [J]. 老同学之友: 下半月, 2020 (7): 53.

[36] 陈馥丹. 中国婆媳关系初探 [J]. 社会心理科学, 2011, 26 (9): 55–57.

[37] 朱东丽. 婆媳冲突的社会学分析 [J]. 西北农林科技大学学报 (社会科学版), 2007 (1): 118–121.

[38] 国家统计局《中国城镇居民贫困问题研究》课题组. 中国城镇居民贫困问题研究 [J]. 统计研究, 1991 (06): 12–18.

[39] 谢治菊. 人类认知五层级与生态移民社会适应探讨——基于HP村的实证调查 [J]. 吉首大学学报 (社会科学版), 2018, 39 (3): 99–107.

[40] 刘新波, 文静, 刘铁芳. 困难代际传递研究进展 [J]. 经济学动态, 2019 (08): 130–147.

[41] 傅安国, 张再生, 郑剑虹, 等. 脱贫内生动力机制的质性探究 [J]. 心理学报, 2020, 52 (1): 66–81, 86–91.

[42] 王翼阳. 自我效能理论视角下的脱贫内生动力研究 [J]. 新经济, 2021 (6):

98–105.

[43] 胡国娣，王建女，向梅，等.住院精神障碍患者家属焦虑现状的调查[J].中医药管理杂志，2020，28（11）：35–37.

[44] 何丽，王建平.失独者宗教应对的质性研究[J].中国临床心理学杂志，2017，25（5）：970–975.

[45] 何丽，唐信峰，王建平.生死相连：失独父母持续性联结的质性研究[J].中国临床心理学杂志，2017，25（4）：697–703.

[46] 何丽，唐信峰，朱志勇，等.持续性联结及其与丧亲后适应的关系[J].心理科学进展，2016，24（5）：765–772.

[47] 何丽，唐信峰，朱志勇，等.殇痛：失独父母哀伤反应的质性研究[J].中国临床心理学杂志，2014，22（5）：792–798.

[48] 尹若月，修代明，何丽.基于社区的自助式国画学习小组对失独者心理健康的干预效果[J].中国临床心理学杂志，2018，26（6）：1234–1239.

[49] 徐喆玥，谢莹，日火英支，等.医患信任现状及影响因素分析[J].中国卫生质量管理，2016，23（2）：49–52.

[50] 贺俊杰，牛竹青.精神科医师职业倦怠与个性特征的关系研究[J].劳动保障世界，2019（7）：45.

[51] 岳颂华，经伟，屈春芳.心理矫治在社区矫正中的作用[J].苏州教育学院学报，2012，29（3）：89–92.

[52] 骆群.社区矫正对象社会网络排斥的成因探析——以上海市为例[J].内蒙古社会科学（汉文版），2010，31（2）：116–121.

[53] 金碧华，潘菲.社区服刑人员心理矫治工作的实践与思考——以上海市社区矫正试点工作为例[J].郑州航空工业管理学院学报（社会科学版），2009，28（1）：116–120.

[54] 周艳.社区矫正对象的心理矫治[J].法制与社会，2012（4）：198–199.

[55] 李晟，郑毓枫.社区服刑人员心理矫正探索[J].法制与社会，2012（18）：203–204.

[56] 陈晓荆.青少年心理咨询的策略[J].闽江学院学报，2012，33（1）：105–108.

[57] 范林.善于运用情绪宣泄法[J].领导科学，1997（12）：15.

[58] 苏雅，刘洪广.情绪宣泄方法在民警群体中的应用研究[J].贵州警察学院学报，2020，32（2）：80–86.

[59] 韩涛，王星懿.思想政治教育在平衡被拆迁人心理中的应用[J].河北经贸大学学报（综合版），2014，14（3）：29–32.

[60] 徐雷.社区戒毒人员心理矫治对策研究综述[J].法制博览，2019（31）：

93–94.

[61] 胡江. 未成年人吸毒的心理分析及防治对策 [J]. 云南警官学院学报，2015（3）：92–99.

[62] 孙宝华. 女性吸毒心理原因探析 [J]. 青海师范大学学报（哲学社会科学版），2013，35（3）：62–65.

[63] 李冰娜，何世婵，陆艳，等. 吸毒者在强制戒毒期间的 SCL-90 测试及心理治疗 [J]. 中华现代护理学杂志，2005，2（14）：1249–1251.

[64] 蒋庆明. 对吸毒人员开展社会帮教的调查与思考 [J]. 公安学刊（浙江警察学院学报），2002，（5）：31–34.

[65] 关永清. 社区戒毒社区康复实践案例 [J]. 中国药物依赖性杂志，2017，26（5）：402–404.

[66] 何丽，王建平，唐苏勤，等. 复杂哀伤问卷修订版的信效度 [J]. 中国心理卫生杂志 2013（12），937–943.

[67] 尉玮，王建平，何丽，等. 哀伤认知问卷在中国丧亲者样本中的修订 [J]. 中国临床心理学杂志.2014（2），246–250.

[68] 汪际，陈瑶，王艳波，等. 创伤后成长评定量表的修订及信效度分析 [J]. 护理学杂志，2011，26（14），26–28.

[69] 吴忠. 农民工随迁子女心理问题及其融入 [J]. 宜春学院学报，2018，40（5）.

[70] 周莉. 元认知对小学随迁儿童心理健康影响的研究 [D]. 上海：上海师范大学，2018.

[71] 高晴. 随迁儿童社会交往能力的社会工作介入研究——以"公益童书馆"项目为例 [D]. 兰州：兰州大学，2016.

[72] 时怡雯. 弱势人士的增能——场北公寓外来务工人员子女的小组工作干预 [D]. 上海：复旦大学，2010.

[73] 陈宏. 认知行为改变策略对情绪调节困难儿童社会技能成效研究 [D]. 苏州：苏州大学，2014.

[74] 隋双戈. 性侵害创伤干预模式、性侵害 PTSD 患者心理社会因素及脑结构功能特征研究 [D]. 长沙：中南大学，2010.

[75] 李宁. 社会支持理论视角下精神障碍患者照顾者帮扶的个案探索 [D]. 郑州：郑州大学，2019.

[76] 王祥. 社会工作介入巴南区青少年社区矫正的个案研究 [D]. 重庆：重庆大学，2016.

[77] 吴成军. 戒毒社区的理论与方法研究 [D]. 天津：南开大学，2005.

[78] 郑伊真. Rosenberg 自尊量表中文版的修订分析. 韩国：成功大学教育研究所学位论文，2011. ir.lib.ncku.edu.tw.

[79] 赵剑锋，赵治敏. 对社区服刑人员进行心理矫治的思考 [C]// 山西省法学会、河南省法学会、湖北省法学会、湖南省法学会、江西省法学会、安徽省法学会. 新型城镇化进程中的法律问题研究——第十届中部崛起法治论坛论文集. 山西省法学会、河南省法学会、湖北省法学会、湖南省法学会、江西省法学会、安徽省法学会，2017：772–777.

[80] 曾岚，赵苓，刘彦红，等.《禁毒法》—禁毒工作的法制保障 [C]// 中国毒理学会. 第十届全国药物依赖性学术会议暨首届中美药物滥用和 HIV/HCV 共病专题研讨会论文摘要汇编，2008.

[81] 徐凯文. 自杀危机评估及干预技术：新的理论及工具 [C]// 中国心理学会. 中国心理学会成立 90 周年纪念大会暨第十四届全国心理学学术会议论文集，2011.

报纸类

[1] 陈泓菲，辛自强. 助推、促进、由心而治——社会治理的三种心理学路径 [N]. 中国社会科学报，2018–03–19（6）.

[2] 任惠华，金浩波. 推进我国社会治理模式创新 [N]. 人民公安报. 2018–04–15（3）.

[3] 共建共治共享 社会治理如何开新局 [N]. 光明日报，2020–10–26（16）.

[4] 傅安国，黄希庭. 开展心理精准扶贫 破解世代贫困难题 [N]. 中国社会科学报，2018–03–06（6）.

[5] 焦惟奇. 社区矫正应多来一些"家庭支持型" [N]. 江南时报. 2017–11–15.

[6] 张石坤. 浅谈如何预防和减少社区矫正对象重新犯罪. http://www.law-lib.com/lw/lw_view.asp?no=22728.

[7] 王钊. 对城市拆迁安置工作的一点思考. http://jy.leshan.cn/item/3889.aspx.

后　记

为贯彻落实"加强社会心理服务体系建设，培育自尊自信、理性平和、积极向上的社会心态""江山就是人民、人民就是江山，打江山、守江山，守的是人民的心"的精神，在河南省委政法委的指导下，在安阳市委政法委的具体组织下，安阳市法学会社会心理服务体系建设研究会组成编委会编写了《社会心理服务体系建设实践指导》一书。

为保证本书的编写质量，安阳市法学会社会心理服务体系建设研究会印发了本书的编撰工作方案。提出了编写的指导思想、工作目标、任务分工、工作步骤、工作要求；成立了以翟中锋为组长、吴利群为常务副组长的编撰工作领导小组；以荆怀福为总编撰，柴美静、王艳华为副总编撰的编撰工作专班，并进行了编撰任务分工。

荆怀福、柴美静、吴青枝撰写了编写大纲。柴美静、荆怀福拟定了撰稿要求。编撰工作领导小组多次进行了审稿、通稿。

承担本书各部分编写的作者如下：

第1章：荆怀福、贾鸿格、苏亚婷；

第2章：翟中锋、柴美静、袁振雪；

第3章：柴美静；

第4章：吴青枝、韩雪、王荷莲；

第5章：樊瑞华、杜鬆桔；

第6章：刘红丽、贺红梅、刘琪玮；

第7章：隋双戈；

第8章：司秀玲；

第9章：杨燕；

第10章：李丹、李楠；

第 11 章：王金娥、朱梦瑶、林慧敏；

第 12 章：王艳华、樊红柳；

第 13 章：何丽、张椿娥；

第 14 章、第 15 章：曹宁、牛竹青、石艳伟；

第 16 章：种帅、张鹏飞、李军；

第 17 章：孙玉明、孙立新、奚涛；

第 18 章：杨光辉、贾博文、严稳稳；

第 19 章：陈俊波；

第 20 章：张海芹；

第三部分的工具 1 至工具 8：柴美静、樊红柳、王晓娟。

本书编委会在编写过程中，参阅了大量的参考文献和案例，感谢参与编写的作者们辛苦工作。特别感谢河南师范大学党委书记赵国祥老师、北京理工大学贾晓明教授和北京师范大学王建平教授作序推荐，以及华中师范大学江光荣教授的诚挚推荐。

本书在编写的过程中，得到了河南省委政法委、安阳市委政法委的大力支持，得到了中国心理学会临床心理学注册系统、北师大王建平教授主持的国家社科重大项目"基于全国调研数据的中国失独人群心理健康援助体系研究"、湖北东方明见心理健康研究所、奇才心理的大力支持，得到了安阳市法学会社会心理服务体系建设研究会、安阳市妇联、公安局、检察院、法院、教育局、信访局、住建局及安阳师范学院教育学院等有关单位的大力支持，得到了安阳市文峰区（高新区）社会心理服务中心、工作团队及张玲宇在校稿过程中的大力支持，特别感谢易俗老师的贡献，在此一并表示感谢。

由于编写人员学识有限，本书一定有不尽如人意之处，包括引文出处方面，如有遗漏，恳请各位读者不吝赐教并予以反馈，以便在修订时补充，希望能不断提高本书的学术水平和实用性。

《社会心理服务体系建设实践指导》编委会

2021 年 9 月